U0361979

成功养育

为孩子搭建良好的成长生态

和渊 ● 著

THE LOVING
ECOSYSTEM

机械工业出版社
CHINA MACHINE PRESS

只有为孩子搭建良好的成长生态，才能培养出成功的、走得更远的孩子。那么，良好的成长生态该如何搭建呢？作者认为首先要解决关系问题，有好的关系才能有好的教育。好的教育一定是从好的关系开始的，从关系开始，向关系出发，到关系结束。本书立足于亲子关系、自我关系、夫妻关系、家校关系，融合儿童心理学、教育心理学、认知心理学、脑科学知识，通过"呈现学生案例、挖掘底层逻辑、理解前沿认知"的方式，指导我们如何培养孩子，缓解我们的育儿焦虑。

图书在版编目（CIP）数据

成功养育：为孩子搭建良好的成长生态 / 和渊著 . —北京：机械工业出版社，2023.6
（2024.6 重印）

ISBN 978-7-111-73151-1

I. ①成… II. ①和… III. ①家庭教育 IV. ① G78

中国国家版本馆 CIP 数据核字（2023）第 082525 号

机械工业出版社（北京市百万庄大街 22 号　邮政编码 100037）
策划编辑：刘利英　　　　　　　　责任编辑：刘利英
责任校对：王荣庆　　卢志坚　　责任印制：李　昂
河北宝昌佳彩印刷有限公司印刷
2024 年 6 月第 1 版第 4 次印刷
170mm×230mm · 16.25 印张 · 221 千字
标准书号：ISBN 978-7-111-73151-1
定价：69.00 元

电话服务　　　　　　　网络服务
客服电话：010-88361066　机 工 官 网：www.cmpbook.com
　　　　　010-88379833　机 工 官 博：weibo.com/cmp1952
　　　　　010-68326294　金 书 网：www.golden-book.com
封底无防伪标均为盗版　机工教育服务网：www.cmpedu.com

谨以此书献给我的母亲
以及天下每一个伟大的母亲

前言[⊖]

我是一名高中老师，我身边的亲戚、朋友、同学和家长，经常满怀焦虑地向我讨教各种各样教育问题的解决方案，仿佛我是一个"教育专家"。

显然，我并不是什么专家。我不是什么心理学大教授，没有什么在心理学领域独特的研究成果；我的孩子年龄还比较小，我也没有养育出什么哈佛、耶鲁、清华、北大名校毕业的孩子；同时，我也是第一次做妈妈，也是和所有人一样，一会儿信心满满，一会儿充满焦虑。

那是哪里来的胆量，促使我来写一本家庭教育的书，来讲怎么培养成功的孩子呢？

我是人大附中老师、海淀妈妈、清华生物学博士，高中教师的背景能让我看到孩子的"出口"，海淀妈妈的背景能让我看到孩子的"入口"，而博士的研究经历能帮助我做好扎实的调研工作，在如何养育孩子上得

⊖ 本书为全国教育科学"十三五"规划 2020 年度教育部青年课题"普通高中生命教育'大健康'课程群的构建研究"（课题批准号为 EHA200423）的研究成果。

出比较靠谱的结论。

这么多年的观察和研究下来，我认为，好学生是好家长教出来的。这句话不是说好老师不重要，而是说好家长更重要。好家长更加明白，成功养育的关键在于为孩子搭建良好的成长生态。

关于好学生，家长不要误解，我先解释一下我对好学生的定义。在一个老师的字典里，是没有差学生的，从生物学的角度讲，每个孩子都是亿万精子竞争的获胜者；从宇宙的角度讲，每个孩子都是亿万星辰的集结。所以，每个学生都有自己独特的禀赋，但不一定体现在学习成绩上。那什么是好学生呢？我把一个好学生比喻为一棵树，根是身心健康，身心健康是一切的基础。树干是品德，价值观要正。树干之上的一层，是热爱学习，有自驱力、成长型思维，在这个基础上，拥有比较不错的成绩、过硬的基础技能是自然而然的事情。在基础技能之上，则是交往力、洞察力、共情力等软能力（第 2 章会详细讲述这部分内容）。

在 ChatGPT 惊艳全球的同时，我们不禁思考，我们应该如何去培养当下的好学生、未来的成功者呢？我觉得良好的亲子关系是孩子成长的土壤，而为孩子提供一个关系和谐的学习型家庭，愿意为了教育孩子而去学习和改变，关注孩子的心理内核而不是外在表现，可能会让孩子成长得更好。下面我展开讲一讲。

首先，我是一名高中教师，我有一个小小的洞察，发现什么样的学生背后通常都有一个什么样的家长。孩子是家长的一面镜子，优秀学生背后多数有优秀的家长，而问题学生背后通常也有问题家长。高中教育是基础教育的"出口"，它以高考分数的形式，折射出这么多年来家庭教育、学校教育、社会教育等在学生身上最终开花结果的样子。我自己在学校教书快十年了，教了几千名学生。我的学生们很多已经毕业工作了，我和他们中的很多人还有着比较密切的联系，他们每个人在毕业后的不同发展给我提供了很好的观察研究样例。

同时，我担任过很多年的班主任（兼任年级副组长），见过各种各样的学生，也由于需要解决各种各样的问题，和很多家长打过交道。我在和优秀学生的家长聊天时，通常会感觉比较舒服，能感受到他们和孩子之间的亲子关系通常都不错，也非常重视孩子的学习，从小对孩子的学习有一定的规划，也愿意为培养孩子投入时间和精力。而我发现，如果家长经常在家简单粗暴地打骂孩子，孩子也容易把这种暴力倾向带到学校；家长容易情绪激动，孩子也容易与其他同学发生争执；家长喜欢攀比，孩子也更愿意与周围同学比较；家长是固定型的思维方式，那么孩子很难拥有成长型的思维方式……

家校合作，本身就是教育者的责任之一，那我是不是可以把这么多年的经验积累和案例系统性地整理出来？讲家庭教育的书，作者要么是大学教授、专家学者，要么是具有成功经验的家长，而从学校教育、从教师的视角反过来审视家庭教育的书并不多，而作为高中老师，我能以终为始进行倒推，看到很多教育中的问题，应该能在家庭教育方面给出一些建议。

其次，我是一个海淀妈妈，所有妈妈经历的"不得已"和"卷"我都身临其境，感同身受。作为一个家长，当看到身边其他妈妈天天带着孩子去各种课外班，看着微信群里各种听不懂的"鸡娃"术语时，我也为如何培养一个未来成功的孩子而焦虑。特别是从怀上大宝开始，当我从老师的角度转换为家长的角度时，就会更多地思考我们要做怎样的家长，怎样才能做一个"好家长"，我们到底应该如何去培养孩子……亲身经历了这么多案例，我深深地意识到家庭教育在孩子成长过程中的重要性。好奇心的驱使，我诚惶诚恐地把市面上能买到的口碑比较好的家庭教育指导方面的书都买来看了一遍，边看边写读书笔记。

然而，我发现，很多书中的方法操作对家长的要求很高，缺乏对家长的共情，家长本来已经很忙了，再去做到书上说的每一个细节，真的太累了。大多数书里都是在描述养育孩子过程中遇到了什么问题，并且只是针对这些问题给出应急方法，缺乏从根上去探究问题的实质是什么，缺乏从底层逻辑去思考问题的解决方案。这就使得家长遇到 A 问题可以从书上找到 A 答案照做，但是遇到类似的 B 问题，就不一定知道该怎么处理了。比如，孩子不爱写作业这件事，每个孩子背后的原因都是不一样的，不可能用一个简单的方法就解决了，单纯去学习这些方法其实是治标不治本的。那些提到的"方法""步骤"虽然可以拿来即用，但这只停留在解决问题的表层，只是在"术"的层面上看起来解决了问题，并没有在"道"的层面从根本上解决问题。

真正明白这些步骤背后的底层逻辑是不容易的，家长能正确运用书上讲到的方法、步骤的前提，是需要深刻理解这些操作背后的原因，然而很多书并没有讲到最本质和底层的东西，导致家长只知其然，而不知其所以然。所以，我萌生了自己写一本书的念头，一定要把育儿这件事情的底层逻辑讲清楚。这样，我们在生活中就不必纠结于一些细节，把握好大方向即可。

再次，我是一名生物学博士，有比较扎实的科学研究功底，能通过大量的文献检索、资料查阅，从"生理学的本质"角度，为家长提供在养育和教育方面比较科学、权威和前沿的认知。在家庭教育领域，市面上关于育儿的书实在太多了，质量也是良莠不齐。其中有很多理论，众说纷纭，有些甚至是相互矛盾的，到底哪些说法是正确的？哪些说法是有待商榷的？哪些是最前沿的科学认知？另外，很多书虽然也不错，受读者的欢迎，但是毕竟写作这些书的家长只带大了一两个孩子，他们的这种个体经验能复制吗？是否具有普遍意义呢？是不是在人群中开展的大规模科学实验得出的结论才更靠谱呢？家庭教育是一门非常复杂的交叉学科，涉及大量的心理学、认知科学、神经科学、生物学、行为学等知识，要科学地回答一个问题并非易事。所以，我在写作本书的时候，查阅了大量的资料，试图从生理学、神经科学、认知科学的角度做出解释，让本书的论证更加科学、严谨、可靠。

清华大学心理学家赵昱鲲老师曾经从孩子的角度讨论影响他们成长的做什么、怎么做、为什么。在这三个同心圆中，最外层是 what（做什么），就是孩子的外在表现，比如掌握了多少知识、考了多少分数、拿了什么奖项、上了什么大学；中间一层是 how（怎么做），就是孩子的特质风格，比如创造力、好奇心、坚毅力、社会交往能力等；最内一层是 why（为什么），就是孩子的心理内核，比如安全感、爱和尊重、自驱力等。由于外在表现的分数、奖项、大学等是可以直接衡量和比较的，所以家长最关注的是最外层的东西，这也是最让家长焦虑的问题。但是，孩子的外在表现受到特质风格的影响，特质风格受到心理内核的影响，要解决外在表现的问题，其实要一层层向内求解，最终改变心理内核才能改变外在表现。然而，悖论是，家长往往会忽略最内层的心理内核，强迫孩子达到家长的要求，牺牲内层来达到外在的速成。

那么，家长如何才能为孩子搭建良好的成长生态呢？在生物学上，生态系统是所有生物和环境构成的统一整体，好的生态系统一定是在生物与生物之间、生物和环境之间形成了和谐的关系。而好的家庭教育生态也一定是从好的关系开始的，这些关系包括家长和孩子之间的关系、夫妻之间的关系、家长和老师之间的关系，等等（见图 0-1）。我有一个学生小姜，他的生物成绩在高二上学期期末考试中只得了 43 分（100 分为满分）。然而，凭我对他的了解，他是一个资质很好的孩子，初中时曾经进入过海淀区前 10 名。于是我找他聊天，想知道是什么导致了他成绩的下滑。他说是因为他和妈妈闹矛盾，每天回家都会不断地争吵，妈妈的高压管制和他自我意识的觉醒形成了强烈的对峙，导致他根本没法静下心来学习，每天都被情绪淹没，甚至觉得不好好学习就是对妈妈的报复。问题学生的背后往往是问题家长，我很心疼小姜，也对这位母亲的做法感到非常惋惜。

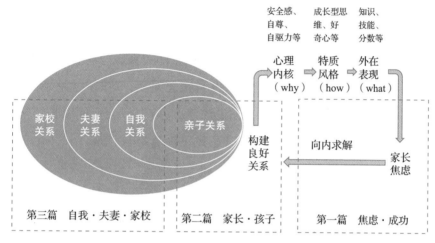

图 0-1　构建良好的关系同心圆：好的教育从好的关系开始

　　在本书中，我会用大量例子来论述为什么构建良好的关系是保证孩子成为好学生的前提。第一篇描述了当今家长的焦虑，解构了焦虑的本质，同时探讨了家长对孩子的教育期待。第二篇着重从亲子关系出发，描述了什么是好家长的共性，如何培养良好的亲子关系，如何树立科学的教养方式，如何激发孩子的学习动力，如何打造学习型家庭，如何和孩子一起终身学习、终身成长。第三篇分别从自我关系、夫妻关系和家校关系出发，介绍了为什么做更好的自己是给孩子最好的教育，为什么成为好夫妻是成为好家长的前提，以及如何做好家校协同、让孩子健康成长等一系列问题，面对一个又一个家庭生活中的真实挑战给出"关系攻略"，助力孩子成长和成功。

教育学首先是一门关系学，我意识到，正确育儿之所以不易，是因为这本质上不是一个育儿问题，抛开一些理论、技巧与经验谈，育儿底层最本质的东西，其实是我们如何处理好与这个世界的关系。阿德勒说，人的一切烦恼都来自人际关系。我们平时遇到的很多问题，事实上其本质都是"关系"出了问题。养育孩子最大的意义是让我们在养育的过程中自我觉察、自我疗愈，认识自己、改变自己、提升自己。处理好自己与自己的关系、与爱人的关系、与孩子的关系、与学校的关系，其实都是我们内心的一种自我投射。每当家长问我："孩子就是不好好学习，就是不听我的话，和老师，你说该怎么办？"我会反问家长："你和孩子的关系怎么样？"良好的亲子关系是正确育儿的前提。

因此，正确育儿的前提是要先解决关系问题，有好的关系才能有好的教育。好的教育一定是从好的关系构建开始的，从关系开始，向关系出发，到关系结束。好的家长一定是有能力、有意愿构建良好的亲子关系、自我关系、夫妻关系、家校关系的人，一定是乐意为孩子提供亲和且支持性的环境，打造学习型家庭的人。这样，我们的孩子不仅能成为当下的好学生，也会是未来的成功者。

总结起来，我希望本书通过"呈现学生案例、挖掘底层逻辑、理解前沿认知"的方式，缓解我们的育儿焦虑，指导我们如何培养孩子，探讨如何科学有效地做好家庭教育，解决让家长焦虑和头疼的问题。这本书适合任何年龄阶段的家长阅读——种一棵树，最好的时间是十年前，其次是现在，任何时候读都不晚。决定各种"术"是否起作用的，最终是家长的心性、修养、视野和格局，希望你愿意翻开此书，希望你能够不虚此行，希望你能够培养出"好学生"。

愿我们都能在养育孩子的过程中，看见更好的自己，让你我在育儿的道路上更从容、不焦虑,共勉!

在读完这本书以后,如果你仍有一些养育上的困惑和感受,欢迎通过我的个人公众号或抖音号联系我。

（个人公众号:和渊老师）　　　　　　（个人抖音号:和渊老师）

和渊

2022 年 11 月 17 日

目 录

第一篇

焦虑·成功

第1章

无处安放的焦虑

一天，一个朋友来家里做客。这个朋友的孩子和我们家老大年纪相仿，我们经常一起探讨孩子的教育问题。她和我说，她有一个极其优秀的朋友，对孩子要求极其严格，针对孩子的作息制订了严格的时间规划表。这个朋友经常挂在嘴边的话就是："你必须好好学习，特别努力，将来才能进哈佛，这样在你后面排队打饭的才可能是扎克伯格。"我的朋友问我："你说，这么优秀的人还这么努力'鸡娃'，让我们怎么活？"我听了，后脊背也是一阵发凉，眉头紧蹙，心情顿时紧张起来。

一谈到教育问题，家长们聊的都是焦虑。我们到底在焦虑什么？作为一名经常与学生家长沟通的老师，同时也作为一名小学生的妈妈，我心中或许有些许答案。为了让本书呈现的内容更加严谨、不失偏颇，我也查阅了大量的文献资料（包括国外 SSCI 和国内的 CSSCI），做了大量的走访、调研工作，发放了近百份调查问卷，与身边愿意接受我采访的家长进行了访谈，小心求证，以求客观地反映现实。

⁚: 问卷和访谈：我们到底在焦虑什么

近年来，家长的"教育焦虑症"似乎已经成了一种群体性的情绪，快速增多且普遍蔓延。2018 年，《中国家长教育焦虑指数调查报告》调查显示，68% 的家长对孩子的教育感到"比较焦虑""非常焦虑"。从婴幼儿期的启蒙教育开始，到幼升小、小升初、初升高，再到高考或者出国留学，父母对孩子的教育焦虑从呱呱坠地一直持续到走向社会。

我摘录一些平时和家长谈话时的记录，以及一些通过即时消息探讨的困惑：

"想要上个好大学，就需要上好高中，上好高中就得上好初中，所以现在小升初变得更加复杂了。好小学貌似也变得更加重要了，但是现在小学没有考试成绩，没有参照标准，完全不知道努力的方向。现在孩子在幼儿园时就要努力，去个好的小学，起跑线越来越靠前了，不能让孩子输在起跑线上啊。"

"孩子现在不努力、不好好学习，将来上不了好大学，找不到好工作，人生就完蛋了呀！做家长的哪有不焦虑的，哪有不希望让自己孩子将来好的，父母一定是尽全力托举啊！现阶段家长对孩子的期待和要求提高了，对教育的投入也大大增加了。而且，信息时代我们看到了更多的'别人家的孩子'，看到了更多的可能性，但是选择越多反而比没有选择更焦虑，因为害怕选错。小升初的焦虑就不多说了，对于多数人都是脱层皮。"

"孩子学习没有动力，他们身处舒适的生活环境，是体会不到生活的艰辛和挑战的，也没有树立远大的理想，胸无大志，没有远大的目标，没有进步的动力，只想躺平，只是希望尽快完成校内外作业来争取更多的游戏时间，缺乏奋斗的内驱力。而作为家长，我们一方面希望培养孩子自主的学习能力，希望孩子能够多阅读、自己探索；一方面又担心闭门造车、信息不畅使孩子学的东西与学校考核的东西相背离，'家长信息战'的理念导致不报班不请辅导老师就怕耽误孩子。"

"孩子现在四年级，平常看起来各种习惯都挺好的，家长提的要求一般也都能做到，但后来发现孩子经常自己在白天上网课的时候偷偷玩平板电脑，时间还挺长的（通过看屏幕使用时长发现的）。这是他们之前没想到的，孩子玩完游戏就删去，根本不让家长发现。后来跟孩子沟通过后，情况比原来好了一些，但孩子还是会忍不住玩，自控力差，造成了亲子关系的强烈对峙。"

"现在面临长期目标与短期目标的矛盾。我们知道长期目标需要坚持不懈且稳定的投入，但由于每个学习阶段的重点不同，即使树立了长期目标，也时常会被一些短期的更为功利的目标打断，难以形成以分步走的短期目标实现长期目标。我们一方面希望孩子全面发展，有自己的兴趣爱好，懂得'细嗅蔷薇'、热爱生活；另一方面又纠结兴趣爱好的时间挤占了学科学习的时间，尤其是在升学压力之下，不得不放弃一些兴趣爱好的培养。而且，现在对孩子的培养方向都是应试，缺少一些社会所需要的技能的训练，对专业和未来发展完全不了解，太多的不确定性叠加在一起，让我们很慌乱。"

大家看，有责怪孩子没有学习动力的，有担心孩子未来发展的。除此之外，我在和家长们沟通的过程中，还遇到了家长经常碰到的一些其他方面的问题，比如夫妻双方在教育理念方面不一致，导致孩子无所适从；孩子谈恋爱，家长和老师管不了；青春期的孩子与家长的疏离感比较强，对家长态度冷漠；家长与孩子之间的冲突频繁爆发，亲子关系出问题；孩子学习压力太大，无法很好地调适心理而导致抑郁症；孩子不合群，在学校受排挤，家长看着心疼……家长的焦虑真的是涉及了方方面面。

我就想知道，到底哪些问题是家长们最焦虑的问题，于是，我整理了手头的一些资料，发放调查问卷，收集了 93 份问卷，各个年龄段的人数比较平均，84% 填问卷的是母亲，对孩子教育完全不焦虑的只有 4.2%。问卷中，我让家长对自己最焦虑的一些问题进行排序。结果显示，最让家长们头疼的问题是学习习惯不好、学习动力不足和手机使用的问题等（这个问题我会在本书第 4 章中专门进行讨论）。

问卷参考了关于家庭焦虑的教育焦虑量表，我把所有家长提到的问题做了一个分类归档整理，发现家长在教育方面的焦虑集中表现于学习成绩的焦虑、学习态度的焦虑和未来发展的焦虑（见图 1-1）。学习成绩的焦虑是最直接、最外在的，是用客观分数可以体现出来的，家长看到自己的孩子成绩没有别人好的时候，是最容易

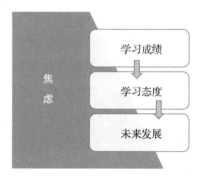

图 1-1　家长在教育方面的焦虑

引发焦虑的。之后，家长就会寻找成绩不好的原因，其中最主要的就是学习态度的问题，比如没有学习的主动性、学习习惯不好、电子产品控制不当等，因为这些问题，家长经常训斥打骂孩子，家庭矛盾频发，家长也因此更焦虑。当然，无论学习成绩还是学习态度，其实本质上都是对孩子未来发展的担心，孩子的身上承载着太多家长和祖父母一辈的殷切期望，望子成龙、望女成凤这是理所当然的事情，没有人不希望自己的后辈比自己更加有出息。攀比和虚荣心理、为学习态度争吵、抱持过高的教育期望这三重焦虑叠加在一起，构成了家长对孩子教育方面最主要的焦虑。

诚然，一定的紧张和焦虑是有利于激发人的斗志，让人克服困难、勇往直前的。但是，长期的、过度的紧张和焦虑情绪会对人的心理和生理都造成负面影响。这不仅影响家长的情绪，还会给孩子带来伤害。它破坏了孩子的安全感，让爱变得冷冰冰的，影响了亲子关系；它把焦虑传递到孩子的身上，无形之中给孩子带来了压力，影响了良好性格的发展；它使得

家长把孩子当成一件作品一样进行打磨，却忽视了孩子是一个活生生的人……

∴ 孩子的内卷：杯赛、超前学和考证

孩子们特别不容易，他们从小就活得很累。

不同的孩子有不同的"术语"称谓，"牛娃"指的是成绩很好、表现也突出的孩子，"天牛"是天赋好、不需要家长投入太多就能学习好的孩子，"人工牛"是指通过家长后天的培养能达到比较优秀的孩子，"普牛"是天赋一般、需要不断地通过家长的用力扶持才能达到不错的孩子，"渣娃"是指天赋较差、家长怎么努力也没用的孩子。从牛娃到普娃再到渣娃，孩子们通过各种比较确定自己的"段位"。

为了进化成牛娃，孩子们每天有学不完的东西，有打不完的卡，考不完的证书。从 2 岁开始一直到高中，孩子要达到什么样的标准，都是被大家默认的（表 1-1 为学龄前儿童超前学习标准对照表），而且这个标准远远超过教育部发布的《3 ～ 6 岁儿童学习与发展指南》。有这样一个笑话：孩子 4 岁掌握 1500 个单词，够不够？回答是：在美国足够了，但在北京的海淀远远不够。

表 1-1   学龄前儿童超前学习标准对照表

	托班	小班	中班	大班
语文	亲子阅读，能就阅读的内容进行思考和提问	亲子阅读；《四五快读》识字 600 个以上	初步自主阅读；识字 1500 个以上；开始学习写字；古诗积累背诵	完全自主阅读；练习硬笔书法；古诗积累；看图写话
数学	会数数，能在生活中渗透数学概念	学会 10 以内的加减法；能出色完成找不同、迷宫、拼图游戏	熟练掌握 100 以内的加减法；学完小学一年级数学课程内容	能进行大数加减；学完小学二年级课程内容；学习一年级奥数

（续）

	托班	小班	中班	大班
英语	亲子阅读，海尼曼 Level C	亲子阅读，能简单对话；自主阅读 RAZ-A	可与外教交流，能长句输出；自主阅读 RAZ-E	裸听桥梁书；与外教交流无障碍；自主阅读 RAZ-G

"海淀妈妈"也是一个很有具象意义的新名词，该词指的是生活在海淀，身心精力都花费在孩子的教育上，为孩子付出很多的女性群体。海淀的妈妈为孩子设计了一系列不同的升学路径，有"鸡"奥数的，也有"鸡"英语的（见图 1-2）。

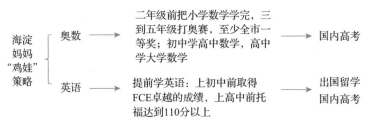

图 1-2 海淀妈妈的"鸡娃"策略

家长们也很无奈，真的没办法，"剧场前排看戏的人站了起来，后排看戏的人为了不被挡着，也不得不站了起来，结果大家都站了起来，最终所有人都变得很累，但观影的效果跟所有人都坐着时差不多甚至更差"，这就是剧场效应，零和博弈下的"军备竞赛"，让每个人都苦不堪言。

超前学的一些内容（特别是奥数）不太符合孩子的认知水平，孩子们学习起来很痛苦，上课听不懂、下课作业不会做，家长要花大量的时间讲解和辅导。除此之外，语文的古诗、小古文、阅读、写字，英语的 RAZ、单词、听力、口语等都要进行每日打卡上传，只有打卡了才会安心。有的家长会为孩子制订非常详细的一日学习计划，列成表格或者思维导图的形式，督促孩子完成每日的任务，成才的每个关键节点都要牢牢把握住。

之后还有考级、考证书，不仅钢琴、美术、舞蹈、围棋要考证书，奥数、英语也要考证书。奥数有希望杯、迎春杯、华杯赛和大师杯等数学竞赛，孩子们一般必须拿到大师杯的金奖才有希望被最好的初中"点招"。英语从低到高有 KET（英语入门考试，词汇量与初中相当）、PET（初级英语考试，词汇量与高中相当）、FCE（第一英语证书考试），小学前要考过 KET，三年级要考过 PET，六年级要完成 FCE。按照家长的说法，英语作为语言，一定要提前学，这样到了高中就能省下一些力气去学别的学科。据说，之前为了抢考试机位必须要拼网速，有的地方 1 秒就抢空了。好在"双减"之后，教育部把这些数学杯赛和英语考试全都取消了，叫停和规范了各种各样的比赛，才在一定程度上缓解了考证和竞赛的教育焦虑。

可是，真的有必要这么卷吗？我在清华大学的博士生导师颜宁（后去普林斯顿大学任教，现在已经回国）和我们聊天的时候说道，很多研究生申请的简历，她都能背下了，GPA（平均学分绩点）在 3.5 到 3.9 之间，托福 110 分以上，大二进实验室做实验，做了什么科研成果……所有人简直如出一辙，像是一个模子里刻出来的标准化产品。可是，这真的是我们想要的人才吗？这么卷的结果就是让我们的孩子和别人一样吗？颜宁老师说，她后来把 offer 发给了一个 GPA 平平的女孩，但那个女孩是她们学校某球队的队长。

⸫ 家长的困境：上有老下有小，工作家庭多头烧

家长就更不容易，他们活得更累。

在 2022 年 9 月的《财新周刊》中有这样一则报道：年过 35 岁，郑晓（化名）成了同事口中的"铁人"。前年 1 月 1 日，二宝出生，郑晓直到分娩前一天还在工位埋头工作；等坐完月子，她一天没耽搁，又回了厂里。和生大宝时的从容不同，现在郑晓正面对一本沉重的家庭账单。老的那头，孩子的爷爷、奶奶一个有高血压和眩晕症，另一个有糖尿病和哮喘，二老膝下只有郑晓的丈夫一人；夫妻俩为照看老人在成都就近买了套房，每月房贷近 3000 元。小的那头，11 岁的大宝要学数学、英语、手风

琴，一年补习费一两万元；2 岁的二宝每月的奶粉钱、尿布钱、看病钱也上了四位数。这些钱林林总总加起来，使年收入 10 多万元的家庭左支右绌。郑晓产假也不敢足额休，"一直休息，就没有钱拿，娃娃的奶粉、尿不湿还要天天用钱"。

有学者这样形容当今 80 后的中年家长群体：上有老下有小，工作家庭多头烧。不是他们想焦虑，而是不得不焦虑（见图 1-3）。

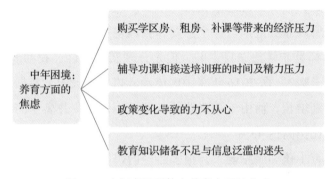

图 1-3　中年家长群体在养育方面的焦虑

养育的经济压力真的不算小。按照《中国生育成本报告 2022》中的估算，全国家庭 0 ～ 17 岁孩子的养育成本平均为 48.5 万元，北京、上海家庭 0 ～ 17 岁孩子的养育成本分别达 96.9 万、102.6 万元，育儿成本已经占到了中国家庭平均收入的近 50%。如果把一个孩子抚养到成年（18 岁）所花的成本除以人均 GDP 来计算养育成本，澳大利亚是 2.08 倍，法国、瑞典、德国在 2 ～ 3 倍左右，美国是 4.11 倍，日本是 4.26 倍，而中国高达 6.9 倍。这些经济支出包括购买学区房、租房、辅导班上课……除了经济压力，还有辅导功课和接送培训班的时间及精力压力、政策变化导致的力不从心、教育知识储备不足与信息泛滥的迷失等，每个关键期都不能输，教育逐渐由"散养模式"变成"精养模式"。

时间、金钱与精力赤字已经让人压力够大了，中年人还要承受照料老人的压力，"无法陪伴"和"代际摩擦"深深困扰着中年家长群体。对于身体不好的老人，由于大多数只有一个子女，很多时候子女既没有条件把老人接到大城市生活，也没有办法放弃事业，这些老人只能选择独自待在老家。对于身体还不错的老人，他们为了子女的事业发展、孙辈的健康成长，背井离乡，为了育儿重新集结，生活在自己不熟悉的环境中，他们不仅要忍受几代人同挤一个小房子、适应与儿女生活习惯的不同，还有高强度的"照料"工作压力，每天都在工作（8～9个小时是常事），且没有休息。除此之外，在育儿理念上也会与子女产生巨大的分歧，各种摩擦、争吵、委屈经常在家庭上演。一个朋友和我抱怨："我也不想靠妈妈和婆婆，我们精神上都是非常独立自主的，但是，现实不允许，我和老公都上班，那谁来看孩子呢？"据2016年《中国流动人口发展报告》数据统计，流动老人规模不断增长，而由于需要照顾晚辈而不得不背井离乡的老人占所有流动老人的比例高达43%。

为了养育小孩和照顾老人，很多年轻的妈妈选择辞职。华中科技大学人口所的一项研究成果提到，每多生育一个孩子，小时工资率下降13%左右，就业率下降9.3%，这一"生育惩罚"现象在中低收入家庭更加明显。然而，这些女性的价值并没有得到重视，而且未来能否正常回归社会、能否老有所依也都是问题。这种中年人自身发展的焦虑也是困扰很多家庭的一个重要方面。

·: 焦虑的本质：我们为什么而焦虑

我作为一个80后，是独生子女，也是两个孩子的家长，上面谈到的孩子的"军备竞赛"、中年人的困境等引发的焦虑，我都有亲身的经历。目前全国有超过4亿人的中等收入群体（未来将扩展为10亿），大家对教育机会、教育质量和未来发展都表现出不同程度的担心。作为一个基层的基础教育工作者，我不断地思考，这些现象到底是什么因素引起的？我们焦虑的本质到底是什么？有没有什么解决方案？

从表面上来看，家长的焦虑直接体现在幼升小、小升初、初升高等方面，属于升学焦虑。但是升学焦虑只是表象，背后最根本性的焦虑，其实是生存焦虑和发展焦虑（见图 1-4）。

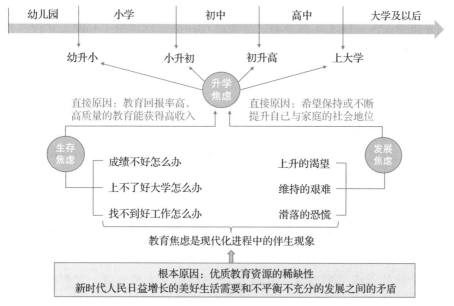

图 1-4　焦虑的本质

生存焦虑来自较高的教育回报率，大家普遍相信有了好成绩才能上好大学，上了好大学才能有好工作，有了好工作才能有高收入和比较稳定不错的生活。即使有时候我们从理性上知道这样的逻辑不一定完全正确，但是，裹挟在滚滚人流中，我们自己都很难拔出来，仍旧会担心：成绩不好怎么办？上不了好大学怎么办？找不到好工作怎么办？曾经在《新华字典》中，对"前途"一词的例句是："张华考上了北京大学；李萍进了中等技术学校；我在百货公司当售货员：我们都有光明的前途"。但现在不一样了，不同行业、不同岗位的前途天差地别，较高的教育回报率使得家长不敢松懈。

发展焦虑更是焦虑的焦点。家长们不仅重视自身素质和教育水平的提升，更重视后代人的教育质量，希望保持或不断提升自己与家庭的社会地位，得到更多的尊重与尊严。发展焦虑突出的表现为对阶层上升的渴望、对维持自身现状的艰难、对阶层滑落的恐慌，"一步落后、步步落后""不能让孩子输在起跑线上"，这些都是家长的普遍心理，上了大学不行，必须是重点大学；读了本科不够，还要继续深造，攻读硕士和博士学位；找了工作也不行，最好是稳定且高薪。当孩子达不到家长的期望的时候，焦虑就成了一种必然现象。

当我们谈当下教育焦虑的时候，总会引来我们的父辈、祖父辈的不解，你们到底在焦虑什么？我们当时养七八个孩子的时候，也没你们这样焦虑啊。我想试图从生态学中不同物种的生存策略的角度来解释一下这个问题。在进化中，生物为了适应环境，发展出了 R 型策略和 K 型策略，其中 R 型策略物种生命周期短，并且靠后代的数量来维持存续。比如，很多鱼类一次产卵就是几百万，还有一次产卵上亿的鱼，只要这里面能活 1000 条，就胜利了。而 K 型策略物种，不追求生育后代的数量，而追求单个个体的成活率和寿命，就是"少生优育"，大象、虎、大熊猫、鲸等大型哺乳动物在地球上就是典型的 K 型策略物种。

人类也是 K 型策略物种，而且，随着中国经济社会的不断发展和人民生活水平的不断提高，人们有了更多的经济实力来养育子女，因此，这种 K 型策略的演化就会更加极致，更加向"精养模式"转变。特别是中国近几十年的发展，从农业社会到工业社会、从传统社会到现代社会、从计划经济到市场经济，国家制度、文化特征、教育形态都面临着巨大的转型，社会演化的深度和变迁的难度都前所未有，其中，对未来不确定性的担忧导致的教育焦虑更是在所难免，《爱、金钱和孩子：育儿经济学》一书也提到：由于经济发展带来的收入不平等和较高的教育回报率是影响大家决策的关键，经济发展决定了教育教养方式，而教育制度又反过来强化了经济基础在教养方面的作用。可见，**教育焦虑其实是我们国家在现代化进程中的一种伴生现象**。

教育焦虑也是教育评价标准（例如高考制度等）在探索、发展和完善过程中产生的不可避免的副作用。高考不能取消，它是实现教育公平的最重要的手段之一，是目前最公平的教育制度，它给了每个中国孩子一个平等起飞的支点，无论是什么条件的孩子，都可以通过高考改变自身命运。然而，只要有标准化的考试存在，就不得不有第一名和最后一名、不得不有分数的较量，破除"唯分数、唯升学、唯文凭、唯论文、唯帽子"的评价痼疾还需要更加智慧的多元评价体系的发展。

生产力决定生产关系，当生产力发生改变，而生产关系没有跟上时，就会出现矛盾。所以，**教育焦虑是我国优质教育资源的稀缺性导致的，有限的优质教育资源与家长对优质教育的渴求形成了根本性的矛盾，本质上讲，就是"新时代人民日益增长的美好生活需要和不平衡不充分的发展之间的矛盾"**。所以，我们看到教育的问题，其实它不只是教育的问题，更是社会发展到一定阶段必然会出现的问题，是历史发展到现阶段逐渐反映出来的问题。

教育焦虑有解决方案吗？从国家层面来讲，可以调整制度和政策以应对经济变化带来的挑战；教育系统要更多地减少不公平，增加公平的机会，淡化成年前的竞争；提高高质量的日托、亲子假、早期幼儿干预……"It takes a village to raise a child.$^{\ominus}$" 教育需要多方合力解决，问题的解决也需要时间。

然而，作为普通人，我们就束手无策了吗？我想不是的，有一句话叫作：宏观是我们必须接受的，微观才是我们可以有所作为的。我们可以让自己成为一个好家长，构建一个关系和谐的、支持性的、学习型的家庭，来助力孩子未来的成功。希望本书之后的内容能给你提供应对焦虑的解决方案。

$\ominus$　源自非洲谚语，直译为"养育一个孩子需要举全村之力"。

第 2 章

家长希望培养什么样的孩子

作为家长，我们到底希望培养什么样的孩子？我想，大部分人都会认同这样的观点：在学校里是个好学生，工作后是个比较成功的人。可是，怎么定义好学生？怎么定义成功者？不同人的定义其实又不尽相同。成功是由智力决定的吗？情商与努力成正相关吗？成功有没有最佳路径？如何发现孩子的天赋、助力孩子的成功？本章将回答这些问题。

·: 当下的好学生，未来的成功者

这本书中的一个核心理念是，好学生是好家长教出来的。有人就问我说："和老师，你说什么才叫好学生？"这确实是个好问题，我们在谈论一个问题的时候，需要先搞清楚这个问题本身的含义是什么，使得大家的讨论都能在一个话语体系的范围之内，定义问题是解决问题的前提。确实，关于什么是"好学生"，很多人的看法不尽相同："成绩好才行，必须要门门满分、各科优秀""听话、老实""两耳不闻窗外事，一心只读圣贤书""不贪玩、不看电视、不玩手机，积极主动，有自驱力，知道自己该学习"……

好学生好在哪里

教了这么多年书，我自己描摹了一幅好学生的画像（见图 2-1）。我把好学生比喻成一棵树，根部代表身心健康，树干代表德行优良，树干之上是热爱学习、基础技能和软能力。

图 2-1　好学生好在哪里

好学生首先得是身心健康的学生。身体健康，是一个人奋斗的基础，是学习成绩好的保证，健康比任何东西都珍贵，没有健康身体，其他任何东西都是空谈。心理健康更需要引起家长的重视。特别是近些年来，据世界卫生组织统计，全世界已经有 3.5 亿人被抑郁症困扰，且呈现出低龄化的趋势，2020 年心理健康蓝皮书《中国国民心理健康发展报告（2019～2020）》显示，青少年心理健康素养达标率为 14.24%，青少年抑郁检出率为 24.6%。抑郁症已经成为当今青少年最普遍的心理疾病之一，没有健康的心理状况，成绩再好，未来也没有任何意义。

好学生必须是品德高尚的人，这是价值观层面的。每次谈到这一点，有些人会对我嗤之以鼻、不以为然，认为这是我犯了当老师的毛病，他们说："只要孩子成绩好就行，成绩好和品德高尚有什么关系？"我认为，这样想就错了。难道他们没有看到，多少曾经成绩优异的人，当了大官却经不住诱惑，贪污腐败进入牢狱的；发了大财却只顾一己私利，触碰法律底线……道德当身，方能不以物感；德位相配，方能洁身奉公。孩子未来要想成就一番事业，做事情有底线、有原则，被他人信任，德行能承载住才华，道德都是第一位的，需要从小培养，价值观一定要正。

在小学和中学阶段，一些家长会认为"好学生"就是"学得好的学生"，就是学习能学明白、考试成绩好的学生。我把这种学习语文、数学、物理、历史等知识的能力称为"基础技能"，然而，如果以这样的标准来判断好学生和差学生，我觉得未免太狭隘了，不要用爬树的能力去衡量一条鱼。如果非要用"成绩"来衡量学生的好与差，那么在我心中，没有差生。因为不同的孩子天赋不同，很多孩子的天赋并不表现在"学习知识"上，也不表现在"文科死记硬背、理科大量刷题"标准化考试的成绩上。每朵花的颜色不同、开花的时间不同、持续的周期不同，孩子也一样。作为家长，我们要努力去发现孩子的天赋，给孩子营造适合自己特长发挥的环境，提供支持，然后静待花开（关于如何发现和培养天赋会在"如何发掘天赋，助力孩子成功"中进行探讨）。

尽管成绩好很重要，但"热爱学习"和"软能力"也同样重要。热爱学习是具备基础技能和软能力的前提，这是一种让人终身受益的能力。我记得钱颖一教授比较过"学好"和"好学"的区别："好学生"不再是"学得好"的学生，首先是一个"好学的"学生。"学好"与"好学"是两种不同的"学"的境界。"学好"是学习中被动地接受，而"好学"则是学习中主动探索；"学好"是今天学习的一个结果，而"好学"则是今后学习的一种习惯；"学好"只是对学习已有知识的一种度量，而"好学"则是对学习未来知识的一种态度；"学好"是为了掌握知识，而"好学"是为了探索问题；"学好"得到的是答案，而"好学"追求的是真理。"好学"远比"学好"更重要。很多"好学生"在小学和中学阶段被家长逼迫着好好学习，成绩都还不错，但是，到了大学根本不知道学习，天天打游戏、泡网吧，这就是"热爱学习"这一项关键能力没有培养起来。这个话题很大，我会在第 4 章用专门的篇幅来讲如何培养自驱力的方法。

而相比容易被衡量的"成绩"，软能力并不容易被注意、被量化、被度量。**软能力包括交往力、洞察力、行动力、共情力、领导力等，这些不容易被外显的能力，却是非常重要的能力。**比如，在一次团队合作中，如何把各个方面的事物分配好、协调好，就属于软能力的一种。在职场中，大家会发现，有些人毕业于一般的大学，专业能力也不是很强，却非常受领导器重，晋升也很快；或者，有些人在学校成绩并非优异，但毕业后自主创业，成为 CEO，在某个细分领域做了千亿市值的公司……成绩不好的学生可能不是好学生，但未来不一定不成功。我带过的一个学生，她的数理化成绩比较一般，导致在学校的成绩不是很好，但是她擅长写作，而且对别人的共情能力极强，很能敏锐地捕捉到别人的感受，进入大学后做了学校的学生会主席，毕业后进入新闻行业，现在已经是圈内小有名气的记者了。

好了，到这里，希望我已经把"好学生好在哪里"讲清楚了。在学校，老师和家长都希望培养"好学生"，那么，当孩子走向社会，我们又希望他成为什么样的人呢？

"成功"如何定义

我做班主任的时候，曾经在家长中做过一个小调查，问他们如果用一个词来形容自己未来想把孩子培养成什么样的人，那么这个词是什么。我清楚地记得，当时很多家长写了一个词：成功。看到"成功"这个词，我其实并不诧异，这符合我们"出人头地""活得人上人"的价值观。但是，"成功"这个词太抽象了，每个写出这个词的人对它的理解都千差万别，每个人对它的定义可能都不同，眼前出现的画面也不同。

有人说，顺其自然就行，孩子能健康长大、有一份不错的工作、能赚钱养活自己，这就算成功了。这属于长辈对孩子平凡而朴实的期望，不求大富大贵，但求平安健康。其实，大多数人能做到这个层面，已经很不容易了。

然而，有些人不同意这种观点，他们认为这种对于孩子教育的设想可能有点"小家子气"了。对于还在上幼儿园、小学的小朋友，我们不惜重金给他们报各种各样的兴趣班、补习班，并且亲自下场指导，希望能发掘他们的天赋。到了中学，学科难度增大，我们基本就指导不了，只能当后勤工作人员了。到了大学，就只能打打电话鼓励孩子。到大学毕业或研究生毕业后，就该劝孩子赶紧找份安稳的工作、上班升职别惹事、买房结婚生小孩……这感觉与放牛娃重复祖辈人生的循环没有太多的区别。难道我们在孩子从小到大的教育方面的殚精竭虑，只是为了一个平庸目标？难道我们给孩子规划来、规划去，只是为了一条最保险的人生路线？

嗯，好像光平安健康是不够的。我们朴素的想法里，还是希望下一代能比我们强一些的，起码能实现自立吧！也就是说，要能够独立做出选择、独立判断自己的价值，这一点与著名哲学家阿德勒的思想不谋而合，"教育的目标是自立"。说实话，能做到自立已经是一个很高的要求了。扪心自问，我们很多成年人可能都不一定做到了这一点。

此时，有人可能觉得，光做到自立还不能算成功，将来能当大官、发大财、开豪车、年薪百万，这才算得上成功（世俗意义上的成功）。比如，你是个作家，衡量你是否成功的标志就是书销量是不是好、读者评价怎么样；或者，他是个大 V，衡量他是否成功的标志就是有多少粉丝、带货能力怎么样……也就是说，所谓"成功"，是来自社会对我们的认可，而不是我们的自我感觉。

有人反对这种想法，认为太功利了。行为学家和心理学家观察到，孩子可能感受不到成人世界里的那套成功学理论，**孩子看不到结果、感受不到结果，也无法从内心真正地认同大人说的这些所谓的成功**。相反，越是这样，孩子的进步可能越慢，还会形成抑郁和易怒的人格特质。也就是说，宣扬"儿童成功学"可能会害了孩子。

针对功利这一点，有些人提出了质疑。他们说，这就是社会现实啊，要让孩子早点知道社会是什么样子的。所以，落脚到孩子未来成功的目标时，他们认为孩子怎么着都要上个 985、211、双一流名校吧，"千斤粟、黄金屋"不就是人们奋斗和前进的动力吗？

"不，不"，有些精英们针对这个观点提出了辩驳。"人是目的，而不是手段"，怎么能为了追求这些外在的东西而丧失自我呢？我们要有家国情怀，我们做事情不是为了自己，而是国家需要、民族需要，要真正记得自己为什么而出发。我们要的是"为天地立心、为生民立命、为万世开太平"的豪迈，我们要的是"立功、立言、立德"的不朽，这才叫作真正的成功。

然而，又有人不同意上面的想法。学做"圣贤之人"，是很多人的远大理想。可是，孔子、王阳明、曾国藩这些人几百、几千年才出一个，要成为这样的人，除了要有超越常人的智慧、胆识，还要有足够好的运气，非常人能企及。如果这样的成功我们很难达到，那这对于普通人来说还有什么意义呢，这样的成功不是只能沦为宏大的叙事吗？这时，有人也提出了自己的想法，说这是处于马斯洛需求不同层次之间的人的对话，如果温饱还没有解决，又何谈意义？谁不想千古留名、流芳百世，然而现实已经把我们折磨得遍体鳞伤，让我们如何风雨不动安如山？

大家看，"成功"这个抽象的名词，引发出了多少种不同的想法。不知道你心中的成功是哪种？在我心中，其实一直有这样的困惑：我到底要培养什么样成功的孩子？是要成为治国安邦、经天纬地的大人物，还是做个过舒服安稳日子的打工人？是要有"修齐治平"做大事的情怀，还是有安居一隅的"小确幸"就够了？光有理想但是赚不到钱，那理想还有意义吗？

于是，我在身边的家长群体中抽样做了一些调查，询问他们对孩子的教育期待。在我下发的近百份问卷中，仅有 9.68% 的家长对孩子没什么特别高的期待或者希望孩子能上顶级名校，大部分家长的态度是希望孩子至少能上 985、211、双一流名校，找一份稳定的工作的（见表 2-1）。

表 2-1　家长对于孩子的教育期待的问卷结果

家长对于孩子的教育期待	人数	占比	
没什么特别高的期望，顺其自然就好	9		9.68%
一定得上高中、上大学，至少不能被分流到职高	27		29.03%
希望孩子以后考上 985、211、双一流名校，找一份稳定的工作	48		51.61%
希望孩子以后能上清华、北大、哈佛、耶鲁等顶级名校，成为社会精英	9		9.68%

而关于不同家长对于成功的定义，我在总结了他们的想法后也做成问卷进行调研。结果显示，有 43% 的家长觉得孩子能有一技之长、过安稳的日子就好了；有 21% 的家长希望孩子能事业有成，有较高的薪酬和职位；有 32% 的家长对孩子有更高的要求，希望孩子能有更高的志向，无论是成为著名的科学家还是成为政治家、经济学家、社会活动家等，去做一个有影响力的不朽人物（见图 2-2）。

显然，关于成功，不同的家长有不同的答案。就在为了写这本书，做调研、整理清楚这些问题的时候，我也在找寻自己的答案。我也希望，在读到这里的时候，亲爱的读者，你也能思考出自己的答案。其实，无论哪种答案，我觉得都对，每个个体所处的社会环境不同、经济条件不同、家庭处境不同，都会因此做出适合自己的关于成功的选择。关键是家长自己想明白，知晓自己的价值观会在潜移默化中影响到孩子的价值观。

有没有觉得，养孩子的过程，也是我们逐渐活明白的过程。

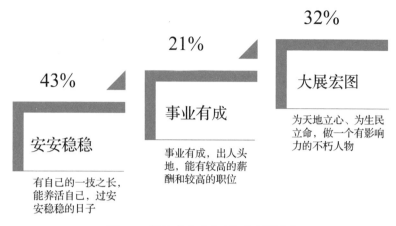

图 2-2 家长对于"成功"的不同定义

注：选"其他"的占 4%。

·: 成功与智力、情商、努力的关系

我是学生物的，又是当老师的，所以经常就碰到有人找我探讨：刘博士啊，你说一个孩子将来能不能成才是不是从娘胎里就决定了？遗传对人的影响到底有多大？你说你清华毕业，你爱人北大毕业，你们的孩子是不是也肯定上清华北大啊？

答案是：那还真不一定。一个孩子未来的发展，受到很多因素的影响，除了父母的遗传因素外，家庭环境的影响、社会环境的影响、个人的努力程度等都会有所影响。那这些因素分别起到什么作用呢？遗传因素到底是不是决定性因素呢？到底哪个因素决定人能否成才？事实上，没有人能完全说得清楚，也没有研究能把这些因素全面分析到位。不过，由于我看过一些这方面的研究，就斗胆把这些东西总结起来，和大家聊聊我的看法。我自己总结了几句话：

托底靠家庭，智力靠遗传，情商靠环境；

优秀靠努力，卓越靠学习，成功靠运气。

托底靠家庭

耶鲁大学心理学家桑德拉·斯卡尔（Sandra Scarr）有句名言："父母只要避免暴力、虐待，不要漠不关心即可，除此之外，父母做的任何事情都不会产生显著影响。"而谷歌前数据科学家塞思·史蒂芬斯－达维多维茨也在新的出版作品《别相信直觉：用数据来获得生活中真正想要的》中，用扎实的数据告诉我们：孩子的命运是他自己的，家长能起到的作用非常小。

我当时看到以后颇感震惊，这话说得是不是太极端了，难道我们平时那么努力培养孩子，又是报各种辅导班，又是陪写作业陪练钢琴，还努力赚钱买学区房，这些东西都不重要吗？在现实生活中，由于养孩子是一个混沌系统，父母不知道哪件事情没做对就会影响孩子的前程，所以他们做起事情来总是尽心尽力，竭尽所能给孩子最好的。

然而，研究者认为，父母其实没有必要那么焦虑。他们以几对同卵双胞胎为研究对象，把拥有几乎相同的基因的孩子送到不同的家庭进行养育。这些家庭的养育方法不同、语言文化不同、宗教信仰也不同，但结果发现，这些成长于不同环境的孩子，长大后选择的工作领域、取得的成就都大致相似。（当然，这项研究对这些家庭提出了一个要求：经济条件不能太差。）

在罗伊·鲍迈斯特和约翰·蒂尔尼《会好的：悲观者常常正确，乐观者往往成功》一书中谈到，如果你们家生活颠沛流离、父母没有受过比较好的教育，也没有固定的收入来源，那么孩子的成长才会受到家庭的影响，家庭情况会拖累孩子正常发挥。然而，除此之外，只要是正常的、条件还不错的家庭，家庭对孩子成才的作用并没有我们想象的那么大。⊖就好像一棵小树，它需要的养料是有限的，只要没有供给不足，多余出来的

⊖　在经济史学家格雷戈里·克拉克对 1750 ～ 2020 年超过 40 万英国人的统计研究中，也有类似结论。论文标题为 For Whom the Bell Curve Tolls: A Lineage of 400,000 English Individuals 1750-2020 shows Genetics Determines most Social Outcomes，供大家参考。

养分可能没有那么大作用。学区房、陪作业、辅导班的作用只是保证了孩子智力的正常发挥，而不是提升智力。

　　所以，托底靠家庭。注意，这里的托底，更多指的是物质方面对孩子智力发挥的影响（见图 2-3）。只要家庭条件不是太差，父母大可让孩子自由成长。

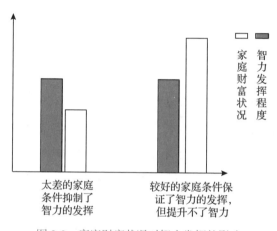

图 2-3　家庭财富状况对智力发挥的影响

智力靠遗传

　　这里先定义清楚什么是智力。

　　简单地说，智力可以分为流体智力和晶体智力。流体智力是一种以生理为基础的认知能力，如知觉、记忆、运算速度、推理能力等，它随个体的老化而减退，但晶体智力在人的一生中持续发展（见图 2-4）。心理学界不同的人会用不同的手段研究流体智力，比如通过编制的一些量表来评估人们的智力，像是韦克斯勒成人智力测验等（但这种智力测试被诟病过于强调静态指标，例如事实和词汇，而忽视了智力思考的认知过程）。

　　而晶体智力主要指学会的技能、语言文字能力、判断力、联想力等，受后天的经验影响较大。

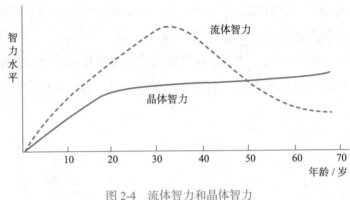

图 2-4 流体智力和晶体智力

除了心理测量方法提到的智力，还有斯滕伯格的智力三元理论（分析性智力、实践性智力和创造性智力）和加德纳的多元智能理论（"如何发掘天赋，助力孩子成功"中会有详细阐述）。本书中提到的智力指的是流体智力。从生物学上来讲，父母的遗传对孩子智力是很重要的，基本成正相关。注意，这里说的智力指的是可以用智商量表进行测量的智力发展水平。达尔文的表弟、数学天才高尔顿在 1869 年出版了《遗传的天才》一书，主张一个人的智力因素是由遗传得来的，就是说智力是基因决定的。科学家通过研究同卵双胞胎，分析了人类的各种心智指标，比如智力、记忆力等，遗传因素的影响仍旧有 50% 之多，远远大于任何一种单一后天环境因素（如家庭环境、受教育水平等）。假如遗传率为 1.0 意味着该性状完全取决于基因；遗传率 0.0 则表示该性状与遗传完全无关。托马斯·布沙尔（Thomas J. Bouchard）在总结已有证据所写的综述中指出，成年人智力的遗传率有 0.85。

这些都说明了：**遗传因素强有力地影响着我们很多高级心智活动，智力本身的遗传程度相当高。**可见，人类从出生就不是白板一块，而已经存在一张遗传因素书写的蓝图了。所以，**孩子如果在某方面很有天赋，智力超群、聪明绝顶，这几乎绝大程度上是中了卵巢红利的结果，因为智力的高低是靠遗传的。**

每次一说到这里，家长们就开始默默地焦虑了。有朋友就问过我这样的问题："我小时候数学不好，我孩子的数学会不会也不好呀？"我说不一定。首先，虽然与遗传有关系，但是遗传不是 100% 就能决定的，只是相关，而非因果。其次，即使天分不好，我们也知道勤能补拙，而数学的学习很多其实是"套路"，只要足够努力，肯定能学好。要知道，我们大多数人的努力程度还达不到谈论智商、拼天赋的地步。再次，即使数学真的不好，又能怎么样？孩子一定考不上重点学校、一定没有好的人生吗？当然不是，我见过很多所谓的"学渣"，人生照样极其精彩。每个人都有自己的特长，我们不一定非要用外在的要求、标准化的"同一把尺子"来衡量自己的孩子，数学不好不代表其他方面不行，发掘孩子的天赋，在孩子擅长的方面培养他，孩子总能有所成就（不一定考上好大学才能好），我们降低在成绩方面的期待，孩子一定会在别的方面给我们回馈。

最后，再给大家一个数据，有一项研究调查了来自不同国家的 85 个数据集，得出的结论是：智力和收入之间的相关性只有 0.2。这个数据在统计学上是显著的，它意味着高收入和高智力关系不大，在所有的收入差异中，只有约 4% 可以用智力差异来解释。所以，大家不要被"智力靠遗传"这一点给唬住了，也不要把这个作为自己不努力的借口，智力的影响也是有上限的。

情商靠环境

按照上面的说法，家庭教育的影响还重要吗？家庭教育是不是没有意义了？当然不是，否则我写的这本书也没有意义了。恩格斯把人类历史比喻成"无数力的平行四边形形成的一种总的合力"，放到人的一生也是如此，社会、家庭、天赋、性格、机遇等，没有一个因素能成为人生的绝对主导。在前面我们提到的这些心智指标中，没有一项是 100% 由遗传因素决定的，遗传因素大概占 50%～85%，而另外 15%～50% 则受到后天的各种环境的影响。

"托底靠家庭"是说家庭的物质因素不会影响到智力的发挥，但家庭作为孩子成长密切接触的重要环境，对孩子的人格非智力因素（如情感、意志、兴趣、性格、需要、动机、目标、抱负、信念、态度、信仰等）却有着非常重要的影响，它影响了孩子对这个世界的态度，影响了孩子与自己、世界、他人关系的构建——我姑且把这些称为情商（其实是非常不准确的说法，但可能比较容易被大家理解和记忆）。这一点在兰迪·拉森的《人格心理学：人性的科学探索》一书中有比较充分的论述，大家感兴趣可以翻翻原著。

父母言传身教的影响是润物细无声的，换句话说，孩子不是由父母培养大的、不是父母教给他们如何成长，而是孩子自己从父母那里"捕捉"了成长所需的东西。家庭就像"一锅慢慢煨着的汤"，每天加一点儿料，在不知不觉中汤的味道就已经发生了改变。有时我们都没有留意到的某个偶然事件就像不经意中往汤里加的那一味料，可能会带来点石成金般意想不到的效果，以无人能够预料的方式改变一切。

当然，除了家庭环境，还有时代背景、社会文化环境、学校环境等，也对人才的成长起着重要的作用。有本书叫作《天才为何成群地来》，提出了一个有趣的问题：为什么很多时候，天才是扎堆出现的？比如盛唐时代的那些大诗人，都同属一个朋友圈，谁和谁都认识。再比如，西方的"文艺复兴后三杰"，达·芬奇、米开朗琪罗、拉斐尔，彼此年龄相差不过30岁，而且相互认识。还有美国历史上最著名的几个大亨，金融大王摩根、钢铁大王卡内基、石油大王洛克菲勒，他们三个人年龄只相差4岁。

这是为什么呢？最可能的原因，不是刚好有这么多天才碰到了一起，而是当时、当地的环境塑造了这样一群天才，这种环境又特别有利于某一类人才的成长。所以，时代背景、社会文化环境对人影响，可能比我们想象得要大得多。是否能长成一棵大树，除了种子良好，与气候、土壤等环境因素也有很大关系。另外，朱迪斯·哈里斯在《教养的迷思：父母的教养方式能否决定孩子的人格发展？》一书中提出了群体社会化理论，就是说在孩子的成长过程中，学校中同辈群体的影响力对于孩子人格的塑造非常重要，孩子是在同龄人中不断找到自我、发现自我，从而成为社会合格的一分子的。

家庭环境、学校环境和社会环境在孩子成长的过程中都发挥了重要的作用，但它们分别作用于孩子的不同成长阶段。家庭环境的影响主要体现在孩子的成长早期，学校环境则在孩子上学后的青少年期比较关键，而社会环境在孩子成年后影响比较大（见图 2-5）。

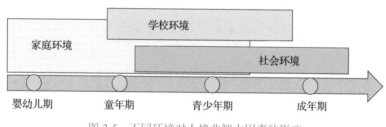

图 2-5　不同环境对人格非智力因素的影响

上面解释了为什么"托底靠家庭，智力靠遗传，情商靠环境"，这些大部分都是客观条件因素。下面，我要讲讲从优秀到卓越再到成功分别是靠什么，这些都是需要发挥个人的主观能动性的。

优秀靠努力

优秀靠努力，这个毋庸置疑。没有人能随随便便成功，米开朗琪罗说过一句特别有意思的话，他说："如果让人们知道，我为了练成绘画这个技能耗费了多大的精力，西斯廷大教堂就没有看起来那么美妙了。"这告诉我们，所谓天才，都是练习的时间足够久、练习的次数足够多。通过不懈的努力，普通人甚至有生理缺陷的人也能逆袭。《国王的演讲》是一部非常经典的电影，约克郡公爵因为口吃，没有办法在众人面前发表演讲，但他通过自己日复一日的训练，最后在第二次世界大战前发表了鼓舞人心的演讲，士气大增，使得二战取得了胜利。

但要注意的是，努力也是有方法的。努力不是低水平的重复，而是找准方向、刻意练习。所谓刻意练习，就是有目的的练习，就是持续地去做自己做不好的事情，就是在学习区内做事情。聪明不等于脑子快，脑子快不是天生的，是练习出来的。俗话说的脑子快，其实是说某个人的工作记忆容量大。日本的一个研究组发现，如果对人们进行工作记忆训练，就会导致其大脑结构产生一定的变化，出现变化的区域包括顶叶区域和胼胝体主体的前部，这是工作记忆运作的关键部位。也就是说，如果你坚持训练工作记忆，你的大脑就会从生理上发生改变，工作记忆容量增大，脑子运转得更快，你就会对某项技能掌握得越好，你就会越出色。

卓越靠学习

在二宝刚出生的时候，我们请了一位月嫂。她是个朴实传统的女人，看我坐月子期间没有一直躺着，还总是在电脑前伏案工作、读书、写作，就很好奇地问我："你都工作了，为什么还要天天学习呀？"她说她去过的其他人家里，都是上班就去上班，回家就带带孩子、看看电视，基本上就不学习了。

我不知道怎么和阿姨解释，但我特别理解她的困惑。在我们普遍的价值观里，你都从清华毕业了，就可以坐享美好人生了。其实，我最怕的就是"上清华成了这辈子最高光的时刻"，这个时代变化这么快，一不小心就会被落下了，就像红皇后假说一样，"在这个国度中，必须不停地奔跑，才能使你保持在原地"。我们不能只是优秀，我们追求卓越，而基因不能预装，追求卓越只能靠自己终身学习。我们也要塑造孩子这样的价值观：不断追求卓越，不断超越自我。人的一生永远都在奔跑、永不停歇，通过终身学习，让自己认知上不断更新，行动上不断前进；纵向上能在自己的专业领域深耕，横向上能有跨学科的多元思维，在 VUCA 时代做一个 π 型人才。真正成功的人，都是那些能持续不断努力和终身学习的人。

成功靠运气

每次一说到运气，大家都会说，你研究科学的大博士也信这个呀，原来你也是一个宿命论者呀。说实话，我不是这个意思，我这里不是要说什么一命二运三风水的事情，而是要给大家说说"关于运气的科学结论"。

一群由意大利物理学家和经济学家组成的跨界团队做过一个实验，专门研究了成功和运气的关系。我们先来说说刚才提到的智力，它从遗传上讲是呈正态分布的，就是人群中大量的人智力都是位于 70 ～ 130 的约 95% 的区间范围内，5% 处于曲线边上的人都很少。

成功是二八分布的，这个世界上，80% 的资源基本上掌握在 20% 的人手中。

然而，**运气是随机分布的**，很多成功的人不过是因为他们被运气砸到了，这本质上是一个数学问题。所以，成功的人大可不必沾沾自喜，认为成功全是自己的努力的结果，运气也是很重要的因素（见图 2-6）。

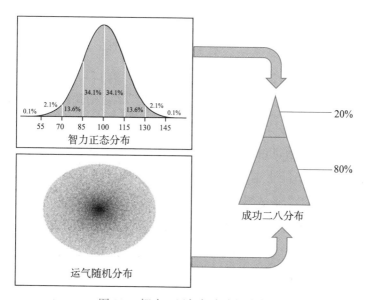

图 2-6　智力、运气与成功的分布

成功 = 努力 + 运气。根据这个结果，我们可以有两个推论：

推论 1：大的成功可遇而不可求

根据概率，我们可以知道天才占人群的比例不大，因此，天才接到运气的概率并不高。而既是天才又被运气垂青的这种事件，其发生概率是天才和运气两个概率的乘积，是一个小概率事件。像爱因斯坦、牛顿等人，一百年才出一个。

推论 2：回归均值理论

诺贝尔经济学奖得主、认知心理学大师丹尼尔·卡尼曼在《思考，快与慢》中提到："所有表现都会回归平均值。"这是万物的法则。由于运气随机分布，成功二八分布，从数学概率上讲，我们可以知道大多数成功的人，他们成功很大程度上有运气的成分。显然，运气的随机分布，必然使得成功人士的后代不一定能有他们父母那么好的运气，所以他们的后代大概率是一个普通人。古人讲"富不过三代"是有一定道理的。

既然这样，我们就坐等运气的到来，如果一辈子不成功，就责怪运气不好了吗？当然不是，普通人一辈子总有那么几次被运气砸到的机会，这是肯定的，关键是运气来了，我们能不能接得住。所谓"运气都是留给有准备的人"就是这个道理，要不断努力提升自己，德要配位、才要配位，运气来了你才能接得住。"德一定要配位"，否则就像很多中了彩票的人——他们之后的人生反而过得更惨淡，这是一个很重要的道理。

所以，回到前言的问题，我的孩子们一定能上清华北大吗？根据上面的分析，其实能不能上清华北大，本质上是个概率问题。我们可以算一算，清华北大每年毕业人数（本科与研究生等）大概 20 000 个，假如有三分之一的学生留在北京，同时选择了在这两所学校间内部结婚并生育了一个孩子，那么一年大概有 3000 多个清华北大的二代出生。但是清华北大一年在北京招生大概也就 600 个，它意味着"清北"二代能上清华北大的概率最多只有 20%（在不考虑"哈耶普斯"以及"双一流"大学等毕业生参与竞争的情况下）。而我深信自己不一定能在清华北大的同学里排到前20%，所以，我的孩子们上不了清华北大是有较大可能的。但我也深信，如果我努力成为一个好家长，为他们构建和谐的家庭关系，打造学习型家庭，并放低对未来的预期，未来他们上清华北大也不是不可能的。

搞清楚了在孩子成长过程中的一些影响因素，不知道大家有没有在心里稍微释然一些？家庭出身、智力的遗传因素这些我们是没有办法改变的，但我们能做的就是给孩子营造一个良好的环境，和孩子一起努力向上、终身学习。为了放下焦虑，我们做家长的更是要不断学习和进步的，提升自己的认知水平，和孩子一起终身成长。

·: 什么样的路径最容易取得成功

当班主任时间久了，看到不同孩子的成长路径，就会自然而然地去想：不同家长培养孩子的路径不同，每个孩子的成长轨迹也不同，有没有一种路径，培养出来的孩子最容易获得成功？

教育一个孩子，从发生到看见成效，中间要经历几年甚至十几年的时间，我们根本无法从今天某个结果，跨越无数的人和事，画出一条长长的因果链条，说孩子今天的成功就是因为做对了多少年前的某件事情。决定成功的可能不是起点，而是某些转折点。平时生活中我们不经意的小事情都会对孩子人格、品格的塑造形成潜移默化的影响。那在成功的孩子身上真的就没有办法找到一些共性的地方吗？

先探索、再聚焦

生物学上有一个最重要的理论，进化论，其本质上就是在说自然界的万事万物都是自然选择的结果，比如长颈鹿的脖子为什么长？因为在它们的原型中，任何脖子较长的变异都能保证在同一个地方要比它们的短脖子同伙吃到更大范围的草料，因此在食物稀缺时能让它们活得更好，而那些脖子短的就被淘汰了，这被称为自然选择。

我们人类也不例外，我们做事情都是符合结果选择的行为模式的。特别是孩子，他们对结果更加敏感，把"结果选择"模式表现得更加淋漓尽致，孩子的人格和性格的养成是周围环境"结果导向"一点点积累的结果。利用结果选择理论，以终为始从后往前推，从我身边教过的大量学生的案例出发，我总结了一个成功路径模型：**先探索、再聚焦，它是最容易成功的路径之一**（见图 2-7）。

我曾经有一个学生叫小 V。她的母亲在一家外企工作，父亲是一个创业公司的合伙人。小 V 父母工作很忙，还有一个年纪比她小十岁左右的弟弟要照顾，所以父母没有太多时间管她的学习。但正因为这样，给了她很多自由支配的时间，她没有上很多课外班，但主导和参与了学校的很多活动，做了很多有意义的探索：她觉得打游戏好玩，就组织同学，设计了一款模拟孟德尔豌豆杂交实验的游戏；她觉得对学生现有的教育评价体系不

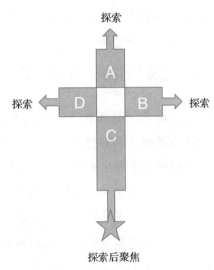

图 2-7　成功路径模型

完善，就和同学一起，在参考了不同国家的评价标准之后，尝试提出比较契合中国学生的教育评价模型；她上完我的生物课，觉得生物很有意思，就想了解一下做生物的科学研究到底是怎么回事，并让我帮她联系了清华、北大的相关实验室，而后去实验室实习了……

我就问她的父母："孩子在学校做这么多活动，你们不担心她的学习成绩吗？"她的母亲说："一开始也担心，但后来发现，孩子把自己的时

间安排得很满，因为要同时兼顾学习、科研和课外活动这么多事情，反而让她更能主动地去思考如何安排这些事情，如何高效地在单位时间内出效率，学习成绩不仅没落下，还比之前更好了。更何况，我们这代人，对小时候的遗憾就是很少想过自己想要什么，也很少问过自己的内心。但是，现在的孩子有无数种可能性，我们希望在孩子小的时候，能放手让她去探索，她喜欢什么将来就做什么，比单纯的成绩好更重要。"

确实，在父母宽松的家庭环境和鼓励探索式的教育理念下，小 V 在整个高中阶段对生物学萌生了很大的兴趣。当然，最开始，小 V 只能在实验室刷试管、刷瓶子，还曾因为参加研究生的组会完全听不懂而沮丧。但是她进步神速，每周的研修课、研学课和每个周末都泡在实验室里，没过两年，她就能很快自己动手做实验，能读懂自己相关专业领域的英文论文。最难能可贵的是，她能从论文、与研究生一起做的实验，以及与老师的讨论中，汲取做研究的方法并学以致用。她的父母完全不是生物行业的，在她的研究中帮不上忙，但是，她自己提出的利用 Crispr-Cas9 技术改造噬菌体尾丝以实现精准高效个性化治疗的想法，在浙江大学组织的亚洲生物医学未来领袖大赛中获得了金奖。她觉得人工智能是未来，就托我找了一个科学家去学习如何利用神经网络算法去计算蛋白质之间的相互作用。

她还觉得，光进行生物基础科研是不够的，得把基础科研成果转化成能落地的科技创新项目，把"学"和"产"结合在一起，我觉得这一点受她爸爸创业的影响。所以，她又去参与了一些科技成果转化的项目。申请大学的时候申请到了宾夕法尼亚大学医学院与沃顿商学院联合培养项目，该项目只在全球招 20 个人，现在在读大学期间，不仅发表了影响因子不错的文章，还学习金融、商科的课程，在美国科学院院士的带领下，与他人合伙创业创办一家转化医学公司。她穿着一身职业装回来看我，和我聊天，说她现在的目标非常明确，她希望自己能成为既懂生物也懂商业的CEO。从什么都不懂的黄毛丫头，到坚持且笃定的女性，我认为这个孩子未来一定会成功。同时，我也看到了，这个孩子成功的背后，是父母开明的态度，正因为他们鼓励孩子去自由探索，孩子才能坚持且笃定地选择自己喜欢的路。

有家长会问："'先探索、再聚焦'的这种情况是不是只适合未来要出国的孩子？在国内高考的孩子因为学业压力太大，根本不可能有探索期。"其实还真不一定，我有一个2019年毕业的学生，之前涉猎丰富，喜欢动漫，喜欢文学，喜欢打游戏，后来跟着我做了一段时间的实验后，意外发现自己喜欢上了生物。这个孩子从高一跟着我做实验一直到高二（高三确实也没时间了）。高考分数离上海交通大学差一点，但是他报了该校的强基计划，由于面试中突出的表现（教授们会问他一些曾经做过的实验细节），最后被该校医学院录取了，并在本科二年级时进入一个著名的神经生物学教授的实验室，开始系统性地跟着教授做科研了。

著名作家大卫·爱泼斯坦在《成长的边界：超专业化时代为什么通才能成功》一书中提到，高手在职业生涯刚开始的时候都会有一个"采样期"，需要尝试过很多东西才能找到属于自己的位置。简单来说，就是年轻的时候比较能折腾，不知道自己想干什么，有比较长的探索期，什么都想试一下；然后，折腾够了，就对自己认准的一件事一头扎进去，在这个领域深耕。这样的人最容易成功，因为当经历了很多的摸索和尝试后，行为结果会给他反馈什么是自己最喜欢、最擅长的，然后当他认准了某件事情之后，就会笃定一生、心无旁骛地做下去。

施一公老师是国际知名的科学家、西湖大学的校长，在他任教于清华大学、给我们讲课期间，他经常分享他的故事。他说自己博士毕业的时候，也没有想好要做什么，卖过保险、学过计算机，但摸索了一轮之后发现还是要搞学术，于是坚定地做博后、当博导，现在学术上做得非常成功。

所以，"我是谁""我想要成为什么样的人"这类话题不是我们夜深人静的时候扪心自问出来的，而是，在年轻的时候，不断地尝试各种各样的可能性，才会发现你喜欢做什么、能够做什么、想要做什么，才能在之后的人生中对一件事情坚定。我年少无知的时候曾经有过一个梦想，认为有一件事将是我毕生的事业。可是当我真的去做那件事的时候，我发现它好像没有我想的那么有意思。随着年龄的增长，我见识了一些更有意思的事情，惊讶于自己看到了这样一个广阔的世界，原来世界上还有这样的事物。我有过纠结，不知道该坚持过去的方向，还是去追逐远方的新梦想。这就是年轻人的迷茫，但这种迷茫才是对的，我们在年轻的时候可能不需要有长远的目标。但是，当我尝试过很多事情、经历过很多改变、战胜过很多挑战后，我突然明白了我想要的是什么，这个时候，我就踏实下来了。30岁前玩命做加法，去试探各种可能性；但30岁之后，要做减法，我知道并不是所有的都适合我，也不是适合我的我都应该去做。就像安德烈·纪德在《人间食粮》里面说到的，你只需要专注于非你不可的事物，然后既要迫不及待又要耐心地，将自己塑造成天地万物中那个不可取代的人。

先探索、后聚焦，每个孩子都有上天安排给他的独特使命，每个孩子都能取得成功，在自己喜欢且擅长的领域开花结果。万维钢老师在《成为黑马：在个性化时代获得成功的最佳方案》一书的序言中说，真正的奢侈是冒险，真正的富足是自选探索方向，真正的优秀是藐视标准，真正的自由是个性发挥。

冒险是一种特权

不过，这个时候经常会有人问我："和老师，你这种成功模型是不是太理想了？要知道，很多人是不具备不断探索的勇气、不断摸索的能力和不断尝试的条件的，那怎么办？"说实话，我也不知道该怎么办，我觉得这就是人生的悖论。人生不是所有问题都有答案，因此，我们可能才需要更多的智慧。

某天我和一个师弟聊天，他读博士出来比我们晚几年。他说自己错过了很多机会，所有节奏都比大趋势要晚那么几年。比如，他毕业那会儿，北京的房价已经高到这个从三四线城市出来的娃不可能承受的地步。而他很多同龄人，没他学习好但早早出来创业的，有的已经做了估值上十亿的公司。

师弟总是和我感叹，好学生们都老老实实地读书（甚至到博士）、根据学校的指示适应规则的时候，很多同龄的家庭条件比较好的学生已经在试探规则的边界了。我们也经常发现，很多成绩好的学生在长大后都难以有大的作为，这是因为**好学生都想要追求确定性，而风险与收益成正比**，所以**大多好学生的工作并没有那么卓越**。

我的一个学生小橙，家住北京郊区，她的父母在当地开着一个小店铺，家里并不富裕。她成绩还不错，喜欢文学戏剧，平时在班里也会写写诗歌。但是，让我意外的是，她毕业后选择了计算机专业，我就问了她原因。她说："没办法，父母都认为要学计算机，将来可以进入互联网大厂，这样赚钱多。"我问她："那你不是想要写剧本吗？"她说："以后再说吧，兴许可以在业余时间写。"理想很丰满，现实很骨感，当人们处在马斯洛需求底层的时候，哪里还有时间和精力去关心自我实现，去倾听内心的声音？我理解她的想法，尊重她的选择，毕竟，不是每一个人都有不管不顾去探索的底气。说白了，经济基础决定上层建筑，她认为自己没有折腾的本钱，不敢折腾，或者等以后有钱了再想着折腾。

我们总是说别人家的退学生比尔·盖茨和马克·扎克伯格有勇气退学去追求自己的理想，可是他们退学是有底气的，比尔·盖茨的父亲是美国的大律师、母亲是银行世家；马克·扎克伯格爸爸是牙科医生、妈妈是精神科医生，在美国至少都算是"大中产"的家庭了。就是说，一个人要折腾就得有折腾的资本。

不知道大家是否知道英国一个纪录片《人生七年》（第8季）？一个叫郑琼的导演在中国也拍了一部类似的纪录片叫《出·路》，里面描述了北京女孩和乡村女孩未来人生的巨大差异。我自己教的一些学生，他们敢不好好学习、敢在上学阶段做很多其他与学习无关的事情，那是因为就算成绩差一点，他们仍然拥有比其他同学更多、更好的人生选项。有什么问题家里能给他们兜住，**他是有恃无恐地冒险。**

其实，**走极端是一个特权。有些人敢冒险，并不仅仅是因为他有冒险的勇气，而是有殷厚的家底，有着几代人拼搏奋斗的根基。**"你看大人物就是敢想敢干"的确是没问题，但是我们需要知道，他敢想敢干的背后是有一个强有力的家庭的支持。而这种家庭的支持可能不只是父母一代努力的结果，而是家族中很多代人的积累。我们是很努力，但是很难拼得过别人一代代的家族传承。

所以，我们大多数人骨子里是不敢冒险的，很多从农村、从小县城里出来努力学习的好学生们，长大后大多都选择了寻常的工作，老老实实过日子。这真是人生的一个根本矛盾：要稳定，就做不成大事业；要走极端，就必须面临风险，而大多数人又没有那么强的抗风险能力。它让人面对两难选择，没有正确答案。

小折腾就够了

难道出生普通家庭的孩子就很难取得大的成就了？王侯将相宁有种乎？我们真的要以这么丧、这么宿命论的结局收尾吗？我还想讲几个故事，分享给大家，看看我们能不能从中得到什么启发。

我们刚才提到比尔·盖茨退学了，也知道了他家庭背景其实特别厉害，似乎正是因此而有恃无恐地退学。但我们可能不知道的是，他并不是直接就退学了，其实他大二的时候已经卖出去了自己的软件，只是仍旧继续上学，大三的时候实在忙不过来了才选择离开学校。注意，他并不是被退学，而是选择的休学。**大人物和普通人一样要根据实际情况有所选择，有做好退路的准备。**

美国 Spanx 公司的创始人莎拉·布莱克利，她最开始用 5000 美元就创业了，但是她并没有选择辞职创业。她继续做了两年的全职销售，只在晚上和周末做产品原型。**企业家和普通人一样厌恶风险。**

我清华的师姐郝景芳 2016 年以短篇小说《北京折叠》获得雨果奖。作为一名作家，她最开始在中国发展研究基金会做政策研究，并没有大块的时间写作。但是，为了写作，她每天早上 4 点起床，4 点到 6 点是她写作的黄金时间。她最开始并没有选择为了兴趣辞职专门写作，而是一边写作一边工作。**成功的人在成功前也需要一份稳定的工作。**

我的学生小蕾，毕业后，进入一家国企工作。工作后，她觉得国企的工作节奏慢，不适合自己，但她也没有辞职，而是利用下班时间，学习怎么做短视频，从脚本设计到剪辑都学会了、做得非常成熟了，才跳槽到一家 MCN 公司，帮助一些网络红人、达人做短视频和直播。在她的帮助下，很多新人在她的帮助下脱颖而出，她也成了业内炙手可热的专家。

普通人也有逆袭的希望。刻苦、努力的小折腾能让我们不断地往前走，能让我们不断取得成功，只要不放弃前进的希望，相信终究有一天我们也能到达想去的地方。

∴ 如何发掘天赋，助力孩子成功

我记得很清楚，在我们老大三岁的时候，我带她出去玩，在一起玩的一位家长知道我是老师，一直抓着我问一个问题："我怎么知道我们家孩子在哪个方面有天赋？"他说知道了孩子在某个方面有天赋，就能朝这个方向去培养孩子。又问我："你教过的学生那么优秀，是不是都很有天赋？"我认为他提到的问题很典型，就想和大家探讨一下。

我给那位家长举了我一个学生的例子：我的学生小 Q 的数学特别好，数学竞赛得了一等奖而且进了国家集训队，之后被保送清华，周围人都说小 Q 在数学方面有天赋。我曾向小 Q 的父母请教，他们说他们发现小 Q 小时候就对数字比较敏感，同时，他们也经常陪小 Q 玩一些数字游戏来引导他对数学的兴趣，比如汉诺塔、魔方、数字华容道等。慢慢地，小 Q 对数学越来越喜欢了。所以，天赋是需要家长发现和引导的。这一小节，我们就来探讨一下关于天赋的问题：到底什么是天赋？如何发现孩子的天赋？每个孩子都有天赋吗？

如何定义天赋

美国当代著名心理学家和教育学家霍华德·加德纳博士于 1983 年在其《智能的结构》一书中提出了多元智能理论，这一理论在美国和世界其他 20 多个国家和地区的教育工作者中引起强烈反响。

在咨询我问题的家长眼中，以及大多数人的观念里，天赋就是智商，就是指以语言能力和抽象逻辑思维能力为核心来衡量的一个分数值。分数高就是有天赋，分数低就是没天赋。所有的智力测试基本上都集中在这两种智力上（语言和逻辑），而且全世界很多学校教育也集中在这两种能力上。但加德纳认为，我们姑且不评论这样的评价量表是否恰当、是否真的能反映智商，即使真的非常准确地反映了智力水平，也会让我们对学习产生一种不正常的、有限的看法。尽管传统的两种能力有助于学生"进入名牌大学"，但其实一个孩子未来的成功与这两者并没有严格的正相关。这种对于智力的定义过于狭隘，忽略了对人的发展具有同等重要的其他方面，比如音乐、空间感知、人际交往等。

加德纳提出的"多元智能理论"是一种更科学的衡量和评判天赋的教育理念。加德纳认为智力是个体解决问题或生产及创造出某种产品所需要的能力，或者说是潜能。他总结了 8 种智能形式：逻辑 – 数学智能、语言智能、空间智能、身体 – 动觉智能、音乐智能、人际智能、自我认知智能、自然观察智能（见表 2-2）。由于每个人的智力都有独特的表现方式，每一种智力又有多种表现方式，所以我们很难找到一个适用于所有人的统一的评价标准，来评价一个人的聪明和成功与否。

表 2-2　多元智能理论

智能形式	具体处理信息
逻辑 – 数学智能	处理数字、思维逻辑等信息
语言智能	处理发音、词汇等信息
空间智能	处理方位、位置、形状等信息
身体 – 动觉智能	处理物体运动速度、身体各部分运动等信息
音乐智能	处理音高、声音的持续性等信息
人际智能	处理他人情感、性格、动机、意向等信息
自我认知智能	处理自己感情和情绪变化等的信息，形成指导自己行为的准则
自然观察智能	处理不同物种的信息，来分辨和选择周围的东西

如何发现孩子的天赋

参与科学测评。心理学对人类天赋潜质研究其实有比较长的历史，比如大家熟知的智商（IQ）测评、情商（EQ）测评、FDSP 测评等，这些都具有一定的效度和信度。比较靠谱的测试结果，可能会这样描述：在……方面，你的孩子超过了 80% 的其他被试者，在这一方面，跟你的孩子处于相同区间的被试者多适合从事……工作。不过，我们不要单纯相信这种测试的结果，因为孩子在 3 ～ 12 岁中各种兴趣爱好、天赋其实是动态变化的，是立体发展的，测试结果充其量只能给我们一个参考。

通过日常行为观察、采访和记录。作为家长，我们应该给孩子提供各种各样的丰富的活动，让他们有足够的尝试和探索空间。在探索中，我们可以观察孩子对不同活动表现出的兴趣（属于本能的特征）、投入程度和花费的时间（属于专注力的特征）、自信程度（属于自我效能的特征）、小成果（属于满足的特征）这四个维度，同时记录下来。对于孩子特别喜欢的活动，他会特别兴奋、两眼放光，并能十分专注、非常投入地去做，而且最后出来的效果也很好，这件事情可能就是孩子的天赋所在。比如，有人想知道他们家孩子是否适合学奥数。我的回答是，你观察一下孩子，他是不是看到题目就愿意去尝试，能很自信、专注地去解决，并且做对后有一种巨大的成就感和满足感？如果是，那么这样的孩子就应该去学奥数。

所谓天赋，就是一旦有让其表现出来的机会，就很难被忽视。

发现孩子的天赋

下面是一些常用的观察场景，家长可以看看比较符合自己孩子的情况，并在序号前打钩。

（1）善于记忆诗歌和电视节目台词。

（2）很少迷路。

（3）能注意到别人的情绪变化。

（4）经常问"这个事情是什么时候开始的"之类的话。

（5）动作协调性好。

（6）听几遍歌就学会了。

（7）能很快记住数字并进行计算，对数字敏感。

（8）如果家长同义替换了某个词，孩子会指出来。

（9）学骑自行车学得很快。

（10）喜欢角色扮演，比如乘坐飞机后会模拟在飞机上的情景。

（11）乘车经过同一个地方时会说"这个地方我来过"。

（12）爱听不同的乐器演奏，并能分辨出不同乐器的音色。

接下来，让我们看看上述场景所揭示的各项智能形式，了解孩子具备的能力，从而帮助我们发现孩子的天赋。

（1）（8）——语言智能——语言能力

（6）（12）——音乐智能——音乐能力

（4）（7）——逻辑‐数学智能——逻辑数学能力

（2）（11）——空间智能——空间想象能力

（5）（9）——身体‐动觉智能——身体运动能力

（3）（10）——人际智能、自我认知智能——共情能力同时，我们可以有意识地去"采访"孩子，问他在不同活动中的感受。比如说可以去问孩子：你做什么事情总能做得比别人好，你做什么事情是最有信心的？你在做什么事情的时候会比较有耐心，而且会比较专注，甚至会忘记吃饭？做什么事情你非常愿意去做，而且从来不拖延？在你做的哪些事情中，是能产生很大的成就感和满足感的？我的女儿就特别喜欢搭建乐高积木和拼魔方，并且在大班的时候就愿意去做一些数学计算类的题目，我想她可能在空间智能和数理逻辑方面有一定的天赋。

其他人的反馈。为了让我们的观察更全面和客观，我们还可以多跟家人、孩子老师交流，看看熟悉孩子的人，有没有看到孩子的另一面，将他们的观察和感觉也加入自己的记录中，这样可以对孩子形成更全面的评价。这里要注意的是，很多商业机构、媒体会宣扬"关键期"或"敏感期"这些概念，鼓励父母尽早培养天赋，这其实是缺乏科学基础的。孩子成长的过程中，哪个阶段不是敏感期？况且，孩子能力发展不是以月、年来计算的，而是以五年、十年来计算的，所谓的关键期、敏感期其实只是个噱头。

每个孩子都有独特的天赋

通常我们认为，天赋主要靠遗传。比如，音乐世家的孩子在音乐方面有天赋；美术世家的孩子在创作上特别有灵感。不过，环境对孩子的成长也不容忽视，我们无法排除音乐世家中家长的耳濡目染导致孩子在音乐方面愿意去了解和探索的原因。只要孩子在某个方面表现出强烈的兴趣，愿意和家长滔滔不绝地说，并且做起来积极主动，我们就要为孩子提供相关的资源和机会，看看能不能发展出什么。

有家长问我，那我没有发现孩子的天赋怎么办？其实，孩子之间的先天差别并没有想象的那么大。如果在孩子很小的时候，家长在孩子身上找不出通向人生成就的独特天赋时，不要失望，因为这很正常。事实上，只有极少数的孩子能被观察到在某一方面有绝顶天赋，而大多数孩子在各种能力上的先天差别并没有那么大。

而且，天赋的发现需要时间。孩子在 6 岁前主要的任务就是玩，而不是学习什么知识性的东西。玩的过程其实就是他们学习的过程，也是他们进行社交演练的过程。因此与其费心思找孩子最擅长什么，不如在学龄前，让孩子有足够多的玩耍时间。因为在玩耍时间里，孩子会有机会接触不同领域的活动，这才真正有利于他们自己发现自己真正的爱好和兴趣，将各种能力进行整合。所以，对大多数小孩子来说，天赋的显现和发展是需要时间和探索的。况且，孩子的天赋并不一定会集中在单独的一种能力上，可能需要好几种能力，最终在某件事情上显现出来。

更何况，努力也是一种天赋。通过多元智能理论，我们明白了智力是一种个人潜能，能够帮助任何个人实现目标的能力。智力有两个根本特点，多元化和动态化。多元化暗示着每个人都具有丰富的可能性，而动态化则表明，智力是可以通过学习和训练大幅提升的。有一本书叫作《绝非天赋：智商、刻意练习与创造力的真相》，里面就提到了很多成功的人之所以成功，并不是靠多么好的天赋，而是靠刻意练习。就是有目的的训练、大量的时间和精力投入。所以，努力也是一种天赋。

即使天赋平平，也可以过好这一生。每个孩子都有属于他自己的天赋，只不过不一定体现在学校看中的语言和逻辑两种能力上，他的天赋并不表现在"标准化成绩"。那么，即使在这两种能力上天赋平平，并不意味着考不到好的大学。即使没有考到好的大学，也不意味着没有好的人生。我曾有一个学生，成绩不是很好，但他的声音很好听，长得很标致，普通话也很标准，非常适合做播音主持。我就鼓励他朝这个方向发展。他现在已经上大学了，是他们学校每次大型活动的主持人，控场能力极强，大家都特别喜欢他的主持风格。还有另一个学生，成绩排名也不是很靠前，但是考入了北京电影学院导演专业，拍的片子已经在北京大学生电影节上获了奖。我觉得他只要在这条路上坚持下去，做自己热爱且擅长的事情，将来的生活一定过得很好。

三百六十行，行行出状元，只要努力，总有希望，总可以过好这一生。每个孩子都有自己独特的天赋，家长要有一双善于发现的眼睛。

第二篇

家长·孩子

第3章

好学生的家长有什么共性

　　加拿大数学家达拉布（V. Dlab）有句话说得很好，"在激发学生对数学产生兴趣的过程中，知识渊博的老师所起的作用无可替代。改变教学方法、重复地说教或对教学大纲进行改革，都无法做到这一点。"我深以为然，这一点不仅仅适用于数学的学习，更适用于所有的教育。**好的教育需要好的教育者，而最好的教育者是家长自己。**家长的认知够不够、有没有为了养育孩子而去系统学习和改变、能不能以身作则，都会影响到孩子未来的发展……孩子是家长的一面镜子，**优秀学生背后多数有优秀的家长，而问题学生背后通常也有问题家长。**

　　我是高中老师，职业性质决定了我能看到孩子们12年学习的"出口"。我的学生家长大多是"海淀妈妈"群体，很多都是本身就有高学历的家长，我发现他们在孩子培养上非常用心。好学生就是靠天赋的说法是不准确的，当然不可否认，个别确实是天才，不用培养也能出类拔萃，但大部分学生还是要靠父母的用心陪伴。有些家长会把别人的孩子的天赋、别人的家长教育背景、别人的家庭条件当成借口，从而把自己作为家长的责任抛得一干二净，不去分析和借鉴可迁移的教育学原理。

那些优秀的家长到底有什么共性呢？我观察了很多家长，给好家长做了一幅"画像"，总结下来有 4 点：有家庭战略规划，有良好的亲子关系，有科学的教养方式，是学习型家庭（见图 3-1）。下面我们就这 4 点分小节进行讨论。

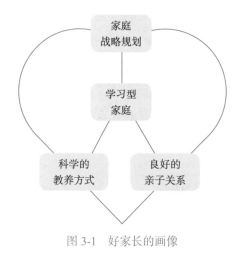

图 3-1　好家长的画像

⠇ 制定家庭战略规划

"和老师，你说孩子要不要报奥数班？还有钢琴课，你看，别的小朋友都在上啊。"

"给孩子安排课程计划真是一个系统工程，太考验家长时间规划的能力了！还要根据孩子自身的天赋和特长，决定什么要学、什么不要学，要花多少时间学、学到什么程度，语文、数学、英语、运动、美术、音乐等不同学科之间的权重和时间分配如何，我真是太难了！"

"之前好不容易下定决心让孩子走出国这条路，不想在国内和别人卷，可是这疫情一来，这出国也不是一个好的选择了，你说这可怎么办呢？"

"和老师，×××片区的学区房该不该买呀？我听别人说现在国家政策开始收紧，学区房是不是越来越没有附加价值了呀？"

……

我经常被问到上述问题。我发现，通常情况下，大多数家庭在做决策时信息并不完备，思考也不全面，听到得越多就越是犹豫不决、举棋不定。有没有什么办法破解这个难题呢？那就需要制定家庭战略规划。

战略＝为什么做＋做什么，所以本节内容就从为什么做（家庭中的愿景、使命、价值观）和做什么（家庭教育的底层逻辑：冰山模型）两个方面进行讨论。

家庭中的愿景、使命、价值观

有一个学生的家长，我觉得她是非常智慧的人。她是一家上市公司的高管，孩子培养得特别优秀，每次考试都是年级前20名，而且是社团联合会的负责人。我虽然身为老师，也会向家长取经，了解他们在孩子小时候的培养之道。所以当我在女儿小的时候，为她是否要学奥数考虑时，就向她请教。她说她的女儿从来没有上过奥数班。我对这么好的孩子不上奥数班感到惊讶，便问她理由。下面是她给我的回复，我至今还留着：

和老师，好！我们在企业里工作的，都特别强调企业发展的愿景、使命和价值观，这是企业发展的核心根本。我们觉得这3点很重要，企业发展得好不好和这3点息息相关。愿景是组织在未来所能达到的一种状态的蓝图，阐述的是企业存在的最终目的，回答的是"去哪里"的问题；使命指的是在这样一种最终目的下，组织将以何种形态或身份来实现目标，回答的是"为什么去"的问题；价值观指的是基于组织的愿景和使命，对所预期的未来状况所持的标准观念，回答的是"怎么去"的问题。

我认为家庭和企业其实是一样的，家庭也要有战略规划，也要制定家庭发展的愿景、使命和价值观。家庭战略是家庭成员协商好的在一段时间内不会改变的家庭行动共识，它是家庭培养孩子的定海神针，告诉我们在培养孩子的过程中要坚持什么，让我们在培养孩子的过程中不随波逐流、不盲从、不焦虑、不紧张，有定力、有长远目标的家庭才能培养出走得更远的孩子。

关于要不要学奥数，我想您在教育圈内，可能比我了解得更多。您肯定知道很多该学奥数或者不该学奥数的理由，但是知道了这些，我们仍然很难做出决策。因为这个时候，我们关注的是具体的技术路线，是被外部的各种信息牵着鼻子走的；此时，我们就需要切换到底层的家庭战略，去问问自己今天的这个决策是否符合我们家庭对孩子未来成长的期待。这样，我们就可以在做每个决策的时候以终为始，倒推我们现在应该做什么。相信，我们的困惑和犹豫会随之减少，您也一定会做出适合自己的选择。

这个家长并没有直接告诉我不上奥数班的理由，但她给我的回复让我特别受启发。她告诉我，要从底层去思考问题，而不是一件事接着一件事单摆浮搁地去处理。孩子要不要学奥数，问问我们最终希望培养什么样的孩子；孩子要不要出国留学，问问我们自己内心到底是希望孩子避开高考、拿一张"镀了金"的文凭，还是为了给孩子创造独特的人生体验。所有的答案都在我们内心。

我找来一些战略管理的书看，也和这位家长深度探讨，如何制定属于自己家庭的愿景、使命和价值观。下面是制定家庭战略的问题清单，我们可以通过问自己这些问题来确定一个家庭的战略：

1. 我们自己希望孩子成为什么样的人？

2. 我们为什么希望孩子成为这样的人？

3. 未来3年、6年、12年，孩子会在哪里？

4. 我们如何配合孩子，让孩子自己做出选择？

5. 是什么让我们家人聚在一起？

6. 大家都信奉的价值观是什么？

7. 为了培养孩子成为这样的人，家长应该如何做？

对照这些问题，我和爱人讨论了我们家的愿景、使命、价值观，分别是：

家庭的愿景：培养"心中有爱，眼中有光，独立自主，适应未来"的孩子

家庭的使命：打造"相互信任、终身学习"的家庭

家庭的价值观：真、善、美

家庭的愿景是希望我们未来能培养什么样的孩子，"心中有爱，眼中有光"是以一种高自尊的心态对人充满爱、对事有热情，积极乐观；"独立自主，适应未来"是说无论未来环境、社会怎么变，孩子都能有应对未来的能力。**家庭的使命**是打造"相互信任、终身学习"的家庭，家庭成员之间相互信任，有什么话都能说，吵架了也不怕，有问题、有矛盾都能坦诚相见、共同解决，大家都以一颗积极上进的心保持终身学习，相互扶持、一起进化。**家庭的价值观**是真、善、美，这种说法看起来很普通、很浮泛，可是我们会发现无论佛教还是基督教，无论有神论者还是无神论者，都以真、善、美为基本的价值观。如果真的发自内心地用"真善美"的行为准则要求自己，那么孩子未来道路上就能少去很多摇摆和迷茫，排去很多混沌和污浊。

大家不妨都来制定一下自己家庭的战略，在偏离航线的时候，让它帮

助我们回到正确的轨道，前往最终的目的地；在面对纠结迷茫的时候，我们知道不是打听别人怎么做，而是询问自己内心应该怎么做。

家庭教育的底层逻辑：冰山模型

下面我们聊聊应该做什么。这就要谈到家庭教育的底层逻辑：冰山模型。

冰山模型由美国著名心理学家麦克利兰提出，这个模型全面描述了一个人的个体素质要素，它实际上是一个隐喻，指一个人的"自我"就像一座冰山。冰山之上是容易被衡量的部分，如知识、技能和一些行为习惯，占一个人的 30% 左右。而冰山之下，隐性的、不容易被量化的个人的综合能力、个体特征、动机和价值观等，才是决定冰山之上最重要的因素（见图 3-2）。

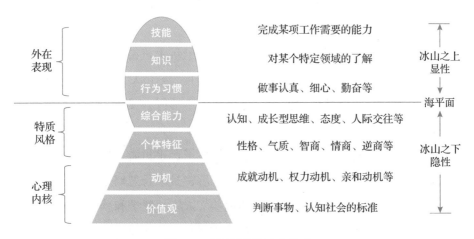

图 3-2 家庭教育的冰山模型

然而，很多家长在培养孩子时只注重冰山上面的部分，过分关注外在显性的成绩、技能，殊不知冰山之下才决定了一个人的未来。培养孩子的创造力，观察孩子的性格，注重冰山下各维度的培养，引导孩子形成完整的人格都比单纯看重成绩、技能重要得多。

　　孩子出现问题，很多时候并不是表面现象那么简单。家长们说懂得了很多道理，但就是做起来效果不好。这就是我们所说的：知道却做不到。然而，衡量认知的标准，就是知道且能做到，做不到其实就是不知道。这么说有点绕，让我来举个例子。比如孩子不写作业、上课不专注、不爱学习等行为结果，它们都是表面的冰山，是我们能看到的部分。于是，我们就希望针对"行为"进行纠正和改变，如逼着孩子写作业、给孩子报各种课外辅导班等，但这些解决方案就像是给树浇水的时候，浇到了树干上，作用非常有限。真正有用的方式是给树根浇水，寻找出现这一行为的孩子的动机和价值观，反思自己的教育认知哪里出现了偏差。所以，大多数时候，在孩子教育的问题上，**我们要纠正的不是孩子的问题，而是自己的教育认知**。

　　我们用冰山模型分析一下孩子玩手机游戏的例子。

　　冰山在海平面以上的部分，是我们看到的孩子的**外在表现**：玩手机游戏，不听话，不沟通，不出门，不学习。

　　冰山在海平面以下的特质风格层，是孩子玩手机游戏的**感受和背后的想法**：无聊、孤独、郁闷，以及得不到认可。孩子认为家长根本不懂他们，一玩手机游戏就批评他们，总觉得他们不够好，父母只关心成绩而不是关心他们。

　　冰山在海平面以下的心理内核层，是孩子玩手机游戏的**动机、渴望和价值观**：很多时候，孩子玩手机游戏的背后，是家长忽略了孩子行为背后的需求，我们可以称之为"冰山下的渴望"：从心理学和脑科学的角度来说，手机游戏会让大脑中多巴胺的水平达到峰值并引发"心流"状态，对很多孩子来说，在游戏中他们获得了自己在生活中、学习中所不能获得的良好的控制感。

　　所以，**玩手机游戏的背后，包含着孩子自我控制感的剥夺**，意味着孩子在自主成长中不断迷失。孩子们希望被重视、被肯定、被无条件地接受和爱，不希望自己是一个不被父母喜欢的孩子、一个让父母失望的孩子。

就像下面这些来自孩子们的真实反馈：

> "说实话，不让你们控制我手机的一部分原因是，夺取手机在我眼里就像侵犯我的隐私，以及对我的不信任。虽说是好心，但总能感受到一种高高在上的意味。我们也有变好、控制好自己的意愿，或许我们可以相互监督，例如在家里建个与学校相同的手机箱，周末大家在工作学习时自觉放上去，互相监督。"

> "我认为培养自我管理的能力是一个自我成长的过程，从无法控制到控制自如是循序渐进的，只要孩子有变好的意愿，会进行反思，家长就应该允许孩子犯错。自控力是在尝试、犯错、反思、再次尝试的过程中培养起来的，家长贸然干预只会让孩子放弃这个自我成长的过程。"

通过冰山模型的心理分析我们知道，孩子玩手机的背后是被爱、被重视、被接纳的心理期待和渴望，孩子其实不是因为手机游戏好玩，而是感受不到父母对他的爱和支持。那么，我们要如何构建良好的亲子关系、树立科学的教养观呢？我在本章之后会有比较详细的解答。

延伸阅读　好学生的家长一定是事业成功的家长吗

事业成功的家长，作为社会精英，在为人处世等方面一般有自己的独特之处，比如他们通常认知水平比较高，比较容易养育成功的孩子。然而，我有一个观察，很多事业成功的家长并没有养育出世俗意义上优秀的孩子。这是为什么呢？我查了一些书和文献，有这样几种解释，仅供参考。

1. **回归均值理论**。还记得我们之前讲过的运气随机分布吧？如果家长事业非常成功，根据回归均值理论，除非家长天赋异禀、能力超群、没有依靠半点运气的成分在里面，那么，孩子是普通人的概率是比较高的。

2. **缺少陪伴时间**。成功人士每天都很忙，开会、出差、做报告、应酬……他们很少有特意拿出来陪孩子的时间，而孩子的成长是需要陪伴的，成功人士恰好无法满足这一点。他们的时间属于别人，唯独不属于自己的孩子。

3. **要求高、控制欲强**。事业成功的家长会把对自己的高标准、严要求安在孩子身上，并且把自己的那套行为模式强加给孩子。有一个孩子的爸爸是某公司的 CEO，孩子说自己很不喜欢爸爸，后来我了解到他和孩子沟通的方式就像在和下属谈话，说话做事没有商量的余地，一切都要听他的。另外一个孩子的妈妈，从某著名大学毕业后就在外企做高管，她把外企那套 KPI 的考核指标搬到了家里，列出了详细的 Excel 表格来监督孩子的时间管理，我看了都觉得窒息，更别说孩子了。事业成功的家长们还常常把自己小时候学习的情况拿出来和孩子对比，看到孩子一点儿的不好，就会把孩子说得一无是处。

其实，事业不用很成功也能培养出优秀的孩子。我们家之前请了一个小时工，她是一个农村人，孩子在北京的一所 985 大学上学，那孩子来过我们家，非常知书达理。我问她是怎么培养出这么优秀的孩子的。她说她能有什么方法，就是让孩子自己学，她也管不了什么。嘿，其实真是因为她管不了太多，反而让孩子能自由生长，去做自己喜欢做的事情。而且，她有时间就陪孩子，她虽然没什么文化，厨艺却非常不错，经常变着法儿地给孩子做各种好吃的。我觉得，做她的孩子是一件幸福的事情。

事业成功的人，不要觉得自己事业做得很厉害，就一定方方面面都是对的。养育和教育都是专业的学问，是需要花时间学习、花精力实践的，没有谁天生就是好爸爸、好妈妈，但是只要我们不停下学习的脚步，就一定能做好一个好爸爸、好妈妈。

·: 构建良好的亲子关系

构建良好的亲子关系，其实本质上要改变的不是孩子，而是父母自身，我们可以称为"觉醒式教养"，重要的是家长内心的觉醒。欲养孩子，先养自己，我们越觉醒，越能温柔而有力地教养孩子，离孩子的心便越近。我经常和家长说，**良好的亲子关系是正确育儿的前提**。为了构建良好的亲子关系，我认为从父母的角度要做到的 4 个要素分别是：无条件的爱，温柔却有边界，不评判的态度，鼓励和表扬（见图 3-3）。

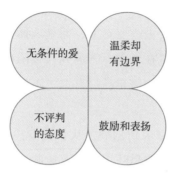

图 3-3　良好亲子关系的 4 个要素

无条件的爱

真正无条件的爱，是任何时候都愿意理解、倾听孩子并帮助孩子成长。爱，是我们持续进化的保障，在《园丁与木匠》一书中提到，园丁式父母提供给孩子丰富、稳定、安全的环境，接受和欣赏孩子自然生长出来的样子，而木匠式父母则按照自己的想法去雕刻和塑造孩子，木匠式父母的心里实际上有个"模范孩子"的标准。父母要像园丁那样，给孩子提供一个充满爱、安全且稳定的保护环境，从而使孩子获得适应未来的能力。

什么是无条件的爱

无条件的爱是不求索取。这来源于阿德勒的个体心理学的课题分离，指的是我爱你不关你的事情。当我们无条件地爱着一个人，我们只在乎对方是否幸福快乐，并不在意是否能从这份爱里得到什么，但我们自己可以从这份爱里获取幸福。就像《无条件养育》这本书里写的：父母给予孩子的爱，不需要任何意义上的回报，它只是一个礼物，是所有孩子都应该得到的礼物。

无条件的爱是爱他本来的样子。它指的是当我们爱一个人，我们爱的是这个人本来的样子（本质）。不管发生了什么，不管在什么情况下，不管孩子做的事情有多么让人失望、难过，不管孩子健康还是病弱、漂亮还是丑陋、成绩好还是成绩差，我们都愿意去爱他，能够包容他、理解他、体谅他，不要求自己非要去改变对方，而是选择接受孩子的不完美。有父母的爱在后面支撑，孩子在外面不管遇到什么困难，都无所畏惧，因为孩子的心里是非常踏实的，知道自己拥有取之不尽的力量，有足够的勇气面对整个世界。

从恐惧到信任，从需求到觉醒，从自我专注到联结彼此，这就是爱，不谈条件，没有交换，没有恐吓，也没有威胁。同时，我们也不需要让孩子给我们赢得外在的面子，不需要让孩子荣耀自己，不要把孩子看成自己的作品，无论孩子是什么样子，我们都爱他。

什么不是无条件的爱

无条件的爱不是盲目的爱。这里先讲到一个概念"接纳"，它并不等同于盲目认同，不是让我们回避现实，无视对方的正面或负面的特点，不顾一切盲目地去爱。无条件的爱中的"接纳"是正视孩子的问题，家长能清楚地看见，而不是用自我欺骗去维持爱。

无条件的爱不是溺爱。无条件的爱并不意味着家长必须时时刻刻无条件满足孩子的任何需求，不是孩子想要什么就有什么，不是孩子犯错时也不去管教。如果一个孩子从小到大根本没有接受过批评和规范，他的安全感也是无法建立起来的，因为他会觉得好像大家都不喜欢自己，但自己不知道原因。所以，当孩子犯错时，家长要及时地去指正和规范孩子的行为和心理状态，帮助孩子建立正确的意识。

比如，我的女儿非常喜欢恐龙。有一天晚上，女儿在看BBC拍的一个关于恐龙的纪录片，但是已经到晚上9点半了，我们认为女儿需要上床睡觉了，否则会影响她的正常作息。但是，她死活不愿意关投影仪，哭闹着要把那一集纪录片看完，但看完至少还需要半个小时。我们问她是否可以暂停一下。她同意了。她最近在听"凯叔西游记"的故事，正好听到了六耳猕猴那一集，她懵懵懂懂地知道六耳猕猴和孙悟空其实是一个人，只不过代表了两种不同的念头，当念头越长越大，就变成了两只猴子。我就用她刚听过的这个故事举例，说她现在也有两个念头，一个是要看恐龙纪录片的念头（情绪脑），一个是该睡觉的念头（理智脑），但是现在第一个念头压过了第二个念头，就像六耳猕猴压过了孙悟空一样，那么，她想要做六耳猕猴还是孙悟空。她想了想，觉得还是应该做孙悟空，就自己关了投影仪，说明天再看，然后去睡觉了。所以，无条件的爱不是放纵和溺爱，但也不能强权和压迫（比如，家长突然走上前把电视或投影仪关掉，强迫孩子上床睡觉）。

无条件的爱不是"我这样做只是为了你好"。不要使用父母作为成年人的权威来建立对孩子的影响力，不要把关心变成控制、把爱当成要挟，不要求孩子从众、顺服，表扬他保持真实自我的勇气，鼓励他表达自己，不要利用孩子去完成我们没有完成的梦想，而要让家庭的方程式从强权和控制变成充满爱心和真诚。

比如，我的女儿一开始吃饭很慢，长辈们就说："你必须在 40 分钟内把饭吃完，如果不按时吃完，就收走碗筷，不能再吃了。"相信很多家庭也是这样处理的，典型的句式就是"你必须……如果不……就……"。我一开始也没有意识到这样做有什么问题，但后来慢慢觉察到，也和丈夫进行了探讨和反思，最终意识到这就是有条件的爱，**"必须"**代表了强迫，**"如果不……就"**是一种惩戒。我们可以去搞清楚孩子吃饭慢的理由，是不喜欢做的菜、不觉得饿、想在饭桌上和家长聊天、有什么不开心的事情，还是肠胃不够好……针对这些原因，我们可以采取不同的策略，比如合理安排用餐时间、提供宽松的吃饭环境、换一下菜的口味、多正面引导和鼓励孩子。不要说"如果不……就"，不要问孩子"如果做不到怎么办"，这么问问题本身就错了，这样问的前提假设就是担心孩子做不到，就是不信任孩子。另外，给孩子惩戒就更不应该了，责备、体罚等措施看起来解决了眼下的问题，但长期来看，孩子会产生算计、憎恨、报复、反叛、退缩等负面情绪。**一碗饭中有教育，这不是小事，从这件事情中最能看出家庭教育的水平。**

如何做到无条件的爱

要做到无条件的爱，需要家长们和善而坚定。和善侧重于表达我们对孩子的尊重；坚定侧重于表达我们对自己的尊重。用正面的、和善而坚定的信念，以相互合作为基础，在孩子自我控制的基础上，有权威、有规矩也有自由地去培养孩子的各项生活能力。

孩子真正需要的是对"我被看见了吗？我有价值吗？我重要吗？"的肯定。孩子拥有多大的力量，与我们如何看待他们、如何认识他们有很大的关系。在孩子成长的过程中，我们与他们的联系至关重要，我们一定要让他们确信，我们是足够爱他们的，他们的存在是被肯定的。

不过，很多家长说，这太难做到了，孩子一和你顶嘴，你就会气得不行，就想发火，怎么办？"和善而坚定"的处理方法是：当孩子和我们发生冲突的时候，我们可以先走开，到另外一间屋子里去。等大家情绪平稳一些，我们再去找孩子沟通。"宝贝儿，我知道你很生气。我尊重你的感受，但不能接受你刚才的做法。今后，为了不和你发生正面冲突，我都会暂时走开。我爱你，愿意和你在一起，也愿意和你一起找出处理你怒气的其他方法，然后我们再看下这件事情的解决方案。"

我承认，要做到"和善而坚定"是一件挺有困难的事情。我会用 3 种思维模式来提醒自己（见图 3-4）。

图 3-4 和善而坚定的思维模式

1. **长线思维**：做时间的朋友，把今天发生的事情放在未来孩子成长的漫长岁月里，我现在还会生气吗？这件事情还有那么重要吗？

2. 底线思维：假想孩子现在就躺在病床上，我还会在意今天这件事情吗？

3. 换位思考：我天天问孩子成绩怎么样，如果孩子回来问我工作怎么样，我会开心吗？

我曾经在家长会上与家长们分享这三种思维模式。没想到家长会结束后，一个学生的妈妈来到我的办公室，满眼噙着泪水。这个妈妈坐在我的对面，和我分享她和儿子一年多来的对峙。她不让儿子用手机，儿子不听，天天用手机，不是打游戏就是流连各种社交平台，管也管不住。她就没收儿子的手机，但儿子和她起了强烈的冲突，还抢走了手机，甚至有一个晚上离家出走，一个人在大马路晃悠了一晚上，第二天自己去上学。她很心疼儿子，但也认为自己坚持的是对的，没有和儿子道歉。这段时间儿子即使回家，也始终以对抗的态度不和她说话。

然而，这个孩子在班里还算是老实且上进的孩子，从他日常的表现很难看出他和妈妈起了这么大的冲突。他妈妈和我说，她也在不断地反思。她一直以为是青春期孩子叛逆，但听完我的分享，她意识到了自己的问题。无条件的爱就是接受孩子的一切，不应该是"你不用手机，你就是好孩子，我就爱你""你用手机，你就不是好孩子，我就不爱你"，应该是"无论你用不用手机，妈妈都爱你"。她虽然爱孩子，但让孩子感受到的是用"爱的名义"去控制他，只能让孩子想离妈妈远远的，她想让我帮帮她，解开她和儿子之间的"结"。

我找来了孩子。他比较能听进我说的话，所以我先和他单独聊了一会儿，把他妈妈和我聊天的内容告诉了他，又把妈妈叫进办公室，妈妈抱着儿子哭的那一幕我现在都忘不了。后来，他妈妈告诉我，她和儿子很少再起冲突了，因为她学会了如何去爱。

温柔却有边界的亲密关系

爱默生说："教育成功的秘诀在于尊重。"尊重是一粒种子，只要撒在孩子心中，就能不断生长出更多的信任与爱。无论大人还是小孩，每个人都是独立的个体。所有人都想拥有自己的秘密和个人空间，每个人都有自己的"隐私"，这是人的精神需要。

给孩子自己决策的空间，尊重孩子的隐私需求

父母爱孩子，但是首先要尊重孩子，不要觉得我是父母，打着"我关心你"的旗号，就能够毫无边界地去侵占孩子的空间。父母爱的表达要有分寸，才能对孩子有好处，才能被孩子接受。父母事事过问，总是要窥探孩子的隐私，是不相信孩子的表现。这样，遇到问题的时候，孩子也会选择隐瞒，根本不会信任父母。真正的权威，是建立在相互尊重的基础上的。给孩子相应的尊重和信任，那么孩子也会更愿意去和父母交流、倾诉。孩子如果总是能得到父母的理解和支持，他自然会对父母表现出信赖，这才是真正的权威——而不是孩子在家里一定要有一个怕的人。

学生在和我聊天的时候，曾经分享过最讨厌大人做的几件事情。一是，不喜欢家长偷偷翻看他们的日记本，他们知道了以后就再也不在本子上写日记了，而是记在家长找不到的地方。二是，讨厌家长翻看他们和其他同学的聊天记录，尽管他们和同学之间并没有说什么，但是，这种行为仍旧让他们感到不舒服。三是，家长总是借着送水、送水果的名义，不敲门就进入到自己学习的房间中。很多孩子都渴望在家里拥有自己的一片小天地，有足够的隐私权，不受任何人打扰。

小岚是我班上的一个女生，长得特别清秀，学习成绩也是数一数二的。小毅是我班上一个很优秀的男生，篮球打得超级棒，学习成绩很好。这两个学生可能在一次共同活动中对对方产生了好感，开始谈恋爱了。小岚的妈妈看了女儿的日记，知道女儿谈恋爱后，非常生气，找到小毅要求他离女儿远一点，并且对女儿施压，要求他们必须分手，理由是不能让自己培养了 12 年的女儿在高考之际功亏一篑，要谈恋爱大学再说。小岚是一个很懂事的女孩，当她看到妈妈经常晚上躲在被子里因为自己的事哭

时，就和小毅提出要分手。但这并非出自本意，她还是很喜欢小毅的，她的内心特别纠结。

高三一模考试后，小岚的成绩掉落得很厉害，从年级前 20 名掉到了 200 多名。小岚的母亲很着急，到学校找我，一直责怪女儿谈恋爱，同时也责怪小毅影响了女儿的前程。我对孩子成绩下降这么多表达了难过，但直言不讳地向小岚的妈妈说出了我的想法："我认为，谈恋爱本身给小岚带来的影响其实比较小。而且，在高三压力如此大的情况下，孩子能有一个朋友说说话、发泄一下情绪可能还是一件好事，两个人一起学习说不定还有相互带动的效应。据我观察，他们并没有做出什么出格的事情，而且，我相信他们这么大的孩子，也懂得做事的原则和分寸。而小岚成绩下降的主要原因是她压力太大，她的压力来自家长的责备、埋怨和过分的焦虑，她担心自己考不好辜负了家长这么多年的培养，她责怪自己怎么这么不懂事、让家长为自己操心，家长的情绪也让她无法安静地思考。她成天处于这种状态，成绩不掉落是不可能的。"

最后还和小岚妈妈说，希望她放松一点，不要让孩子回家有一种窒息感，放下家长自身的情绪，给孩子空间，不要过分干预孩子的生活，他们谈恋爱的事情交给我来处理，家长不用再过问了。她的妈妈将信将疑，但还是听了我的建议。果真，小岚二模成绩上来了，而且考上了清华大学，小毅则上了西安交通大学，两个学生的路都走得很好。

不要强迫孩子，给孩子自由生长的空间

我们和孩子打交道，最大的问题之一就是喜欢强迫孩子，定了一堆规矩，要求孩子必须执行。家长强迫孩子的表现方式非常之多，比如，肉体上的暴力体罚；精神上的蔑视、歧视、嫌弃、嘲讽、漠视；语言上的骂人、数落、呵斥，当然，还有唠叨。这里，请特别注意，还有一种特殊的强迫，叫作"冷暴力"，比如跟孩子冷战、摆臭脸、横眉冷对，等等。这些东西在行为科学上都叫作强迫。孩子总是被强迫会有几个后果：

第一，在强迫的过程中，孩子还没有完全就范的时候，会激发出孩子的**逆反心理**。所谓逆反心理，意味着孩子他不是故意想违背家长的，而是遵从人性的客观规律，在背后抗议和反抗。这不是孩子能用自己的理性去控制的事情，他根本控制不了，反抗多了，最终形成"逆反性格"，无论家长说什么孩子都要抬杠。

第二，强迫过后，即使孩子终于彻底低头了，但是他可能会发展成"**PUA人格**"。一旦在生活里遇到任何问题，他就会去强迫他的同学、小伙伴，甚至是以后的人生伴侣、职场同事。而这样的孩子很难发展出像沟通、体谅、幽默感、团队合作、社交礼仪等高级的社交技巧。

第三，比较严重的结果是强迫带来的持续痛苦，积累到一定程度，还可能会形成孩子的**反社会人格**，如酗酒、打架、吸食毒品等，有些人甚至会走上犯罪的道路。比如，曾轰动全国的北大某学子弑母案就是孩子一直被强迫好好学习的典型代表。

我的一个学生小梦，她非常喜欢音乐，想去草莓音乐节。但是小梦的妈妈觉得小梦不务正业，担心周末作业写不完，从而影响学习，就不让小梦去。小梦很伤心和沮丧，写了日记描述在家里和妈妈吵架的整个过程，并拍照发给我，表达了对妈妈的不满。她说她虽然理智上能理解妈妈，但是情感上不能接受。她认为自己是大孩子了，保证能写完作业，能安排好自己的学习，可妈妈对她管控太严格了。

哲学家弗洛姆说过："教育的对立面是控制。在一切爱的关系中，自由最重要。"有家长就说："那孩子没规矩、瞎闹腾行吗？孩子不写作业也不管吗？我说他几句就叫强迫了？和老师，你这个要求十个有九个做不到。"是，我明白，不过大家可以再想想我们之前提到的冰山模型，不写作业到底应该怎么管？是管理孩子还是改变自己？（第4章有具体的解决方案。）在教育孩子这件事情上，**说得少比说得多难，放手比管制难，改变思想比改变行为难**。生活中真的不需要那么多规矩，不要总说"不行"，就让他们在泥巴里打滚，让他们满街去疯跑，让他们经常脏兮兮地回家，让他们自己安排自己的事情，真的是一件很棒的事情。

不评判的态度

当孩子出现所谓的"问题行为"的时候，家长们不要着急做出判断，而要看到行为背后的积极动力，用正向的、积极的方法去帮助孩子表达出真正的需求和感受，尊重孩子的人格，共情孩子的感受，让孩子学会用正确的方式表达自我。出现问题的时候一定不要去给孩子贴标签，不要着急去下定论。我有一个好朋友，有一次非常不好意思地给我发微信，说孩子在学校里偷了别人的橡皮，老师现在找家长，问我她该如何处理。我说这个时候重要的不是怎么向老师解释，不是觉得孩子给自己丢脸了，而是要想怎么保护好自己的孩子，首先千万不要指责孩子是"小偷""坏孩子"，然后慢慢地引导孩子说出他拿橡皮的原因。只有这样，孩子才会感受到，父母是尊重和理解他的，在这个基础上才能建立起稳定的亲子关系。

从理解孩子感受出发

一天，女儿从学校回来，不开心地和我说："妈妈，我不喜欢上语文课。"我很奇怪，她一直很喜欢语文，怎么会突然不喜欢上语文课了呢？孩子看似在表达一个观点，但这个观点背后却隐藏着情绪，她不知道如何去表达，所以就只能说不喜欢。我知道她一定有什么事情没有告诉我，我就问她："最不喜欢语文课的哪个部分呀？能告诉妈妈语文课上发生了什么事情吗？"引导她把自己的情绪感受表达处理。她说老师太严厉了，上课的时候她和坐在后面的同学说话被老师批评了，现在她的语文成绩也由 A+ 变成 B 了。"哦，妈妈明白你的感受了。"我没有着急批评她上课说话这件事，而是让她觉得我能理解她。这样，我们之间的沟通是建立在共情之上的，是有效的，她之后才能更听得进去我说的话。

理解孩子的感受是沟通的关键环节，要让孩子说出自己的感受、感觉，而不是给建议，更不是评价，甚至指责，孩子现在需要的是理解。家长要学会先倾听，再用简单的词语回应他们的感受，比如用"哦""嗯""原来是这样啊"回应，然后再讨论他们的感受。我们很多时候经常会说"我小时候怎么样"，觉得自己怎么长大的，孩子也应该这么长大，用自己的经历覆盖了他们的感受，孩子当然会认为自己不被理解，离父母远远的。所以，理解是沟通的第一步，否则家长提再多的建议，孩子都听不进去。我总结了一些场景下孩子会产生的真实感受（见表 3-1）。

表 3-1　不同场景下孩子的感受

家长的反应	场景	孩子的感受
责备、问罪	"你怎么考这么点分就回来了？丢死人了。" "你怎么回事？你就不能上心点吗？" "告诉你多少遍了？你就是不听。"	"分数比我重要。" "我就是个不听话的孩子。" "反正你都认为我不听话，那我干脆不听！"
谩骂	"笨死了！简直比猪还笨！"	"我就是笨。""我就是连猪都不如。"
威胁	"你再不听话，我就不要你了。" "你要再敢做这件事，我就打死你。"	"妈妈不要我了，我好害怕。" "我背着家长做这件事。"
命令	"为什么你干什么都是磨磨蹭蹭的？赶紧去！" "作业还没写完？半小时内必须写完！"	"我就不想做，能不能不冲我吼？" "我就不写作业，我有自己的安排！"
说教	"你要明白，我们做这些，都是为你好。" "为什么不写完作业再玩？"	"又来了，耳朵都起茧子了。" "为什么要写完作业再玩？"
控诉	"我这么累死累活，难道不都是为了你？"	"都是我的错！那为什么要生我？"
比较	"你看人家孩子，多自觉，你学学。" "人家××弹琴那么好，你也练练。"	"人家孩子都是好的，就是我不好。" "我讨厌××。"
嘲讽、挖苦	"你字写得真好，给你爸看看认识几个。" "反正明天就考试，不复习你活该考不好。"	"我干什么都不好，我不写了。" "我就活该，你别管我。"
预言	"不好好学习，长大了捡破烂去吧。"	"我就想离开你，捡破烂我也愿意！"

那我们怎么说才能和孩子沟通更顺畅，让孩子觉得自己更加被理解和尊重呢？我也列举了一些话术（见表 3-2）。

很多家长会说："这对家长要求太高了吧？说句话还要拿捏半天？和老师，你平时都是这样和孩子说话的吗？你从来没有和孩子大吼过吗？"

哈哈，我不是圣人，怎么可能没有发过脾气。生物学上讲，人是情绪动物，理智只是在为情绪找一个合理的解释。所以，上面写的也是我理智上知道的，但情绪来了照样会发飙。

表 3-2　不同场景下与孩子沟通的话术

场景	错误示例	正确示例
孩子早上不起床	"（吼叫）快点起床，你又要迟到了！"	"亲爱的，现在 7 点了，你是想现在起床，还是过 5 分钟？"
孩子出门磨蹭	"你怎么还不刷牙洗脸，干什么都磨磨蹭蹭的！"	"哇，你其他都收拾好了，就差洗脸了，很快就做完了哦！"
孩子排队时插队	"不许插队，做事情要讲规矩！"	"宝贝，稍微等一下，马上轮到你了哟！"
孩子和大人发脾气	"你才多大，就已经管不住了？那你走吧，我不管你了。"	"我知道你能换一种尊重人的说法，我们可以等你情绪平静下来再讨论这件事情。"
孩子把牛奶洒在桌上和地上	"不能好好吃饭吗？总是把东西弄外面让人收拾。"	"亲爱的，擦桌子的布在厨房，墩布在卫生间，你可以自己搞定！"
孩子准备上学，忘记带书	"上学连书都不带，你还上什么学？"	"宝贝，你的书！"
孩子成绩没考好	"又没考好？你长了猪脑子啊，那么点东西怎么就学不会？"	"成绩没考好确实有点让人难过，我们一起来找找办法。"

　　我能把这些东西写成书，是因为作为老师，我通常是站在旁观者的角度来看待家庭的问题，真正轮到自己头上，也是战战兢兢，要把理念变成融入自己骨髓里的行为习惯，真的需要时间、需要不断练习。从"知道"到"做到"是有一个过程的，一开始，十次有一次能做到就是好的；慢慢地，十次有三次能做到；再后来，十次有六次能做到，我们能看到自己在不断地进步，那就可以了，一开始别对自己要求太高。做家长，是一个不断修炼自己的过程。

　　那吼了孩子、发了火怎么办呀？诚恳地道歉就行，和孩子承认自己的情绪失控，承认自己的脆弱，相信自己以后会做得更好，这样更能赢得孩子的尊重。而且，我发现，当我意识到我应该要这么做的时候，发火的次数会减少，能正确地和孩子沟通的时候也越来越多。我们都是第一次做父母嘛，也都在成长，相信我们都会越做越好的。

有一次，我女儿做几道很简单的数学题，磨蹭半天没做出来，然后来找我。我扫了一眼题目，觉得好简单，等式左边三个苹果，等式右边一个梨和一个苹果。我问她从这个式子里能看出一个梨是几个苹果。她想都没想，脱口而出，一个梨等于三个苹果。我让她再看一遍，她说就是一个梨等于三个苹果。我就超级生气，质问她为什么不动脑筋，为什么这么简单的题目还来找我。

发完火后，我自己平静下来，觉得自己刚才做的有点儿过分。那天晚上，趁大家刚吃完饭比较放松的时间我就去找她道歉："宝贝，对不起啊，我刚才不应该冲你发火的。我刚才发火表面上看是因为你不会做数学题目生气，但我刚才分析了一下我自己的内心感受，我觉得一部分是因为我自己比较担心，想着你什么事情都依靠妈妈，老想有一根拐杖，那将来怎么办。另一部分是因为我比较焦虑，这段时间我全部的时间都花在你的身上，给你做饭、陪你写作业、陪你玩和做体育运动……我感觉没有了私人空间和时间，我自己的工作也有好多还没有完成，所以，向你发火应该是夹杂了担心、焦虑等情绪在里面的，不好意思哇。"

她听完后的反应出乎我的意料，没想到一个一年级的小朋友能把话说得这么头头是道，也让我颇感欣慰。她说："妈妈批评我又不会让我增长知识，只会让妈妈生气，对我俩谁都不好，以后妈妈不要生气啦。我们都要想办法，用不生气的语气和别人讲话。至于妈妈没有私人时间的问题，我们明天讨论一下我的时间安排，把妈妈陪我的时间都安排在半天内完成，剩下的半天我自己做我自己的事情。万一你有事情没时间陪我，你也可以请假。还有，今天那道题目不是我不会做，那个题目等号后面画的那个苹果和前面的不一样，我没有认出来那是苹果，所以一直想不明白。"她说话的时候，每一个字都那么认真，她像大人一样用手比画着，她说出那些话真的让我倍感诧异，从逻辑到表达都很清晰，还能提取出我的情绪价值，且懂得着眼于思考解决方案，我真是没想到。

　　还有一次，她不小心洒了一瓶药，那瓶药稍微有点贵，而且在那期间也比较难买到。我当时的反应就是很生气，责怪女儿怎么这么不小心。女儿悻悻地说，她不是故意的。我说那你下次能不能小心点！情绪和语气非常差，能看出来女儿被我吓到了，她默默地抽泣着。我突然意识到自己情绪失控了，开始用理智反省自己为什么会这么做。然后，我把女儿抱过来，和她说："太抱歉了，刚才是妈妈无意识的反应，妈妈现在意识到自己错了，对不起。妈妈之所以会有这样的反应，我想可能和我的成长经历有关。妈妈小时候不是很富裕，丢 5 角钱都会哭一天，觉得对不起家里，觉得不应该这么不小心，所以对珍贵的东西很在意。刚才你把药洒了，我觉得小时候的我好像突然出现了，而没有意识到我现在完全有能力负担得起这些所谓'珍贵的东西'了。其实，在妈妈眼里，那些东西根本都不重要，你才是妈妈最珍贵的。"我和她一起剖析我的脆弱，分享我底层的情绪来源，她也更能理解我刚才的反应，知道了不是妈妈不爱她了，而是妈妈也在努力长大。

积极倾听，赢得合作

　　很多家长愿意唠叨，总是一厢情愿地苦口婆心，但是我们问过孩子们，他们是否想听吗？他们想要表达什么吗？当我们和孩子有矛盾冲突的时候，我们最终想要达到的是什么？一定不是和孩子争输赢，不是要赢了孩子，而是要赢得孩子，用"没有输家"的解决方式去化解冲突。

　　我总结了一个没有输家的解决方案，分为四步：积极倾听（莫评价）—表达理解和共情—说出自己的感受—着眼于解决问题（见表 3-3）。家长首先要做一个好的倾听者，这个时候要让孩子充分地表达，让孩子描述他眼中看到的事实，并且用语言说出他的感受，不要打断他，不要做评价。其次，表达对孩子的理解和共情，为了表达我们确实理解了孩子的情绪或信息的含义，我们可以用自己的话重复他的语言，就像是反馈给发送者进行论证，这是一个解码的过程。注意，仍旧不要评论，不要给意见和建议，不要推论、分析和质疑，只是把自己对孩子语言的理解反馈回去，不多也不少。再次，说出你对这件事情的感受，就事论事，不要夸大，最好告诉他你也有类似的经历，但共情不等于认同或者宽恕。最后，我们一定要着眼于解决问题，不要抱怨和责备，父母可以请孩子一起来寻找某种能令双方接受的解决方案，然后和孩子仔细地评判这些方案，并最终找到一个双方都可以接受的最终解决方案。在选定解决方案后，不需要再去说服谁接受，因为双方都已经接受了它，由于没有人对这个方案持有异议，这种方法不需要使用任何权力来迫使对方服从。

有一次，有小朋友来家里做客。一开始女儿和小朋友玩得非常好，突然，就听女儿哭了起来。我跑过去看，她说她非常生气，因为其他小朋友把她搭建的乐高城堡全部都弄毁了。我说，小朋友好不容易来家里玩一会儿，就让小朋友玩一下呗，毁了可以重新搭建，没什么了不起的。结果，女儿哭得更厉害了，噘着小嘴完全不理会我和她讲道理，仍旧非常执拗地不让小朋友再碰她的玩具。

表 3-3 没有输家的冲突解决方案

步骤	关键提示点
积极倾听（莫评价） ↓	让孩子描述他看到的事实，用语言表达他的感受
表达理解和共情 ↓	用同样的话重复孩子的语言，让他知道你理解他
说出自己的感受 ↓	说出这件事情给自己带来的真实感受
着眼于解决问题	不要抱怨和责备，大家一起讨论如何解决问题

这件事情乍看起来是女儿非常"不懂事"，不会招待客人，但后来我才意识到，其实是我自己"不懂事"，没体会到她心爱的东西被毁坏后所带来的糟糕感受。在教育孩子这件事情上，我也是踩了很多坑，才慢慢明白的。这个时候，我正确的处理方法应该是把她抱过来，听她说说她内心

的感受，而不是直接把大人世界的所谓"礼仪"强加给她，让她必须把玩具让给别的小朋友玩。

当意识到自己的问题的时候，我又专门找女儿聊了这件事情。我问她当时是怎么想的，我愿意听听你的想法（**表达倾听的欲望**）。她说她觉得很委屈，那个城堡是她自己精心搭建的，她不理解为什么因为小朋友是客人就能随便拆她的东西。是啊，换位思考一下，如果是我们自己好不容易用心完成的一件作品，你愿意让别人随便乱拆吗？当然不愿意，那么既然我们不愿意，为什么要逼迫孩子呢？我说："妈妈明白了，你不希望自己的作品被人随便乱拆，你很珍视自己的作品，对不对？"（**重复她的话**）她点点头。我又说："是啊，要是妈妈做的课件突然电脑死机了，课件都没有了，妈妈也会气急败坏的，我能理解你的心情。妈妈当时要求你把乐高给小朋友是担心小朋友来家里做客却没有感受到友好的氛围，担心其他小朋友的妈妈说我没有教育好自己的孩子，你发脾气我也会觉得丢脸。是妈妈过分在意了别人的感受，而忽略了你的感受（**说出自己的真实想法**）。"女儿听我说完，也能理解我的想法，还说下次再有小朋友来，她可以给小朋友玩其他的乐高玩具（**思考解决方案**）。我们顺利地解决了这个问题，后来也有小朋友来家里的情况，但再也没有出现过抢玩具的事情。

鼓励和表扬

一个人对自己的评价，将直接影响到他的核心价值观、自我评价的方式、思维方式、情绪、积极心态以及人生目标。而鼓励和表扬他们就是一个很好的方式，对他们的感受表示尊重，给他们机会做选择，让他们自己解决问题，都是在加强他们的自尊和自信。

鼓励孩子的具体方法是：①描述我们所看见的；②描述我们的感受；③把孩子值得表扬的行为总结为一个词，比如当孩子将地板保持得很干净、书都整齐地放在书架上时，我们可以把他的行为总结为有条理（更多鼓励孩子的技巧和话术，见表 3-4）。我女儿有一次从学校带回来画，同学说她画画太难看了，她认为自己画的是长颈鹿，但同学却说她画的是毛毛虫，气得一直在哭。我就鼓励她："每个孩子都是天生的画家，你看，你的构图和色彩很好呀。像不像其实真的没有关系的，孩子本来就是用想象来描述这个世界的，这代表了你的创造，非常棒！"

表 3-4 鼓励孩子的技巧和话术

鼓励技巧	技巧价值	正确话术	错误话术
让孩子自己选择	培养孩子做决策的理性和做决定的勇气	"你想现在睡觉还是5 分钟后睡觉？"	"现在赶紧去睡觉。"
尊重孩子的努力	由于被尊重而更努力	"系鞋带对你来说有一定的难度，你已经做得很不错啦。"	"你笨死了，半天还没系好鞋带。"
不要问太多问题	太多问题会没有边界感，孩子会觉得隐私被侵犯	"你回来了。"	"你今天和谁去玩了？吃什么了？喝水了吗？"
别着急告诉答案	引导孩子思考问题，而不是背会答案	"你的问题很好，你是怎么想的？"	"我告诉你，天空就是蓝的，没有为什么。"
鼓励孩子利用外部资源	培养孩子的独立性和解决问题的能力	"你可以找其他小朋友帮忙吗？"	"妈妈来给你搞定。"
支持孩子看起来不切实际的想法	保护孩子的梦想和希望	"你想做工程师，很棒啊！"	"就你这成绩，还想当工程师？"

对于前面提到的我与女儿之间的故事，有家长就说："和老师，你说的不对，这孩子啊，不能表扬。"我问原因。家长说："孩子成绩考得不错，回来被表扬之后，下次考试就考不好，孩子一表扬就骄傲了。"我觉得这个家长的看法，代表了很大一部分家长的看法。同样地，当孩子成绩糟糕、被家长发现并批评孩子后，下一次孩子的成绩就会提升，于是得出结论：批评孩子会使他的成绩提升，这就留下了一个错误的判断。其实啊，**"表扬"和"成绩下滑"、"批评"和"成绩提升"之间从表面上看其实是相关关系，却被大多数人当成了因果关系**。那为什么表扬后成绩会下滑呢？如果不是表扬导致的成绩下滑，又是什么原因呢？我们之前聊过"回归均值理论"，孩子的成绩其实总是趋于一个平均水平，在这个平均水平

上下波动。当孩子成绩差时，他已经处于一个低水平的状态，下一次很大概率上成绩会上升；当孩子成绩好时，他则处于高水平状态，下一次极有可能会下降。所以，并不是家长的表扬导致了孩子的成绩变糟糕。请不要吝啬你的赞美。

其实，早在 1925 年，美国心理学家伊丽莎白·哈洛克（Elizabeth Harlock）就曾经证明过"胡萝卜"（表扬）和"大棒"（批评）哪种更有效的问题。她选取了 80 名 9 ~ 11 岁的孩子，将他们分成 3 组参加同样的算数测验。每次上交答卷后，都对第 1 组的孩子给予表扬，告诉他们"测验成绩很好"；对第 2 组的孩子进行批评，告诉他们"测验成绩不好"；对第 3 组的孩子不给予反馈，既不表扬也不批评。如此重复 5 次后，各组之间出现了明显的差别（见图 3-5）。

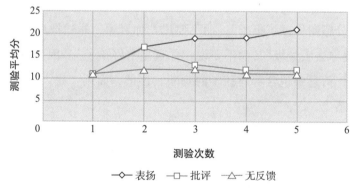

图 3-5 批评和表扬，哪个更有效

从图中可以看出，第一次测验时，三组孩子的成绩没有差别。第二次测验时，批评组和表扬组的成绩都有所提升，比没有反馈要好，也就是说，批评和表扬在短时间内都对成绩提升有效果。但是，从第三次测验开始，表扬组的成绩持续提升，批评组的成绩则停滞不前，可以看出，表扬的效果比批评的更好且更持久。批评初期看似有用，但会带来一系列的负面影响，比如，批评使得消极行动减少，但并不会使得积极行动增加；批评只在短时间内有效，一旦学生习以为常后，就会失去作用；批评还容易让人产生焦虑、害怕的情绪。所以，表扬对人的影响会更有效。

我们做老师的，有一个心得，那就是如果不得不批评某位学生，那么要保持表扬和批评的比例为 4:1 ～ 7:1。也就是说，如果某个星期一我批评过某位学生 1 次，那么我需要在本周剩下的 4 天里，每天都表扬 1 次。而且，赞美的时候，一定要用具体的语句，不要用泛泛的语句夸奖，比如你真棒，你做得太好了、太美了……要列举出具体的事例，描述孩子做得好的细节，让孩子明白哪件事情是值得表扬的。赞美时要注意避免触及过去的弱点和失误，也不要过度的赞美，否则会扰乱孩子的积极性。

家长还会问，那孩子错了，不批评又该怎么办？多提醒就行。在语言表达上，注意要"多用我，少用你"，这会让孩子觉得自己和家长站在同一战线上，而不是对峙的状态。例如说"我觉得我们是不是可以先把作业写完呀"，而不是"你要赶紧把你的作业写完"。这一点也适用于赞美，例如说"十分感谢你擦了桌子"，而不要说"你真棒，居然把桌子擦了"；说"我很感谢你去丢垃圾"，而不要说"你真是个好孩子"。因为在选择"你"的过程中，信息中包含着对孩子的判断、评估，而用"我"则是在表达家长自己的感受。

另外，一定不要夸孩子聪明，这会让孩子形成"固定型的心智模式"。我见过一些学生，因为在小学、初中的成绩一直相当优秀，所以他们小时候经常被周围的大人们夸聪明、智商高。但是，到了高中之后，由于课业压力大，他们的成绩就没有那么拔尖了，于是每天上课假装趴着睡觉、作业也不写不交，以此希望给周围人传递一种信号：我学习不好，不是因为不聪明，而是因为不用功。这些孩子认为努力是一件丢脸的事情，特别想向别人证明自己的聪明，特别希望周围的人夸奖自己是天分好，而不是努力和勤奋。他们潜意识里认为通过勤奋练习改变自己，会让自己显得不太聪明，这显然是欲盖弥彰的做法。我们希望让孩子养成"成长型的心智模式"，认为自己通过努力就能做出改变，而不是原地不动，停留在虚假的幻象中，无法前进。

无条件的爱、温柔却有边界的亲密关系、不评判的态度、鼓励和表扬是构建良好亲子关系的四大要素，做到这几点并不容易，但我相信，只要我们改变一点点，孩子就会变得更好。生活如此不易，孩子每天能够平安无事地活着就已经难能可贵，多给孩子们一些空间，放手让他们把握自己的"人生课题"，自由自在地生长吧！

∴ 树立科学的教养方式

很多家长可能都经历过这样的情况：孩子哭闹不停，怎么哄都不行，家里大人互相指责，熬了半宿也不睡觉。或者，父母双方和家中长辈在孩子的教育问题上经常不一致，爸爸觉得孩子应该多玩，妈妈觉得孩子必须投入大量时间学习，家中长辈说他们那会儿带孩子都是放养的，现在养个孩子怎么就这么多事……让人经常搞不清，到底是孩子出了问题，还是家长做错了什么？

每当与家长意见相左时，长辈们会提到他们长大成人的孩子，说："难道我还不会养孩子吗？"长辈们能来帮我们已经非常不容易了，我们非常感激，而且他们确实带过孩子、有一定的经验值得借鉴，可是，经验就一定是对的吗？在孩子的养育上，感觉每个人都能说上那么一两句，很多人都认为自己算是大半个专家，可事实真的是这样吗？

什么是科学的教养观

每次说起这个话题，我的心里就像堵了一块大石头，家庭教育这件事的确让人们有很多的困惑和不解。

首先，育儿理论之多让人目不暇接。直到近年来，大家才逐渐意识到家庭教育是一门学问，开始学习和琢磨如何把家庭教育做好这件事。但是，大家接受的很多都是碎片化的知识、不成系统；而且公众号文章、视频等真假难辨，有的基本是打着科学的大旗在卖货。另外，育儿的理论流派太多了，经常听到弗洛伊德、阿德勒、马斯洛、罗杰斯、皮亚杰、蒙台梭利、华德福等名字，感觉很"高大上"，查了一下每个人说的似乎都挺有道理，可是，这些人到底都有什么主张？观点之间的区别是什么？他们的理论对于育儿有什么影响？为什么他们之间的观点也会有矛盾的地方？诚然，这些都属于正常的科学范围内的讨论，不同学者由于生活的环境不同、文化社会习俗的不同、研究方法的差异，学者之间有不同的观点太正常不过（并不是肯定谁就是对的、谁就是错的），国外的研究也不一定适合中国的国情，所以，我们才更要有所甄别、有所借鉴、有所取舍，根据每个人自己的家庭情况选择适合自己的育儿方式。这需要智慧，需要有大量的育儿知识储备，也有一定的亲身体验后，才能够对育儿知识形成整体系统的把握，才能对各种各样目不暇接的教育理论有自己独特的见解和判断，才能做到"源于书籍又高于书籍"但这对于一般家庭来说太难了。

其次，**很多的育儿理论指导要求太高、太细，很难落地。**成年人为生活奔波已经很辛苦了，面对一地鸡毛的生活，除了要把自己的本职工作做好，还要按照书上每一条理论对应的详细的指导规范去做，从学习到身心健康一样都不能少：要努力赚钱给孩子买学区房，要耐心细致地辅导功课、研究各种各样的课外辅导班，要做好后勤、吃穿用度都要操持好，还要态度好、不发脾气、学会和孩子沟通，"不写作业母慈子孝、一写作业鸡飞狗跳""压倒家长只需要一个家长群"……这对家长要求是极高的，不仅要有金钱的支持，还要有时间的付出、爱的陪伴、精力的支撑，试问世间有几个人能做到？而且很多妈妈，包括一些有过心理学专业学习的妈妈，掌握了太多的教育理论，但是由于现实原因，她们根本没有机会去验证，当孩子的实际问题摆在眼前时，理论的条条框框就套不上了。你有没有在夜深人静的时候，对着已经熟睡的孩子，从内心发出一阵呐喊：为什么我要做那么多的事情？孩子的人生是人生，我的人生就不是了吗？当家长实在是太难了。

　　再次，很多的育儿理论也缺乏对家长的共情。每个家庭的经济状况不一样，父母的人生观、价值观、世界观不一样，很多家长已经把自己能力范围内最好的都给了孩子，他们已经尽了自己最大的努力。很多事情家长没有做到，是囿于他们的认知局限、囿于他们的经济水平、囿于他们的时间成本……家庭教育不应该高高在上，指责家长这里不对、那里不对，家长做不到就是家长的不对，不是这样的，应该是如何陪家长共成长，让家长慢慢学习、慢慢进步，放下焦虑，轻松育儿。

　　家庭教育其实是一门科学。家庭教育是一门融合了教育学、心理学、生物学、认知科学、社会学等一系列的研究成果的跨学科的学问，有严谨的实验数据、大规模的人群调查和访谈、科学的方法论，等等。它不应该是过来人的个体经验之谈，不应该是七大姑、八大姨的豪言壮语，更不应该是某博主、某公众号"信手拈来"、毫无科学依据查证的文章八卦。如何养育孩子不是有一颗为他好的心就可以了，而是要了解常识，从不知道自己不知道到把科学理念融入实践，有很长的路要走。

　　给大家举一个我认为还算比较科学养育孩子的例子（见图 3-6）。我们家二宝的生长曲线从出生以来一直很正常，但是在第 9 个月的时候发现，他的生长曲线逐渐滞后，我们很着急。老人说，这只是先长后长的问题，不用太担心。可真的是这样吗？如果孩子后面不长个了，不是只能在看到结果时傻眼吗？如果一直没有长个怎么办呢？根据我和爱人了解的一些常识，我们觉得有三种可能性（提出假设），有可能是遗传的问题，如果父母身高不高，很可能会遗传给下一代；也有可能是生长激素分泌不足导致的；还有可能是营养不足的问题。于是，我们查了一些文献，还去医院挂了生长发育专家门诊。从文献和专家得到了一致的结论，孩子一岁之内的生长与生长激素和遗传关系都不大，就是营养的问题。详细咨询了解后，我们发现是喂养方式有问题，导致他每天摄入的总量不够，所以，我们调整了喂养方案，并进行了严格记录，最终发现生长有所追赶。

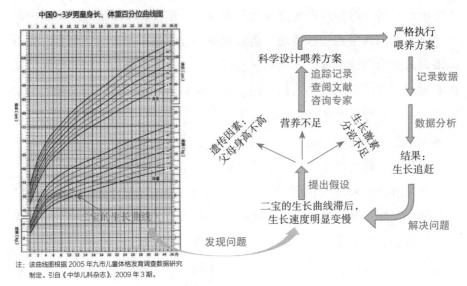

图 3-6   科学养育案例

再举一个我遇到的学生家长的案例。小念是我们班的一个女生，她入学的时候成绩一般，特别是英语成绩，处于我们班倒数第二。但是，这个女生以肉眼可见的速度在进步，到了高三，成绩稳居年级前 50 名，最后妥妥地考入了北京大学。我能看出孩子用心、认真，但也不乏用心和认真的孩子，为什么单单是她进步神速呢？直到我在给孩子做家访的时候，谜团才得以解开。

小念的妈妈说："我从来不要求我的孩子考试必须考满分，或者考到年级前多少名，我对她只有一个要求，就是做过的题目不再错。最开始，我会和她一起分析错因，然后建立错题本，等她形成习惯后就只需要自己分析错题、积累错题了。其实，考试容易犯错的点就那么多，只要不断巩固自己的错题本就行了。"后来，她教了我一个她带女儿分析错题的方法，让我受益颇丰。她发现女儿做题的时候总是马虎，会漏掉一些条件，但她告诉我，"马虎"只是一个掩饰真实问题的代名词，"读题不认真"本质上是"信息识别和提取"的能力偏差，这需要用科学的方法来纠正。

她读了认知科学的书，发现"信息识别和提取"会出现偏差，本质上是由于这个开环体系中只有视觉的输入这一个信号，就容易导致错误。解决方法就是形成闭环，在审题时加入"默读"这种方式（见图3-7）。默读虽然没有发出声音，但是大脑依然可以接收到听觉信号。这意味着，同一个信息通过视觉和听觉两种信号进入到学生的大脑。听觉接收到的信息作为反馈对视觉信息进行校对，当两者信息比对不一致的时候，大脑就会亮起红灯，对信息进行二次识别，形成反馈闭环，这样做过的题目就不会再错了。我听了真是拍案叫绝，茅塞顿开。

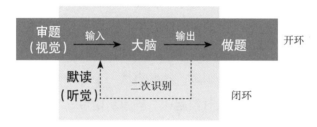

图 3-7　"读题不认真"的解决方法

这就是遇到问题，用一套科学的方法论来解决育儿（养育＋教育）的问题：提出假设—制订计划—实施计划—得出结果—反馈修正。这样既避免了家人之间的相互埋怨，也避免了由于自己认知不足而对孩子的无端指责。当然，我们可以把这套科学的方法论用在各个地方，比如如何正确地陪孩子写作业，如何提升孩子的学习主动性，如何发现孩子学习中的问题并帮助他改正……我相信这样做的父母，带给孩子的一定不是呵斥和批评，而是一种善意且努力解决问题的态度和方法——这也一定会传递给我们的孩子。

4 种不同类型的教养方式

某一天，我和朋友们聊天，一个好朋友说她被他们家孩子烦死了。每天早上叫起床上学，起不来，磨磨蹭蹭上学总是迟到，家长讲道理没有用、发脾气也没有用。晚上放学回到家，让洗手、换衣服从来做不到；吃饭要吃一个半小时，洗澡也要三令五申；让弹钢琴不好好弹，想和孩子读一会儿书的时间也特别紧张……每天和孩子斗智斗勇，日子过得像打仗一样，和孩子相处太疲惫了。不知道大家是不是也遇到过"同款娃"，遇到这种情况你会怎么处理呢？我们当时说到这个话题，大家都特别热烈地投入了讨论，七嘴八舌地聊了起来。

小 A 说："我这么忙，连我自己都顾不过来，还管她那么多。钢琴不想练就不练了，那是她自己的事，别和自己过不去；读书没时间就不读了，其他的都让她自己安排就好了，我真心没时间、没能力、没精力管她那么多事，基本的吃喝拉撒能完成就好了。"

小 B 性格比较强势，是一个典型的虎妈，她直截了当地接过话："这可不行，钢琴必须练、书必须读，这些事情一个都不能少。我给我们家孩子制订了计划表，每天什么时候起床、到家、学习、洗澡、练琴都规划好了，如果完不成，就打板子，不完成不许睡觉。现在竞争这么激烈，不能让孩子输在起跑线上。"

小 C 温柔地说："你那样太严厉了，孩子能受得了吗？我们要讲究策略。我们家孩子每次练琴半小时，我就奖励她一朵小红花，如果一周五天都能坚持练习，就能得到五朵小红花，这样她很开心啊。你要想办法激励她呀。"

我听了以后，感觉这几个妈妈对同一件事情采取的不同的处理方式，**其实正好体现了不同家庭教育背景下不同的"教养方式"，分别是忽视型、专断型和放纵型**。突然出现一堆学术名词容易让人犯晕，我慢慢来讲一下这几种教养方式分别是什么。

1978 年，美国心理学家戴安娜·鲍姆林德就根据父母对子女的感情态度、父母对子女的要求和控制程度两个维度，把家庭的教养方式分成了4 个象限，从左上象限开始逆时针来看，分别是专断型、忽视型、放纵型和权威型（见图 3-8）。

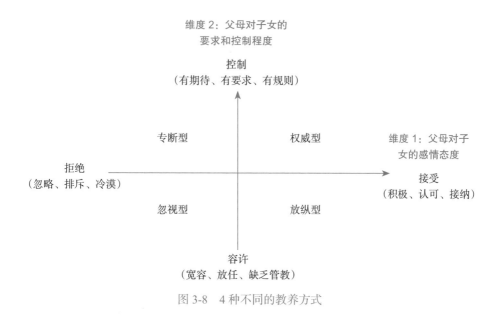

图 3-8　4 种不同的教养方式

　　专断型的父母表现为冷漠且约束，要求孩子绝对地服从，让孩子按照他们的设计意图成长。这种家长就是常说的高管控的"直升机式家长"，小 B 就偏向这样的类型。他们很少考虑孩子是怎么想的，如果孩子做错了事情，他们会很愤怒，甚至采取非常严厉的惩罚措施。

　　忽视型的父母表现为冷漠且纵容，缺乏对孩子的基本关注，对孩子的行为缺乏反馈，他们和孩子之间的互动比较少，小 A 就比较偏向这种类型。因为工作比较忙，他们对于那些比较耗费时间和精力的长期目标，比如培养孩子良好的学习习惯、生活习惯等容易表现出爱搭不理的态度。

　　放纵型的父母表现为关爱且纵容，会贿赂孩子。虽然给孩子非常积极的肯定，但是他们比较纵容孩子，而且想要通过各种外部激励手段取悦孩子，小 C 就是这种类型。他们认为孩子很弱小、很脆弱，所以不舍得让孩子受一点点委屈，孩子想怎么做他们都会去满足他，还会用小红花去激励孩子。

权威型教养方式步骤拆解

我无意去对每个妈妈的做法评头论足，这也不是我的风格。我也和她们分享了我可能的处理方式。就拿起床这件事情来说吧，每个孩子早上都不愿意起床，这是人之常情，哪有小孩这么自觉的呢？扪心自问，我们愿意早起上班吗？我们之所以能够不愿意也能起床，是因为我们有对迟到的惶恐、对工作的责任，但孩子就是孩子，他们不会去想那么长远的事情。**我们和孩子之间根本冲突其实就是时间概念的冲突：家长是以未来为导向的，关心的是如何达到理想中的目的；孩子则相反，他们活在当下。**我们生气孩子不起床的根源其实是恐惧，是我们对孩子未来的担心和焦虑。所以，说到底，我们和孩子之间的分歧就是如何去权衡当下的快乐与未来的成功。可谓是，**家长关心未来，孩子活在当下**。

我从小就是被我爸吼大的，内心特别反感被大人大声呵斥起床（专断型），所以不会去吼女儿起床。不过，我也不会不管她，爱起床不起床，觉得迟到了是她自己的事情（忽视型）；也不会因为每天按时起床就奖励她一朵小红花或者买礼物作为奖励（放纵型）。为了让孩子能自觉主动起床，我会在前一天晚上和孩子约定好时间，一起商量确定第二天早上 7 点起床。做这个约定不容易，我需要让她明白为什么是 7 点起床。我会和她一起，看着手表，一步步倒推，比如：如果我们准备 8 点到学校，从家到学校走路要 15 分钟，那么出门的时间是 7:45；如果我们准备提前 5 分钟到学校，就得将出门时间倒推到 7:40。但我们不可能不穿衣、刷牙、洗脸、吃饭就出门，所以还得再往前倒推：吃饭要 20 分钟，穿衣、刷牙、洗脸又要 20 分钟，所以得倒推 40 分钟，这时就是 7 点了。所以，7 点是她最晚起床的时间。这种约定，不仅教会了她数学上的一个重要知识点——认识时间，还逐步培养了她的时间观念，让她知道每个时间点该做什么。

不过，约定归约定，孩子毕竟还是孩子，不要以为约定好了她就能执行。她可能照样前三天有决心，但第四天还是起不来。那怎么办？可以让她体验一次迟到的感觉，并且让她自己想出不迟到的解决方案。有一天我叫她起床，叫了三次，她都没有起来。我就在床边和她说话："妈妈小时候也不想起床，小小的被窝多暖和呀。"（表达对孩子的理解）接着说："可是人们都是要遵守规则的，比如过马路红灯停、绿灯行是交通规定，不迟到就是学校的规定。我们不能违反规定，这是基本的原则。"她磨蹭了一阵子，终于起床了，但肯定是迟到了。她担心被老师批评，要我送她进幼儿园和老师解释一下。我说可以，但她必须自己想一个以后能按时起床、不迟到的办法。她想了想，说："妈妈，要不我以后起不来你就打我屁屁？"我说不要，我既不会奖励她小红花，也不会打屁屁惩罚她。惩罚看起来短期有效，但长期是有代价的，会导致愤恨、报复、反叛、退缩等情绪滋生。她又想了想："妈妈那你给我买个专属于我的闹钟吧，我每天自己定时间起床。"我说没问题。果真，买了闹钟以后，我几乎没有再催她起床了。到了她上小学二年级，甚至变成了她催我起床、她催我出门、她喊我"你再不快点，我就要迟到了"的状态。其实，不是因为闹钟真的那么管用，而是因为"闹钟"代表了她自己的决定和安排，她要为自己的决定负责。

　　这样的处理方式就属于"权威型"父母的做法，有关爱也有约束，这种权威来自父母对孩子的理解和尊重，来自父母与孩子的经常交流以及对孩子的帮助。我一直试图去理解孩子的感受，也试图让她理解一个决定背后的原因（就是为什么要这样做），我让孩子参与到规则的制订中，并且学会遇到问题自己去解决。权威型父母一般会用理性和问题导向的态度引导孩子的行为，具体做法如下（见图 3-9）：

　　第一，播下种子。提前准确地告诉孩子你的要求是什么。

　　第二，聆听、观察和判断。蹲下来，看着孩子的眼睛聆听他说的话，让自己的视线与孩子平齐，去认真体察孩子的需求。

　　第三，充分表达，抱着孩子。努力用准确的表示情绪的词语说出孩子的感受，比如，我知道你很生气／担心／焦虑／难过，说出他的感受，这样有助于让他平静下来。

　　第四，引导孩子解决问题。注意，这里不是简单地告诉孩子怎么做，而是引导孩子学会怎么做，问孩子"下次你会怎么做"，感谢孩子自己想出了解决方案。或者，让孩子设想一下，如果下次又犯了同样的错误会发生什么事情。告诉孩子，你可以帮他改正，但你不会容忍他的不正当行为。

　　　播下种子　　　聆听、观察　　　充分表达，　　　引导孩子
　　　　　　　　　　和判断　　　　　抱着孩子　　　　解决问题

图 3-9　权威型处理方式步骤拆解

不同的教养方式各有利弊

　　我说完了我的处理方式，小 A 眉头紧锁，小 C 若有所思，小 B 自责地喃喃道，觉得自己对孩子太凶了……显然，她们都把我当成"教育专家"（而我其实并不是，我自己在养育孩子的问题上也处在不断学习、不断思考、不断摸索的过程中）。这时，小 A 提了一个问题，她说她其实理智上知道应该如何处理，可是身体上做不到。她真的太忙了，我说的这些她不是不会做，也不是没有能力做，而是没有时间、没有精力做。社会对职场女性的要求太高了，她现在正处于事业的上升期，不愿意放弃事业的发展，而把大量的时间留下来，浪费在这些"鸡毛蒜皮"的小事上。

　　小 B 心直口快："那也不能把孩子的未来耽误了呀。孩子的成长是需要陪伴的，俗话说过了这个村就没这个店了，长大了孩子还不需要你呢！"小 C 也开口了："其实我这种方法现在看起来是事半功倍的方法，也许一开始需要非常苦口婆心，需要付出大量的时间和精力，但是当孩子逐渐长大，养成了习惯以后，可能就没有像现在这样需要每件事情都教了。不过，我担心外在的激励会让她总是做一件事情就想要索取报酬，没有让她发自内心地形成行为上的改变，而只是为了得到小红花去做一些事情，这样长远来看对她不好。"

我觉得她们说的都很有道理，特别是小 A 的困惑，其实我也面临着同样的问题。我和她们说，我可没有标榜自己教养方式的意思，其实没有哪种教养方式就一定是正确的。我一直这样认为：**没有最好的育儿方式，只有适合的育儿方式。而育儿中最关键的就在于父母的自我觉察、自我成长，父母的认知是孩子成长的天花板，父母要做到终身学习，在每一件小事上都有自己正确的判断。**

其实，每种教养方式都有利有弊。很多书会推崇权威型的教养方式，因为权威型父母在隐形中通过劝服等方式塑造孩子的价值观和偏好，从而使得孩子能够自愿地做出与父母所希望的选择相一致的决定。而且，在四种教养方式中，权威型教养下的孩子获得大学学位的比例更高一些。然而，权威式的教养方式也是有弊端的，由于孩子的思考框架都是父母给定的，这在一定程度上也阻碍了独立思考和想象力的发展。

专断型的教养方式非常常见，鲁迅在《朝花夕拾》里面就描述了他父亲在他小时候是如何严苛地对待他的，但这是当时社会普遍的方式。到今天，不少老人们仍觉得"慈母多败儿"，所以家教一定要从严，打一巴掌、揍个屁股等都是传统社会中父母爱孩子的方式，他们就是以这种"严格"的方式来传递对孩子的爱，孩子并不会觉得这算是羞辱或虐待，也不会因为父母对他们严格而指责他们、不爱他们。不过，从发展心理学的角度来看，这种严格的教养方式会对孩子产生情感与行为上的负面影响。

接受忽视型的教养方式而成长出来的孩子可能会被诱导抽烟、喝酒、吸毒等危险活动，家长管教的缺位也可能助长了有些孩子学习不够努力、只顾眼前快乐、不顾长远后果的冲动。但由于孩子在长期的成长过程中总是需要寻找家庭以外的人的帮助，所以，他们团队合作的能力比较强。

放纵型的教养方式会使得孩子比较"玻璃心"，合作性差，很少为别人考虑，代价是孩子向成人的自然过渡阶段被推迟，比如我们经常听说的

"妈宝男"，或者有些孩子长大后也可能会比较任性。但另外一个可能性是，这种家庭由于父母没有太多的干预，给了孩子们自由发挥的空间，有利于培养孩子的想象力和独立性。在北欧的例如荷兰、瑞典等国家，他们的孩子被称为"世界上最幸福的孩子"，他们的父母被称为"世界上最宽容的父母"，父母对孩子的标准非常宽容，比如孩子在游乐场玩的时候，他们的父母通常在一边喝咖啡，根本不需要家长看管。

所以，每种教养方式都有利有弊，没有哪个一定是最好的。我这里描述的都是四种最典型的教养方式（见表3-5），很多家庭采取的方式其实是介于这几种类型之间的。

我还想说的是，**不同的教养方式，其实在某种程度上就是一种"不得已"的选择，家庭的教养方式其实是其所在的经济、政治、文化环境的产物，影响因素是多方面的。**在《爱、金钱和孩子：育儿经济学》这本书里，就谈到教养方式的不同，其实是由经济和收入的不平等决定的。具体说，就是经济环境会影响父母的决策、他们与子女的互动方式以及所采取的教养方式。在人与人之间竞争比较激烈的国家，因为教育的回报率高，通过努力学习可以让孩子进入好的大学、获得心仪的职位、取得不错的薪资，所以，父母们越来越强势，如中国、美国等。而在另一些国家，竞争没有那么激烈，大家学好学坏将来都不会差太多，所以，父母们就变得更加宽容了，如北欧国家等。小A听完以后释然了，小B也没有那么自责了。

表 3-5　不同教养方式的定义、常见做法和后果

教养方式	定义	常见做法	后果
专断型	父母要求子女绝对服从自己，对子女所有行为都要加以保护监督	命令和威胁；以消极后果作为惩罚 例如：你以后还敢这样吗？再这样就不许玩了；去站着；去关小黑屋	孩子感受到家长负面的情绪，变得暴力；愤恨、报复、反叛、退缩
忽视型	父母对子女缺少爱的情感和积极的回应，同时也缺少对孩子的正常要求	不理孩子，忽视、不参与；轻视和否定孩子的感受 例如：摔一下没什么大不了的，不疼；你到底是不是个男子汉	孩子感受不到爱；一辈子都有不安全感

（续）

教养方式	定义	常见做法	后果
放纵型	父母对子女持积极肯定的态度，但对孩子的行为缺乏控制	任由孩子自己做决定；对孩子违反规则也不管；溺爱孩子，贿赂孩子，采用外部激励和奖赏的手段，家长成了评判他的裁判 例如：用小贴纸奖励孩子的新习惯；用玩具来让孩子听话；成绩好就带孩子去旅行	孩子只是为了得到外部奖励而做事情，自身并没有真正的动力
权威型	父母在孩子心中应该有权威，这种权威来自对孩子的理解和尊重，以及与孩子的交流和对孩子的帮助。情感上接纳、温暖；理智上严格、管控	以积极肯定的态度对待孩子，及时热情地对孩子的需要和行为做出反应，不会简单告诉孩子"你真棒"，要描述细节，说出为什么他做得好；引导孩子说出感受（比如："你现在这种感觉就叫作成就感""你刚才的表现就是有毅力"等），引导孩子用准确的语言表达孩子的情绪。尊重并鼓励孩子表达自己的意见和观点 例如：蹲下来与孩子说话；通过情感引导而非单纯表扬	侵入式的权威型可能会阻碍孩子独立思考能力和想象力的发展

　　总结起来，由于每个人的成长路径、人生经历、社会环境都不同，因此，关于如何正确地教养孩子，每个人的想法和认知都不同，常常表现为专断型、忽视型、放纵型和权威型四种方式。不同的教养方式各有利弊，养孩子不是套公式，没有谁的教养方式就是最好的，没有哪一种固定的方式就是最正确的。但这一定是建构在正确的认知水平上的，不是一味坚持自己错误的认知。比如，不是说你认为打孩子对，就可以选择用打孩子的方式来教育孩子，而是作为家长，你要建立"打孩子并不是正确管教孩子的方式"这样一个认知。所以，**重要的是，父母是一个什么样的人，以及父母与孩子的关系怎么样**。真正的高手父母，都懂得与孩子建立良好的关系、为孩子搭建健康的成长生态。这样，孩子才能在学习和生活上拥有更多的积极性，才能建立自己正确的价值观，才能对世界有自己独立的判断，才能成为"当下的好学生"和"未来的成功者"。

∴ 打造学习型家庭

我在教生物学的时候，经常给学生写这样一个公式：表现型＝基因型＋环境。就是说，表现型虽然由基因决定，但是环境对表现型的影响也是不可估量的。我们要求孩子爱学习，最重要的就是给他们打造一个学习型的家庭。所谓学习型家庭，是指家长有意识地在自己家庭中营造一种健康、积极的良好学习氛围，通过自身的积极学习、体验与获得，引导孩子注意学习行为，并能模仿、尝试、体验，从而有效地激发孩子的学习兴趣，使孩子实现良性的发展。

从装修开始：你的书房胜过学区房

偶然读到这样一段话：

"上初中的时候，我家书架上有一本《演员的自我修养》。繁体字，竖排版，我是看不懂的，但是这书名让我觉得演员这个行当很高级，所以报名参加了学校排练的话剧。因为成了演员，我莫名其妙地找来了一本《悲剧心理学》，看了几页，没意思，扔下了。但是通过读这本书，我知道了作者朱光潜是我的安徽老乡，所以又借了他写的《西方美术史》来看。当然，还是看不懂，又扔下。但我从中知道了几位古希腊哲学家的名字，尤其觉得柏拉图的'洞穴比喻'很有意思，于是将它写进了一篇作文，受到了表扬。既然受到了表扬，我觉得自己也不好意思不懂点哲学，于是就……这样一路滑到了今天。"

这是罗振宇《阅读的方法》中的一段文字，当看完这段话时，真是心有戚戚焉。"读过的每本书都没有辜负我，它们只是一站站地接力把我送到下一本书面前"，对此我深有体会，更希望我的孩子也能有这样的阅读体验。

有一次家访，学生家里浓厚的学习氛围让我叹为观止，后来这个学生顺利考取了复旦大学。进入他们家后，围绕客厅的四面墙全是书柜，没有沙发，没有电视机，在客厅的中间摆放着一张很大的长方形书桌，书桌上散乱地放着几本正在读的书，还有笔记本电脑和平板电脑。书桌旁边有四把椅子，其中一把椅子上放着孩子的书包……整个客厅像一个图书馆。

学生的家长和我说，他们每天下班回来，从不看电视、刷短视频，他们觉得当下的快餐文化是对精神的侵蚀。他们会在吃完饭后把手机全都设置"勿扰模式"，并放在一个角落。然后，他们会和孩子一起在这张书桌上学习，孩子写作业，他们看书或者用电脑做相关的文件，全家人一起"自习"的感觉特别温馨。孩子学习累了，大家就停下来，互相聊会儿天，分享在学校或在单位的一些心得。孩子想继续学习了，大家就一起开始。

我参观了他们家的书柜，书柜里有"妈妈专列""爸爸专列"和"漪漪专列"（孩子小名叫漪漪）。在漪漪专列里，我看到了孩子从小到大读的书，上层是年纪小一些时读的绘本，现在已经不看了；中间是现在读的一些书，有中外名著和一些孩子喜欢的小众书（我都没有听说过）；下层是想读但还没有来得及读的书，上上下下加起来有大几百本书。从书架上孩子读的书，可以看出他的涉猎非常广泛，小说、散文、社会学著作、科普科幻类名作等都曾阅读，怪不得每次和这个孩子聊天的时候，能感觉到他博闻强识，知识面很广，语文老师也经常说他的写作素材丰富，作文常常给他满分。

我和丈夫商量，想要在自己家里营造这样的学习氛围，让书籍随处可见、随手可触，打造一个像图书馆一样的客厅。这样，当孩子随便翻到一本书的时候，虽然不一定是专门去找的，但它就像一颗尚未萌发的种子，不知道在日后哪天会突然发芽，不知道哪天一颗又一颗的种子会相互联结形成一片绿地。

我们一起重新设计了装修手稿，**客厅里去掉了沙发和电视机的位置，**

装饰品简单化，不过于零碎，左边靠墙的一面全是书桌，右边靠墙的一面全是书柜，书柜里摆满了各式各样我们和孩子们爱看的书。同时，餐桌是可收缩的，平时吃饭时就把餐桌收起来，像一个小吧台；我们一起看书的时候，就把餐桌挪到客厅中间，大家围坐在一起，每个人看自己喜欢的书。读完书，大家都可以交流自己的想法和心得，把自己读书的感受分享给其他人听，全家人都很喜欢这样的"图书馆客厅"。

言传身教：一米会搬家

借用彼得·圣吉在1990年出版的《第五项修炼》中关于"学习型组织"的五大要素，打造学习型家庭的五个要素也可以总结为：建立愿景，共同学习，改变心智，自我超越，系统思考。其中，重点在于"共同学习"，就是要做到家里面每个人都要学习，全员参与。

比如每周日上午是我们家共同的读书时间，雷打不动。周日早上起来，我和丈夫会煮一杯咖啡，拿着书走到阳台，就着阳光一起读书。等孩子醒了，她也会很快洗脸、刷牙、吃饭，结束后迫不及待地加入我们的读书行列。家长养成了阅读的习惯，孩子不用教就会有样学样地去做，家长言传身教的力量不可小觑。

最开始我们一起读书的时候，我给她读《窗边的小豆豆》，结果吃饭的时候，她自己居然会说"我在吃海的味道和山的味道"。她现在一年级，最爱看的书是《米小圈上学记》，自己坐在阳台的小沙发上能看一个上午。尽管她读的书不是什么经典名著，那也无所谓，只要有读书的意愿，只要符合她自己的阅读口味，只要符合她的认知水平，都挺好。

言传身教的关键在于"全员"和"坚持"。如果爸爸读书、妈妈追剧，效果就会大打折扣；如果周日上午大家都想睡懒觉，一觉睡到了10点多，读书的事情也就荒废了。所以，打造学习型家庭的关键还是在于父母自己能做到。我经常利用零碎时间学习，比如听一些书的音频和课程，而且会倍速听，这样能花别人一半的时间吸收信息和观点（当然，如果内容比较复杂或者与我所在的领域比较远，我也会花时间静下来去看文字稿）。女儿看到我这么做，她也会跟着做，会在坐地铁时背单词和背古诗，还说这是和妈妈学的，利用碎片时间。当她和别人说这个话的时候，我还蛮惊奇的，"利用碎片时间"这句话居然出自一个一年级孩子的口中。

我曾经写了一本书，其实就是在和孩子阅读的过程中写就的。我在工作中发现，很多学生存在学习方面的问题。为了研究怎么高效学习，我就买来了大量的与学习方法主题相关的书，一边阅读，一边思考，一边写作，这本书也算是我和孩子一起学习的一件"副产品"。孩子知道我的书出版了，说自己也要写一本书，每天回来趴在桌子上，都要写写她自己在小学里发生的事情，像米小圈一样记录自己的生活，还起了名：《王甲甲上学记》。我摘录其中的一小段，还是蛮有意思的：

> "我是我们学校个子最小的小孩，别人都叫我小可爱。我不喜欢别人叫我小可爱，我想做奥特曼。今天回到家里量身高，我发现一个好玩的事情，原来一米会搬家，因为我这次量身高的印记在前一次的上方！"

开好家庭会议：讨论问题和做示范的绝佳场合

我们家客厅中间的那张桌子，除了吃饭、一起读书外，还有一个功能，就是一起开会。这个家庭会议，主要是为了给大家提供一种仪式感，具有两个比较重要的功能：充当解决家庭问题的主要场景与在会议中分享自己的喜怒哀乐。

解决家庭问题的主要场景之一

家庭成员之间不免有矛盾和摩擦，特别是孩子会有各种各样触及家长底线的问题发生。我的原则就是平时少说，而把这些事情放在家庭会议上严肃认真地一次性说清楚，让孩子知道这是爸爸妈妈的底线，以后他就会多加注意。所以，家庭会议是制订家规、解决家庭问题的一个重要方式和场景。不过，一定不要把家庭会议开成批判大会，多用鼓励的话说，让孩子能认同才是关键。

分享自己的喜怒哀乐

"爸爸，你给讲讲你最近做了什么手术呀？"女儿经常让丈夫向她汇报工作。丈夫就会把他最近在医院遇到的有趣的事情和见闻分享给女儿。我也会把最近自己做的糗事说出来给他们听，让女儿觉得家长也会遇到一些不知道如何处理更好的状况，她就会帮你出谋划策，有时候她的主意其实真的挺不错的。所以，全家人固定一个时间，除了读书，开心地一起分享故事、玩游戏、吃下午茶，做一些无意义、消磨时间的事情，也是非常好的。

共同的家庭文化除了能增加一个家庭的凝聚力，更重要的是文化自己会生长，对孩子产生的影响也是长久的。在他们未来遇到挫折时，家庭文化会作为一种精神力量支撑他们渡过难关。

不过，要注意的是，不是所有家庭都适合开家庭会议，有一些有老人的家庭，他们可能不是很习惯这种方式。而且，一定要在开会之前让每个家庭成员都知道什么是家庭会议，开这次家庭会议的目的是什么、议题是什么、希望达成什么。让每个人都知道自己既能倾听别人的意见也能发表意见，他们的声音很重要，鼓励他们多发表自己的看法。然后，定个时间、让大家都在客厅集合，不能带电子设备（不能看手机），带好记录本，找好人专门记录（可以让大家轮流来），这样才能保证一次成功的家庭会议。

延伸阅读　语文、数学、英语和科学的启蒙和学习

小学阶段培养学习习惯和兴趣很重要，中学阶段培养能力很重要。 如果小学阶段建立了良好的习惯，培养了对于学科的兴趣，那么中学阶段的学习

就是顺理成章的事情。语文、数学和英语是打底的学科，必须学好。由于中学阶段课业难度增大，很多家长也几乎辅导不了孩子的学习了，所以，我这里就重点说说在小学阶段，家长在学习上能和孩子一起做的事情。

语文： 在高中有句话，叫作"得语文者得天下"，所以，语文的学习和积累很重要。有一天，我和一位资深的语文老师聊天，她提到："现在孩子阅读量太少了，写出来的文章内容感觉很空，阅读和作文都拿不了高分。语文要是从高中开始学，就太晚了，因为这不是一个靠技巧的学科，语文需要长期的积累。"

不过，我们学语文不仅仅是为了在考试中得高分。学语文不是识文断字，而是培养自己的理解：对题目的理解、对事情的理解、对人的理解。而且，语文是未来成为职业人的必要条件，不管你做哪个行业，都需要与人交流沟通，都需要文书写作，语文对于孩子成长为一个成熟的职业人非常重要。不过，这些都是作为"工具人"的语文，而"无用之用方为大用"，语文很大的一个目的是"怡情"，就是我们要做一个有趣味的人，通过阅读让自己颐养性情。

阅读多早都不嫌早，在很小的时候，家长就可以和孩子一起读绘本，大一点了可以用手指读、一起读文字稍微多一点的绘本或者桥梁书，让孩子在读书的过程中慢慢认字、慢慢对阅读产生兴趣，逐渐地他就可以自主阅读了。不要限制孩子的读书种类，不一定非要读经典原著（事实上，经典原著孩子不一定能读进去），孩子想读什么就读什么，只要去读就是好的，产生兴趣是最重要的。拼音只是一种工具，很多人觉得在孩子上小学前要先把拼音学会，在我看起来是很没有必要的。我女儿除了喜欢读米小圈，最喜欢的另外一套书就是奥特曼，而且每本分册都反复读了很多次，对里面的人物、故事情节都能倒背如流，我觉得没什么不好。珍惜和孩子在一起读书的时间，小学 6 年的时光加在一起也就 2190 天，在阅读中度过亲子时光是很值得做的事情。

另外，在小学阶段语文还有一件需要重视的事情就是古诗、古文的背诵。古人说，熟读唐诗三百首，不会作诗也会吟，而现在新课标语文对于孩子的文言文要求也挺高的，所以有必要让孩子从小阅读古诗文，让他们建立对文言文的亲切感，体会古诗文的美好意境。我自己也会有意识地引导女儿去读小古文，如《幼学琼林》《增广贤文》等，我们一起读、一起背、一起翻译，和她一起去体会中国古人的哲学思想。

数学：很多人一提起数学就头疼。学习数学不是为了让我们去学一堆复杂的计算，而是训练逻辑思维能力、培养解决实际问题的能力。其实，数学是一门很有趣也实用的学科，我们不喜欢学数学，不完全是我们自己的问题，更多的是整个教学方法和测评体系的问题。国外的数学不是一门课，而分为几何、代数等 10 种不同种类的课程，每种课程又分为不同的难度。入门的课程很简单，一般人都能学懂，如果不想深入学习就可以去学习历史、文学等课程，但通过入门课程至少建立了一定的数学思维。但是我们的数学对所有人都是一样的难度，不适合学数学的会对数学产生畏难情绪，永远无法体会到数学思维的乐趣。所以，学习数学，关键不是要解决多少难题，而是把数学放在相应的知识体系中，放在数学发展历史的相应位置中，去体会数学解决实际问题的快乐，去体会数学作为思维体操的乐趣。

启蒙阶段，可以和孩子一起读一些数学相关的绘本，我推荐"汉生数学图画书"系列、"数学帮帮忙"系列等。我认为，学好数学可以分拆成三步：一是能精确地把现实世界的问题转化为用自然语言描述的问题（这考察的是语文的功底）；二是把自然语言的问题转化为数学逻辑，就是用"数学语言"把题目翻译过来；三是找好工具，看一下哪种工具能够解决这样的数学问题。拿一道小学一年级的题目做例子：公交车上原来有 32 个人，车到站后下去了 8 个人，又上来了 13 个人，现在车上有多少人？这个应用题目已经把现实问题转化为了自然语言的问题，孩子需要把自然语言问题翻译过来，列出式子（32-8+13），然后用加减法的工具把这个式子算对。数学学习的关键不在于刷了多少题，而是能理解题目的含义并知道用什么工具去解决这个问题。

所以，数学本身难就难在能否把具体问题抽象化、形成数学模型，以及是否能够熟练运用工具。我们很多孩子不能举一反三，本质上就是只懂得具体问题具体解决，遇到新的问题还是没法解决，因为不会转化为数学语言，无法把不同题目背后的本质抽提出来形成数学模型。而且，有些题目孩子觉得难是因为工具还没有学到。比如，鸡兔同笼问题，小学生觉得很难，但是上中学后利用方程就很容易做了。而中学觉得很难的一些问题，当学完微积分之后，这些难题也根本不是问题了。所以，学好数学，工具很关键。

英语：学语言，没什么厉害的窍门，坚持是关键。启蒙阶段，重在"习得"，就是通过听歌曲、看动画等方式在不经意间输入。稍微大一点，可以向

"学得"转化，就是有目的的学习了。可以从儿童英语绘本阅读开始启蒙，绘本最好选择分级阅读的绘本进行层层进阶（如 RAZ、牛津树、红火箭等），而且最初一定要用听读的方式进行，这样既能有听力的输入，还能让孩子完成从听说到读写的过渡。

选好适当难度的分级绘本很关键，**阅读的过程中我们要善于用好自己的5 个手指头。**伸出 5 个手指头放在绘本上，如果发现单词全都认识，那么绘本太简单，要换；如果发现单词全都不认识，那么绘本太难，要换；如果发现有 2～3 个单词不认识，那么绘本难度适中，可以继续读下去。

读完绘本后，最好和孩子用英文一起讨论一下这个绘本。还是 5 个手指头伸出来，从大拇指到小拇指分别代表了故事的 5 个要素：人物、背景、问题、情节和结果，让孩子用自己的话复述一遍这个故事，这样孩子英语提高会很快。做这件事的时候不要显得太刻意，像要完成任务一样，否则孩子会有畏惧心理。我们可以模拟和孩子一起做游戏的过程，我女儿相当喜欢这个环节，她每天都很期待我和她一起读绘本，因为她觉得我在陪她玩。尽管她说得磕磕巴巴，语法全都不对，说话基本上是一个单词一个单词地往外蹦，但我仍旧鼓励她不断地说。慢慢地，她讲起英语来感觉越来越有自信了。

当把英文阅读习惯建立起来之后，小学阶段就进入全面的听说读写环节。非英语母语学习者学英语，说和写都是比较难的，其实这也是正确的，多听多读才能带动多说多写，具体培养英语的方法有很多教程，我就不一一详述了。

科学：我不仅在人大附中的本部上课，我还在我们学校的国际部上课。有一个学生和我说，他是在国外读的小学（后来因为爸爸妈妈工作需要又回到国内读书），他们那会儿不像国内的小学生一样天天学奥数，而是像"神奇校车"系列书里面描写的一样，经常被老师带出去做各种活动，参观博物馆、科技馆、天文馆、动物园、植物园、医院等，接触了生活的不同方面，打开了他们的视野。而他就是从那时候产生了对科学的兴趣，并决定去学习科学相关的学科的。

所以，我觉得，小时候让孩子多接触一些科普类的知识，对于他们兴趣的挖掘是很有意义的。我推荐的书有"神奇校车"系列（这是一套我女儿反反复复读了很多遍的书），以及《十万个为什么》《从一到无穷大》等，推荐的动画片有《螺丝钉》（俄罗斯国宝级科普动画片）、《工作细胞》（了解生物学的日本动漫），纪录片有《门捷列夫很忙》《被数学选中的人》等。

　　除了以上这些，我还想提一点，**运动**。**怎么强调都不为过**。它能让孩子有一个好的身体底子，学习什么的本质上都没有孩子身体健康重要。而且，运动过程中能产生多巴胺、肾上腺素等激素，能够促进学习。很多家长希望孩子保护好视力，又是买护眼平板，又是做眼保健操，但其实最管用的就是每天去户外活动两个小时——这是《自然》上发表的研究成果，从进化上来说也很有道理，毕竟我们的祖先天天都在野外活动嘛。共同学习的同时，不要忘记带孩子多去户外进行体育活动哦！

第 4 章

好家长如何激发孩子的学习动力，
让孩子爱上学习

大家还记得第 1 章中我提到的调查问卷吗？家长在孩子学习中最头疼的事情莫过于孩子没有学习动力了。我教的大多数好学生中，本身都是有很强的学习动力的，你可以看到他们上课的时候眼中在放光，下课的时候总是第一时间抓住老师问不懂的问题，回家后肯定是第一时间写作业，并且是尽快写完作业，然后去做自己额外买来的教辅参考书。但如果孩子没有学习动力，我们作为家长，应该如何培养他们的学习动力呢？这些好学生的家长又是做对了什么，激发了孩子的学习动力，让孩子能够自觉且积极地投入学习中呢？

在本章中，我会把心理学、认知科学中关于"动机"的最近研究成果讲给你听，同时，融入我自己平时教学中的亲身实践的经验，从外部动机和内部动机两个方面进行拆解，说明如何激发孩子的学习动力（见图 4-1）。其中，外部驱动主要从大脑的伏隔核、睾酮、多巴胺和系统 1/

系统 2 的生理因素出发，聊一下通过哪些外部手段可以影响这些生理作用，从而激发孩子的学习动力。内部驱动则主要从家庭因素出发，给家长一些具体的操作建议，比如做 60 分父母，以及培养自驱力的脚手架模型。通过给予孩子好奇心、掌控感、胜任感、归属感和意义感来调动孩子学习的积极性，帮助孩子产生学习的自驱力。

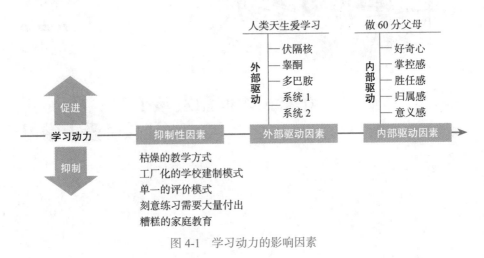

图 4-1　学习动力的影响因素

∴ 缺乏学习动力 vs. 天生的学习机器

我经常和学生聊天，聊到深处时他们总会和我探讨，感觉自己并没有学习动力。刚开学或者刚考完试会有那么几天动力十足，可是过一段时间，就又恢复了老样子，动力不足导致学习任务无法很好地完成，成绩上不去，这是怎么回事呢？

没有吃过苦是没有学习动力的原因吗

很多家长认为，孩子没有学习动力的原因是生活条件太优越了，根本不懂得吃苦。家长成长的那个年代，有的连饭都吃不饱，有的是从农村、小县城出来想要出人头地的，都有一种要靠自身改变命运的动力。可是现在的孩子，没有经历过艰苦的环境，什么都有了，却不懂得珍惜，不懂得幸福生活的不容易，认为自己不需要去奋斗，所以，学习没有动力。这些家长认为就应该让孩子去乡村体验一下生活，让他们吃些苦头。这种说法就是老百姓经常说的"吃得苦中苦，方为人上人"。

不可否认，学习是需要吃苦的，没有人能随随便便成功；没有经过不断地重复和刻意练习，不可能有所成就。所以，在我们大多数人的逻辑里，是这样认为的：学习需要吃苦，而孩子没有吃过苦，因此没有学习动力，所以孩子需要锻炼吃苦的品质，就会有学习动力。

可事实真的是这样吗？我们的确看到很多人经历了苦难而有所成就，所以把成功归因于苦难，但从逻辑上讲，这犯了归因谬误（事实上，在日常生活中，在我们培养孩子的过程中，有太多的归因谬误了）。我们可以仔细想想，"苦难"和"成功"真的是因果关系吗？我觉得，成功的人不是因为苦难而成长，而是尽管有苦难的磨砺，仍然能乐观自信地走出苦难，而如果没有苦难，他们的成就说不定会更大。而经历苦难却没有成功的人才是大多数，只不过我们看不到。我们习惯了苦难后成功的叙事模式，认为这样才是成功的正确方式，但这是一种"幸存者偏差"，是一种错误的归因。

事实上，有研究认为，**无忧无虑对孩子来说才是美好生活的内在要求**，世界已经如此艰难，我们为什么不能让孩子有一个无忧无虑的童年，为什么不能让自己和孩子都过得快乐一点？退一万步讲，即使让他们去体验了苦的生活又怎么样呢？孩子们很明白，"体验的"终究不是自己的生活，他们还是要回到父母身边。因为没吃过苦，所以没有学习动力，我觉得这个说法不成立。那么，没有学习动力的真正原因是什么呢？

我也没有所谓正确的答案，但我们可以从很多方面找原因：比如，死板枯燥的教学方式、工厂模式的学习方式，扼杀了孩子的好奇心和对学习的兴趣。比如，标准化成绩的评价方式，使得所有学生按照成绩排名，必然有人第一、有人倒数第一，必然有个三六九等。而"好学生"一定是班里的少数，也就是说受老师关注的只有学习成绩占前几名的学生，大量的学生是无法通过学习获得成就感的，他们得不到正反馈。再比如，学习需要刻意练习，刻意练习要求学生不断地做重复训练，挑战具有难度的事情，所以这是一件需要付出辛苦的事情。

已经有这么多外在原因导致孩子缺乏学习动力了，然而我们会发现，很多家长在培养孩子学习动力方面，也起到了推波助澜的负面作用。糟糕的家庭教育只会让孩子不爱学习，如果家长动不动就责骂孩子，还会让孩子从情绪上产生对学习的憎恨。

总之，导致孩子不爱学习的原因太多了：枯燥的教学方式，工厂化的学校建制模式，单一的评价模式，刻意练习的大量付出，糟糕的家庭教育……

学习困难门诊：家长有病，孩子吃药

我听说多家医院开设了"学习困难"门诊，而且门诊的号非常难挂，经常是一号难求。根据北京大学公共卫生学院胡真等人在其论文《北京市自我报告学习困难初中生心理健康状况》中的定义，学习困难是指一种或多种基本心理过程障碍，包括语言使用、说话、书写等，使人在听、读、写或数学计算等活动中表现出不完整的能力。学习困难是一个复杂的问题，国内外研究都还没有明确其诱发原因，有的是神经系统发育有问题，有的是智力结构出现偏差，还有的则受到教育环境或者情绪问题等的影响。

这个门诊的开设还真是让我大开眼界，很多家长不远万里，跑到医院去找医生，希望医生能帮着看看孩子学习不好到底是什么原因。当然，从生物学的角度，我承认，一些孩子确实会有精神发育迟缓、孤独症谱系障碍等病症，需要通过药物、专业的康复治疗方法予以干预，这些我认为应该是个别现象，然而，有这么多人去看学习困难门诊，还是让我感到非常意外。

和一些医生聊天，他们也没有想到教育的问题似乎真的能靠医生解决。一些孩子，只想待在家里，不愿意去上学，一上学就有各种症状。家长觉得情况很严重，把孩子送到医院去住院，但一到医院后，孩子的表现就都很正常。然后，一回家又犯病。有位医生偷偷和我说："你说这真的是孩子的问题吗？家长在家高压管控，对孩子不停地训斥，安排了大量的学习任务和负担，没有运动和玩耍的户外时间……家长不应该反思吗？"他接着说："真是家长有病，孩子吃药。"

学习到底是为了什么

在一次 200 多人的讲座中，我在现场做过一次调查，让每个学生站起来回答他为什么要学习。我把学生的答案分成了两大类型，一类说学习是为了取得好成绩的，另一类说学习是为了增长知识的。

第一类，为了取得好成绩的，我继续追问了"为什么想要取得好成绩"。学生的答案又可以分为四类：一是，想要考上好大学，找到好工作，将来能有自由做自己的事情；二是，符合最近自媒体上很火的"我爱学习，学习使我妈快乐"，学习好能让家长有面子；三是，想赢，想要超过别人，证明自己；四是，希望老师喜欢，希望被别人肯定。其中，"为了上个好大学，将来赚钱能有选择的自由"的答案占了近 80%。

第二类，为了增长知识的，我也继续追问了"为什么要增长知识"。学生的答案有：为了长大不上当受骗，不被收割"智商税"；为了掌握解决问题的工具；为了形成多元思维模型；以及，知识本身就很美，学习知识就很开心——最后这个回答，在我调查的 200 多个学生中只有 1 个学生这么提到，但我仍旧很欣慰。

学习到底是为了什么？我们很多人非常务实，把"选择的自由"进行了扩展演绎：学习是为了你将来点餐的时候，可以不看价格；是为了你累的时候，可以打车回家；是为了你外出住酒店的时候，可以住自己喜欢的酒店；是为了你可以做自己喜欢的职业，而不用被迫谋生……有钱能解决一切问题，这与古人说到的"书中自有千钟粟，书中自有颜如玉，书中自有黄金屋"都是一个道理，强调学习的实用价值。

我还想问，假如兜里真的很有钱了，足够随心所欲、自由自在地支配自己的生活，但是什么能让自己在晚上一个人回到家后，感觉内心不孤独寂寞？是什么能让自己感觉到内心丰盈？是什么能让自己有一种发自内心的喜悦和幸福？我想，这要靠我们对安静和独处的享受能力、对美的欣赏能力、对自我和人性的洞察能力……而这些，都要靠学习，它可能不会带来什么实用价值，但我们实实在在地需要。

学习能让我们感到内心丰盈。学习本身就是一件快乐的事情，学习也是为了快乐并获得一点新知，它满足我们的好奇心和求知欲，那种一拍脑门的"啊哈"瞬间不是很美妙吗？它让我们对这个世界有了更深的理解。我的学生清泓，是一个非常优秀的女孩，她曾被邀请去全球院士论坛暨青少年科研论坛做演讲嘉宾。有一天，清泓给我发了一段她的日记：

> "我们都在庸碌的生活中变了形。普高的学生每天因为作业成堆而无法停下来好好吃顿饭，国际部的学生每天放学更是拼命回家内卷，参加各种各样的课外活动和竞赛。现在还剩多少人，学习就是为了真正的知识呢？可是时间如此紧张，我们如果不把自己训练成一个刷题的机器，哪里又有出路呢？也许真的很无奈。
>
> 普高的一些选修课非常有意思，但是选的人很少，因为同学们觉得自己太忙太累，而且对于未来升学帮助不大。然而，我仍旧选择了气象学的选修课，它对于打物理竞赛的我来说，用处不大。但每个周四下午，我都会选择晚到家两个小时，只是为了那些'毫无用处'的知识。妈妈说，无用之用为大用，我喜欢这样

的课程，讲台上站着最开心的老师，讲的是最不功利的知识，吸
引着一群热爱气象学的孩子。"

可是，不同于清泓，每次当我说学习应该是一件快乐的事情时，有些
同学就不太同意。他们认为学习本来就是苦的，怎么可以谈快乐？我觉得
我们可以从问题的两个不同维度进行讨论，把"苦"拆成两个词，一个是
辛苦，另一个是痛苦。

学习辛苦吗？辛苦。学习是需要刻意练习的，刻意练习要求我们进
行大量的重复训练，而大家并不喜欢机械地重复，就像我们看小说、电
影、电视剧的时候最不喜欢重复的剧情一样。而且，刻意练习时需要不断
挑战自己，经常会犯错误和遭遇挫折，但还是要不停地重复直到真正学会
为止。所以，要想学习好，没有十足的、超越常人的付出是不可能的，这
当然是辛苦的。那么只有我们中国人学习辛苦吗？我看过一本书《美国最
好的中学是怎样的：惠尼中学成长纪实》，书中提到美国高中学生的日常
规律是：4 小时睡眠，4 杯拿铁咖啡，4.0 的 GPA 成绩（4.0 的 GPA 成绩
是最好的成绩）。无论是中国还是美国，要想成绩好，没有十足的付出是
不可能的。我也被学校外派，需要带学生去美国学校进行交流学习，当时
住在一个美国学生家里。他们家的孩子正好在申请学校，每天早上 6 点起
床，7 点出门上学，在学校学习一天，并在大概下午 4 点时放学。之后，
去做各种社区服务活动，6 点多到家吃完饭开始写作业，写各种文书和论
文，经常到深夜一两点还在写功课，他们的辛苦程度一定不比我们差。

学习痛苦吗？"痛苦"是一种大脑中的感受，如果学生认真学习并进
入心流状态的时候，他们其实会在学习中感觉到很"快乐"。心流状态我
想大多数人都体验过，它意味着当我们全身心投入一项活动时，时间仿佛
都消失了，同时会有高度的兴奋，反而会觉得学习是一件快乐无比的事
情，比如很多同学在打游戏的时候就会有这种感觉。其实，学习也是会让
我们产生这种感觉的，当一道题百思不得其解，但是通过苦思冥想突然得

到解题思路的时候就会产生"啊哈"的顿悟时刻。就像胡适先生说的,进一寸有一寸的欢喜。所以,我认为学习是一件只有苦但不痛的事儿,而这才是让学习真正发生的开始。

生物学研究:人类是天生的学习机器

虽然有那么多的外在因素(如上文提到的教学方式、学习方式、评价模式等)压抑了孩子的学习热情,但是,我想从生物学的角度告诉家长们,孩子们从本质上是很爱学习的,因为,人类就是天生的学习机器。

这就要讲一只非常著名的狗:巴甫洛夫的狗。通常狗只有看到食物才会分泌唾液,但是如果实验者会在给狗食物之前发出一个铃声,慢慢地,狗就知道铃声和食物之间存在关系,只要听到铃声,即使没有投喂任何食物,嘴里都会分泌唾液,不自觉地流口水。这个实验说明,狗狗能在无关的铃声刺激与食物之间建立联结,这就是学习的过程。

所以,学习是一种生物本能,学习的本质是建立联结,所有生物天生会学习,如哺乳动物学习捕猎、鸟类学习飞翔、小孩学习说话等,学习能帮助生物适应复杂多变的环境,帮助生物更好地生存。所以,可以毫不夸张地说,人类是天生的学习机器。

那么问题来了,既然孩子天生热爱学习,而外在大环境我们又没法改变太多,那么我们可以做什么,帮助孩子抵抗外界的拉力、提升学习的自驱力呢?我将在下面几个小节中,分享一些现代前沿科学对于提升动力的方法和工具,希望能够对家长有所帮助。

·:外部驱动:外界环境对本能的影响

所谓学习动力,在心理学上的专业术语被称为"动机"。动机,是指能够激发、维持、完成某项行动并将行动导向某一目标的过程。动机大概可以分成两类：外部动机和内部动机。

外部动机是指为了获得某种回报，或者为了躲避惩罚而开展的行动，比如为了比别人强而学习等。对于外部动机来说，行动是我们为了达成目的而采取的手段。

内部动机是指能从中使得自己感到快乐、有趣而自发开展的行动，比如阅读一本喜欢的书等。对于内部动机来说，行动本身就是目的。

在 20 世纪以来的近百年间，学术界普遍认为动机是以外部动机为中心形成的，不过，近年来，学者开始注意到了内部动机，并开展了一系列卓有成效的研究。所以，本书也会同时关注外部动机和内部动机，并按照先讲外部动机再讲内部动机的顺序进行。

多巴胺和奖赏机制：让学习成为最大的奖励

成绩优异带来了外界的认可，而外界的认可又进一步让孩子努力学习，转化为前进的动力，使他们获得更加优异的成绩，这就是外部激励的正反馈模型（见图 4-2）。我的很多学生就是在正反馈的不断作用下，变得越来越优秀的。

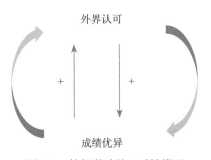

图 4-2　外部激励的正反馈模型

我的学生小夏，从小一直练武术，是一个武术特长生。她获奖无数，参加国内和国际比赛，通常都能拿一等奖或者冠军，最后通过高水平艺术团招生方式进入中国人民大学。她就是一个被"正反馈"的孩子，在每个点上想赢，并得到了外界的认可，形成一个个小小的正反馈。这让她越来越有自信，越来越相信自己就是那个全国最棒的武术运动员。

相反，还有一些学生，因为学校强手如林，他们觉得自己怎么努力都无法取得进步，努力白费的感觉会让他们形成一种"习得性无助"，从而放弃了努力。这也是我在做老师的过程中，为什么要一直想出各种理由"花式表扬"成绩不好的学生的原因——他们才是最需要被关心的，他们才是最需要被鼓励的。

正反馈形成的生理基础是多巴胺。多巴胺是我们体内的一种信号分子，它能让我们产生快乐的感觉，比如吃了好吃的食物会开心、被老师表扬了会开心、得到好的成绩也会开心。正反馈的本质就是多巴胺的奖赏机制，不断产生的多巴胺连续刺激下一个神经元受体，使得人体产生一系列强烈而短暂的刺激峰值，使大脑奖赏系统发生欣悦冲动。这的确是一件好事，外界的奖赏是我们前进的动力。

但这只是多巴胺作用的一半，还有另外一半。一旦完成了获得的过程，多巴胺就不再为我们提供兴奋感。多巴胺产生的这种快乐很短暂，我们会希望取得下一次胜利，不停地追求下一个荣誉，所以，**多巴胺的字典里没有"满足"这两个字**。不管现在的事物有多好，多巴胺总是会促使我们想要更多，让我们永远停不下来，永远都在不停地追求外在设定的奖赏。

然而，让孩子为了别人的认可，而不是由自己内心驱使去做事情，会破坏孩子的内驱力。因为这样一来，孩子一定会做大量的取悦家长、取悦老师的行为，孩子不会觉得学习本身有趣，他只是想得到一朵小红花，然后拿多少朵小红花去换某个礼物。

我自己就经历了这样的心路历程。我从小都是好学生，从小被表扬到大，但长大后，我发现不知道自己想要什么。之前所有的路都是别人告诉你怎么走，于是我就跟着走，并在这条路上做到最好，但是，在我需要自己判断哪条路才更适合的时候，我迷茫了，因为我从来没有想过这个问题。当我为了外界认可、别人给予的荣誉把一切都做好的时候，我却丧失了自我。所以，尽管外部激励管用，但终究有一天它会失灵。

奖励会导致适得其反的这一影响被称为"破坏效应"或者"德西效应"。美国心理学家爱德华·德西（Edward Deci）在1971年发表了一篇论文。他召集了 24 名参与者，分成 A 和 B 两个组，让他们完成一种立体拼图游戏。参与者先进行 30 分钟的拼图游戏，中间休息 8 分钟，然后再进行 30 分钟的拼图游戏。在可以休息的自由时间内，参与者可以选择继续拼图，也可以选择房间内其他杂志等用来打发时间的物品。

实验重复了 3 天。第 1 天，两组被告知一直拼图就行了，没有什么奖励。第 2 天，研究者告诉 A 组每完成 1 个拼图可以得到 1 美元，B 组则维持现状。第 3 天，取消了 A 组的报酬，两组像之前一样，都没有报酬了。德西通过观察参与者在自由时间内是否会继续拼图，来判断参与者玩拼图的动力。

那实验的结果是什么呢？ A 组参与者第 2 天知道了能获得报酬后，在自由时间内继续拼图的时间变长了，但是第 3 天报酬取消后，A 组继续拼图的时间反而比第 1 天还要短。这说明，参与者在尝到过奖励的甜头之后，一旦不能再获得报酬，动机的水平就会大打折扣，甚至还不如最开始的。由此可见，奖励可能会导致动机水平的下降（见图 4-3）。

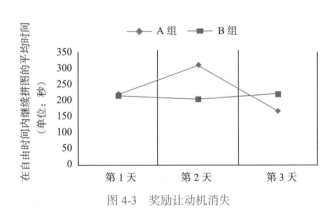

图 4-3　奖励让动机消失

此时不少家长和老师都困惑了，孩子做对了，难道不奖励他吗？对，最好不要，特别是不要物质的奖励。孩子表现好、学习成绩优异，这就是一件很开心的事，因为学得好本身就是最大的奖励，不需要额外再给予奖励。有的家长把管理学的平衡记分卡和 KPI 考核制度用到家里管理孩子，我觉得要不得，因为这本质上是控制孩子，所以，千万不要用物质奖励驱动孩子，**家长对孩子应该是建立影响力，而非赏罚力**。

但这不是完全否定外部激励的作用。有的人会在外部动机的驱使下尝试本来一辈子都不会去做的事情，并在接触后意外地对其产生了兴趣。还有的人为了获得回报而采取行动，在持续行动的过程中，逐渐发现有趣，并且找到意义，从而使得外部动机转化成了内部动机，这都是有可能发生的。

总结起来，"被外界认可的努力"当然没什么不对，而且，它也会让我们上进、取得好成绩，但是它不长久、不可持续。外部激励永远不能让人内心满足与安宁，而只有内心拥有强烈的渴望、对自己认同事物孜孜不倦地追求，这种对于自己所做事情的热爱才是真正的动力来源，才完成了终极的自我实现。

伏隔核和动力基础：如果不爱学习了怎么办？那就爱上学习吧！

多巴胺会被释放到大脑中一个叫伏隔核的地方。伏隔核的位置接近人脑中心，它的尺寸非常小，直径甚至不到 1 厘米。要想让伏隔核活跃起来，就必须给予其一定程度的刺激，否则伏隔核是运转不起来的。伏隔核的活跃，会让人感到兴奋和激动。

伏隔核是人体的"动力基础"，这里有两层含义：

第一，用"小刺激"带动"大兴奋"。当感觉自己不想学习的时候，就先强迫自己坐在桌子前面开始学习，哪怕写几个字也行。目的是给伏隔核一点小的刺激，让它逐渐兴奋起来，这样我们的学习动力装置就像一个个彼此连接的齿轮，逐渐地被带动了起来，之后就能越来越集中精力学习了。

第二，用"预期"激发"热爱"。对赌博者的神经学研究发现，他们在拿到酬金的那一刻，伏隔核并没有明显的活跃；相比之下，在他们期待获得酬金时，伏隔核要活跃得多。也就是说，在还没得到一件你渴望的东西时，你的感受是最为兴奋的，但得到之后反而没有那么兴奋，这意味着"预期"比"获得"更能让人产生兴奋。

日本的经营之神稻盛和夫被问过一个问题：请问，如果我不爱我的工作了，我该怎么办？稻盛和夫的答案是：那么，就请你去热爱自己的工作。问问题的人觉得稻盛和夫没有听明白他的问题，就又问了一遍，稻盛和夫却回答说：小伙子，是你没有听懂我的答案。

在稻盛和夫看来，一个人从一开始就干自己喜欢的工作，这是一个极小概率事件。首先，很多人根本不知道什么是自己感兴趣的工作；其次，就算你应聘上了心心念念的公司和岗位，你很可能发现，这份工作的实际内容和自己想象的出入很大；第三，任何工作都包含重复的部分，感兴趣的工作在最初的新鲜劲儿过去之后，也可能变得枯燥乏味。

怎么办？稻盛和夫说，这事儿得倒过来想："因为热爱而沉迷"，可遇不可求，但是，"因为沉迷而热爱"，一定会发生。不管喜不喜欢，先投入进去再说。一心一意埋头苦干，自然就会做出成果；有了成果，自然就会更有动力和信心投入工作，从而形成一个正反馈循环，这样就会"沉迷学习，无法自拔"了。

睾酮和好胜心：找好对标，超越自我

好胜心也是让孩子能不断前进的动力之一。有些家长问，孩子没有好胜心，没有赢的欲望，怎么办？

我先从生理水平解释一下好胜心的原理：好胜心与人体的睾酮水平息息相关。睾酮能让人产生兴奋，产生竞争欲、好胜心。睾酮含量越高，就越擅长竞争。

那怎么知道睾酮水平高不高呢？有一个简单的方法：看手相，如果无名指比食指长很多，那么他的好胜心会更强。我不是讲玄学，这是有科学

道理的：胎儿在母亲子宫里发育的过程中会受到雌激素和雄激素的共同影响，睾酮水平越高，人的无名指相对于食指就越长。睾酮，是男性为了争取社会地位而参与竞争的促进激素，其中，男性比女性更喜欢竞争，是由于男性体内的睾酮含量是女性的七倍。不过，这样绝对化的比较有一定的问题，女性中也有好胜心很强的，这是因为睾酮在不同性别中的阈值不同，女性不需要达到很高的睾酮水平就可以充满斗志、竞争欲强盛。

有些人可能天生就热爱竞争，适合站在舞台中央。那么，这就意味着其他人只能陪跑了吗？当然不是。其实很多情况下，生理因素只占40%～60%的作用，后天环境（如教育、文化等）也有很重要的作用。事实上，在现在的环境中，竞争已经够激烈了，很多好胜心并不那么强的孩子，也被迫不得不参与到竞争中去。

在我小的时候，我们县城中学会把每次考试的成绩和排名打印出来，家长会的时候公布给班里所有的家长，成绩好的同学名字还会被张榜公布。每次考试，我都会超级紧张，就怕自己的名字从榜单上掉下来，或者考了一个不好的成绩给家长丢脸。那时候压力真的是超级大！既然我们已经深受其苦，为什么还要让孩子也遭受这些呢？给他们创造一个充满爱意的环境吧，**家长的任务是给予爱**，而不是其他。

所以，不管生理因素怎么样（这一点改变不了），我们家长可以**给孩子营造一个比较宽松的环境**，让他们不用怀着竞争性的心态去面对。如果让孩子在充满竞争的焦虑环境下长大，他们内心很容易产生无力感、自卑感甚至心理失衡，从而削弱他们的内在力量。而且，长时间承受压力，会让自己在情绪上"沉淀毒素"，影响身体的健康发育。此外，孩子很容易产生攀比心态，喜欢计较可量化的外部得失，也会对他人产生不满意、嫉妒和敌视的心态，这样培养出来的孩子将来进入社会时很难与人合作。

在这种情况下，我们可以鼓励孩子，在班里找一个自己佩服的同学作为自己的 role model（学习的对象）。就像物理里面有参照系一样，让孩子知道去向谁看齐。注意，这里不是让孩子去跟谁"攀比"，而是与谁去

"对标"。这个心态要掌握好。带着对标的心态去学习，是让我们带着目标感去努力，从而增加我们学习的加速度，在比拼赶超中取得胜利。需要注意的另一点是，我们是"向竞争对手学习"，是抱着欣赏对手、向对手学习的心态，学习对手的长处，看到别人的闪光点。所以，对手应该是自己要感谢的人，因为他能激励你。千万不要陷入恶性嫉妒，这不仅会对自己的身心不利，还会损伤友情。而且，每个人的长处不同，和别人比没有意义，只有自己和自己比，今天的自己超越昨天的自己，这才是面对竞争时的正确姿态。

设置"role model"的实质就是设定目标，设定目标有利于孩子提升动力。但在现实生活中，家长会说，目标也设定了呀，孩子还是懒得行动，即使行动也是三天打鱼、两天晒网的，最后还是无疾而终，这有什么办法呢？

美国著名心理学家阿尔伯特·班杜拉（Albert Bandura）在 1981 年发表的论文中研究了目标设定方式对于任务完成度产生的影响。班杜拉找来了约 40 名不喜欢算数的 7 ～ 10 岁的孩子，分为 3 组，让他们在 7 天内写完 42 页的算数练习册。在布置任务的时候，第 1 组被告知"每天最少写6 页"，第 2 组被告知"7 天内要完成 42 页"，第 3 组被告知"能写多少写多少"，没有设定具体的目标。7 天后，班杜拉统计了各组的作业完成情况，发现第 1 组中有 74% 的孩子完成了作业，第 2 组完成度为 55%，而第 3组的完成度只有 53%。

这一结果表明，设定的目标越细、越具体，就越能激发学习动力，提高达成目标的概率。班杜拉把这种小而具体的目标称为"中心目标"，而与之相对的远大、模糊的目标称为边缘目标。从激发动力的角度来讲，中心目标比边缘目标更能激发人的动力，也就是说，我们在和孩子讨论目标的时候，不要只是设定"要上清华、北大"这样的目标，孩子触摸不到、感受不到，而要设定具体的任务，让孩子产生"我能完成""我能做到"的想法，这种感觉称为"自我效能感"，对激励孩子主动学习是十分有益的。

系统 1 和系统 2：习惯能成为了不起的动力

动机心理学在近些年来越来越重视习惯对动力的影响。大部分时间里，我们是意识不到动机的存在的，只是凭借习惯而采取行动。其实，想想这也是符合我们的常识的：在实际生活中，很多事情不是靠动机来推动的，而是靠日常生活中早已经形成的习惯的推动。

这种下意识的习惯，也是动机的一种。就是说，哪怕没有奖励和批评，也不存在要达成的目标，但只要最终能让人行动起来，就可以认为这是一种动机。心理学家把这种动机称为潜在动机。比如，我们早上起来刷牙、洗脸、吃早餐，这套动作已经变成程序融入我们的习惯。在每天的循环重复中，这些行动渐渐形成了一种自动化的反应模式，不再需要我们挨个决定才能开始。

这种潜在动机理论其实是源于丹尼尔·卡尼曼提出的"双重过程理论"。这一理论说的是，思维由两种不同的方式产生，分别是无意识的、快速而自动化的"系统 1"，以及有意识的、缜密且细致的"系统 2"。系统 1 代表直觉、印象和过往经验的总结，这种模式属于下意识的判断，经常会出错，而系统 2 的主要功能就是修正系统 1 的判断。

系统 1 对于我们是有好处的，因为人类处理信息是有一定限度的，如果日常生活中遇到的所有事情都是通过大脑做决策的，就会给人们造成过大的精神负担，过于劳心劳神。所以，为了减少思考带来的精力损耗，大脑就会把一些行为固定成习惯，让我们不用动机也能下意识地完成这些动作。也就是说，通过系统 1 让重复、简单的动作形成微习惯，也是激发动机的一种重要方式。

那么，我们要如何帮助孩子形成习惯呢？我认为，可以从时间管理开始做起。让孩子了解自己的时间分配，学会合理分配任务，并且把任务匹配到自己的时间表中，在反复的执行中，他们就能逐渐积累微习惯。但要注意一点，时间管理一定是孩子自己（或在家长的帮助下）完成的，而不是家长布置给孩子的。下面介绍下我教给学生制订日程表的方法。

　　第一步，让孩子了解自己的时间分配。这是制订日程表的前提。圆饼图具有让数据可视化的特点，用于展示整体中各个部分的比例，一个完整的圆饼代表一天的时间，每一小格代表一个小时，此时我们就可以借助这一工具来帮助孩子了解自己每天花在学习、吃饭等各项活动上的时间（见图 4-4）。然后，鼓励孩子思考并列出他们通常会在一天中做的不同活动，比如上课、写作业、游戏、户外运动、阅读等。同时，让孩子估计每项活动所占用的时间，并将其填在圆饼图中。接着，与孩子一起观察圆饼图，讨论不同活动的占比。我们可以这样问孩子："哪些活动占据了更多的时间？是否有哪一项活动需要增加或减少时间？"最后，根据讨论的结果，与孩子一起制订调整计划，以更好地分配他们的时间，鼓励他们优先处理重要的任务，以平衡学习、休息和娱乐等。

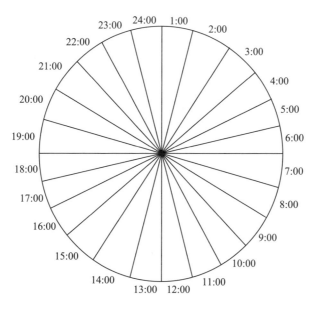

图 4-4　了解自己的时间分配

　　第二步，分解学习目标，列出每日任务清单，并估计完成每项任务所需要的时间。根据自己的学习目标，列出每天必须完成的事情，并根据任务量、任务的复杂性、个人的学习速度，估计完成这些事情分别需要的时间，如 30 分钟、1 小时或更长。完成任务后，将实际用时记录下来，并与估计时间进行比较。在这个过程中，我们还需要根据实际情况进行调整，逐渐提高估计任务完成时间的准确度。下面是我一位学生制订的某个周六的学习任务清单（见表 4-1）。

表 4-1   周六学习任务清单

学科	任务	时间
语文	背诵文言文	30 分钟
	练习并修改一篇作文	1.5 小时
数学	复习本周功课，完成作业	1 小时
	做一套当前所学单元的复习卷	1.5 小时
英语	背单词	30 分钟
	完成课内英语作业	30 分钟
物理	复习本周功课，完成作业	1 小时
化学	复习本周功课，完成作业	1 小时
生物	复习本周功课，完成作业	30 分钟

注意，设定的学习总时间与任务清单中的时长要匹配起来。比如上面提到的这位学生，他将周六的学习时间设定为 8 个小时，那么就要对照一下圆饼图，他用来学习的时间是否真的满足 8 个小时？如果没有，那该怎么办呢？这时，我们就需要协助孩子重新审视自己的时间分配和任务安排。是不是时间分配不够合理，是否要把一些学习任务放在周日？是不是某些学科不需要花费那么长时间？或者，孩子给自己安排的任务会不会太多了？通过这样的动态调整，帮助孩子把任务和时间匹配起来。

第三步，将具体任务填入日程表中。根据孩子的时间表和任务的优先级，将任务分配到适当的时间段中。尽量合理安排时间，并留出适量的休息时间。填入每项任务时，要注意调配各个学科之间的时间，最好在精力最旺盛的时间段内去攻克感觉比较难的事情，比如早上 9 点左右是学习的黄金期，这时候最好先学习数学。注意日程表不要排太满，要留出思考、总结、反思、改错等的时间。通过将具体任务填入日程表中，孩子可以更好地学习和管理时间，从而提高效率、减少拖延，确保学习任务的完成。另外，灵活性也是关键，我们应该随着实际情况进行及时调整，并不断改进时间管理技巧。下面是我另一位学生制订的日程表，供大家参考（见表 4-2）。

表 4-2　日程表

时间段	任务
6:30～7:00	起床、刷牙洗脸、吃饭
7:00～7:30	背单词
7:30～8:30	复习数学，完成数学作业
8:30～9:00	休息，吃水果
9:00～10:00	复习物理，完成物理作业
10:00～11:30	写作文
11:30～13:00	吃午饭，午休
13:00～13:30	背诵文言文
13:30～14:00	复习生物，完成生物作业
14:00～15:00	完成化学作业
15:00～15:30	完成课内英语作业
15:30～17:00	休息，打篮球
17:00～18:00	吃饭
18:00～19:30	做一套数学题
19:30～20:00	自判数学题，订正，写改错本
20:00～21:00	当天任务总结，查漏补缺
21:00～22:00	刷牙洗澡，看书，睡觉

　　第四步，执行日程表，进行动态调整。列出日程表，就要去执行。推荐使用 GTD（搞定）法、番茄工作法、要事第一法等时间管理方法，帮助孩子推进执行。日程表一定要经常查看，做完就画一个对勾，以确保每天的任务没有遗忘或者偏离目标。当发现制订的日程表在执行的时候遇到问题，或者发现有些任务安排的时间段不太合适，比如运动的时间不够、学习持续的时间太长会累、语文和数学学习的时间要对换一下……我们就要和孩子一起做出动态的调整，形成一个"计划 - 执行 - 检查 - 改进 - 再计

划"的循环，以更匹配孩子的学习节奏、学习进度和作息规划。

　　注意在安排日程的时候，一定要把休息的时间安排出来。因为保持动力是需要消耗意志力的，与过度运动会导致肌肉疲劳一样，过度使用意志力也会导致精神上的疲劳，心理学家罗伊 · 鲍迈斯特证实了这种"自我损耗"状态的存在。所以，家长和孩子一起安排学习任务的时候，切忌安排太满，否则会损伤孩子的动力系统。这个世界上不可能有人永远充满动力，让孩子去玩耍，不一定比整天学习的效果差。

·: 做 60 分父母，激发孩子的内在动力

　　60 分的父母，既不像 100 分父母那样，以孩子为中心，时刻回应孩子所有的需求，像"直升机"一样高管控，剥夺孩子的自主权；也不像 0 分父母那样，以自我为中心，过度忽略孩子的需求和感受；他们是足够好的父母（见图 4-5）。60 分父母，会在孩子需要时及时出现，同时又能适当放手给孩子足够的空间，让孩子拥有掌控权，为自己的人生负责。

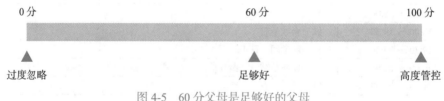

图 4-5　60 分父母是足够好的父母

从温尼科特到自我决定论：足够好就可以了

　　英国精神分析学家温尼科特有个著名理论："做妈妈，足够好就行了。"这一观点后来被我国心理学家曾奇峰巧妙地译为"60 分妈妈"。除了精神分析学派，还有很多其他理论也是支持父母不要管控太多的。遗传学派认为，人的智力是由基因决定的，从出生就决定了，父母在这个方面是无法

干预的，即使干预也改变不了太多。社会心理学派认为，家庭的影响没有那么重要，社会环境（特别是同辈的影响）才是最重要的，人生无常，不确定性那么多，家长是不可能掌控过来的。脑科学认为，人在放松状态下学习才是最好的状态，在父母的高压下孩子可能会不断地焦虑，学习效果也是可想而知的。个体心理学派的鼻祖阿德勒提出要做到课题分离，父母要分清楚什么是"孩子的事情"、什么是"自己的事情"，父母要做的就是做好自己要做的事情，让孩子自己做主。

　　心理学界有一个理论叫作自我决定理论，是研究动机的著名心理学家德西和瑞安共同提出来的。他们通过大量的实验和数据发现，当人们做某件事情不是出于某个外部动机的时候，更有可能激发内心的力量，并达到满足和快乐。比如，两个同班同学去图书馆借书，自己选择阅读的同学读书的时候就会津津有味，而被布置任务的同学就会敷衍了事。**自我决定论认为，所有人都有三种基本心理需求：归属感、掌控感和胜任感**，如果这三种心理需求得到了满足，就能促进人们内在动机的形成（见图 4-6）。这三感与做"60 分父母"不谋而合，都强调父母要让孩子自己做主，从而最大限度地激发孩子的自驱力。

图 4-6　自我决定论：内在动机的形成机制

在竞争激烈的社会，做 60 分父母真的适用吗

　　在第 3 章的"打造学习型家庭"中我提到孩子的学习是需要父母共同参与的，但这里又说做 60 分父母就可以，这是不是前后矛盾了呢？当然不矛盾，**要参与，而不是管控，这是做 60 分父母的核心**。

　　有家长问我："做 60 分父母是不是只适用于人家那种自驱力特别强的

孩子？"他们隔壁邻居家的孩子就是一个典型的"自律报恩娃"：早上不用叫早，作业不用催，上了大学也不用家长管，自己就能努力上进，而自家的孩子却不是"同款娃"，他们要是放开了不管，就该完蛋了。有这个问题的家长就是把因果关系搞反了，所谓的"自律报恩娃"是个结果，而不是原因。不是因为孩子自律所以父母选择去做 60 分父母，而是因为父母先成了 60 分父母，孩子才变得自律。

还有家长问我："和老师，你说的做 60 分父母，在当今竞争激烈的社会中，真的适用吗？做 60 分父母的这个度该怎么去把握啊？管少了孩子任性不听话，什么事都听他的怎么能行；管多了孩子又没有积极性，完全没有自驱力。经常陷入'一管就死、一放就乱'的境地，这又该怎么办？"

这确实是好问题。不过，这个家长期待的是我能够给出一本详细的操作手册，量化好每一个陪伴操作细节，比如，"孩子一天学多长时间就是合适的""报几个课外班才可以""孩子语法就是学不会，我要教多少遍""这么简单的数学题目，孩子怎么就不理解"……面对这些问题，我是无法做到的，并且，我也不愿意回答这些细节性问题。因为，家长们其实是问错了问题。

当家长在问这些问题的时候，他对孩子的关注就一定是"最后的结果"：我们希望帮助孩子找一个好的老师、上一个好的课外班、去一个好的学校……本质上都是想帮孩子清除掉路上的障碍，考上好的学校。可是，如果你帮助他清除了所有的障碍，他就会理所当然认为这个世界都是一马平川，长大后遇到问题只会抱怨。

而且，家长这种处理方式本质上还是在管控，只不过稍微有些"自我觉察"，希望去调节管控的"度"。**我们只要这样一思考，其实就被自己的思维局限住了。**很多家长在面临具体问题的时候，都先给自己设定一个约束条件，那就是一定要给孩子最好的选择。要知道，这样的教育方式恰恰是非常低效的方法，最后培养出来的可能是一群没有能力、缺乏自主性的孩子。

　　我的一个学生小 Y，他的爸爸妈妈都是学医的，是北京三甲医院里主任级别的大医生。他们想让小 Y 学医，于是选了生物（我是他的任课老师），因为父母认为生物和医学之间有联系。可是，小 Y 显然并不喜欢生物和医学，他的生物成绩也不是拔尖的，最后，高考分数让他勉强进入了某个一本大学的医学院。但是，他上了大学根本学不进去，而且伴随着自我意识的觉醒，小 Y 决定退学重新高考，父母拧不过他，只好让他回来重新高考，最后小 Y 去学了历史。

　　我们来听听孩子内心的声音吧：你就是想为我好，这都是你想的，可你想过我心里要什么吗？家长所谓的"最好的选择"对于孩子来说未必是最好的选择。所以，**比起关注"最后的结果"，60 分父母更关注的是"当下的过程"，不是去替孩子做自己认为的好选择，而是和孩子一起讨论、帮孩子做出选择**。

　　我们不妨把"孩子一天学多长时间就是合适的""报几个课外班才可以"这样的问题换一种问法，"我应该如何与孩子一起制订学习计划"；把"孩子语法就是学不会，我要教多少遍"这样的问题换成"孩子学不会，是孩子没学明白，还是我没有教明白？是不是我教的方法有问题"；把"这么简单的数学题目，孩子怎么就不理解"这样的问题换成"这样难度的题目是不是不符合孩子现阶段的认知规律"。然后和孩子一起讨论，让孩子自己制订学习计划、让孩子自己决定报几个课外班、给孩子提供脚手架（脚手架的概念会在"内部驱动：自驱力培养的脚手架模型"一节详述），一步一步地帮助孩子去理解。家长一定要把自己的位置摆对了，要知道我们是孩子的顾问，而不是孩子的老板。

做 60 分父母不是不管教：课题分离，允许有效失败

　　有些家长就会很疑惑，这么小的孩子，把选择权交给他，他真的能做出选择吗？小的事情我们可以不管，但大的事情也让他们自己随便选吗？有些学校和家长不就是把学生管得死死的，一举一动都必须遵从严格

的规范，这样的教育方式不也培养了大量优秀的孩子，让很多孩子顺利考入了理想大学吗？

事实证明，通过这种方式培养出来的孩子学习成绩确实还不错，也成功上了理想大学。但是，这些孩子上了大学后普遍表现不好。就国外某些特许高中而言，有70%的孩子大学6年都无法毕业。因为他们不能适应没有严格管教的学习生活，缺少老师和家长的监督，他们就不知道该怎么学习了。

严格管教、严密监督，每次都告诉孩子什么是对、什么是错，这样培养出来的孩子的确容易取得早期的成功，但是，这些孩子往往缺乏自主性，他们不懂得自己去探索，无法适应复杂的大学生活，无法面对创造性的工作，无法处理社会中复杂的事务，进而很难取得未来的成功。所以，严加管教只是一种权宜之计，它虽然保证了短时间内的好成绩，却成了下一个成长周期中的障碍，这种路径依赖往往会反噬孩子未来的成功。因此，我始终提倡"做60分父母"。

做60分父母不是不管教，更不是放任自流，而是提供支持（见图4-7）。比如，在0～3岁的时候要帮助孩子实现生理上的独立，6～12岁的时候要帮助孩子建立学习习惯，掌握高效的学习方法，12～18岁的时候则要做好后勤服务工作，在整个过程中，逐渐放手，给孩子更多选择的机会和空间。

管孩子很难，不管孩子更难。让孩子自己做主，不是放弃对孩子的任何干预。在教会孩子如何自主选择前，我们需要做好三件事：

第一，排除掉孩子完全没有能力做的事情。比如，孩子在婴幼儿期逻辑思维能力完全没有发展起来，但是很多家长就会让孩子提前学小学的四则运算，这就超出了孩子的认知能力。再比如，家庭的理财规划，孩子在童年期对钱是没有什么概念的，这个时候不需要孩子参与到家庭的理财规划中来，等孩子大些了，我们再和他一起讨论财富的概念。对于孩子还没有准备好的事情，如果非要他做，只会徒增他的压力。

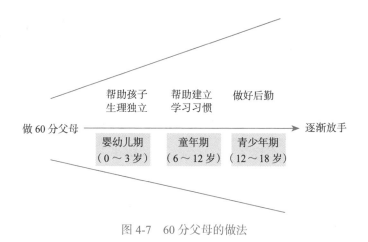

图 4-7　60 分父母的做法

　　第二，在孩子有能力做决定的事情上，一定要让他自己做决定，家长千万不要指手画脚。那么，哪些事情是"有能力做决定的事情"呢？这个判断的标准我设定为：孩子的决定虽然不是家长认为最好的，但是也没有那么离谱的事情；或者可以放手让孩子去做一些后果不是很严重的事情。比如，孩子要不要去参加一个小朋友的生日聚会，聚会买什么礼物，这些都由他说了算。把这样的事情交给孩子做决定，他会觉得自己是有掌控感的。

　　第三，和孩子沟通，让他尝试，让他理解并承担自己选择的结果。不用所有的事都按照父母的想法来办，孩子过的是他的人生，他要为自己的选择负责，父母的责任是给他讲清楚：你有什么样的选择，这些选择会带来什么样的结果。不用威胁，不用夸大，给孩子决策的权利。**家长一定要忍住，不要帮孩子处理本来应该由他自己承担的后果，允许"有效失败"**。只有这样，他才能得到真实世界的反馈，下次遇到类似的问题时才会有切身的体会。而家长也不用太担心结果过分离谱，因为第一点我们已经把孩子无法承担的后果排除在外了。比如，我女儿小时候冬天不爱穿外衣，嫌自己穿太多了影响运动。我们和她说，如果冬天不穿外衣，出门会冷，这样会感冒，感冒生病会难受、不舒服。但是在孩子太小的时候，讲道理根本没什么用，她仍旧坚持不穿大衣。所以我们就尊重她的选择，同意她不穿大衣，想着大不了感冒一场，对免疫力提升也是有好处的。但如我们和她说的那样，她一出门就感觉非常冷，回来自己主动要求穿上外衣了。

有家长说："那好吧，吃喝拉撒我不管，学习总不能不管吧。如果孩子告诉你说，我就是不想学习，那怎么办，我也不管吗？"岸见一郎在另一本书《不管教的勇气》里提到，学习是孩子的课题，对于作为孩子课题的学习，父母最好不要横加干涉。学习应该认真，但不必过于沉重，不要每次回来都问孩子考了多少分，不要只是重视考试成绩，这样，孩子会很难体会到求知的喜悦。

家长又说："这哪里行？孩子不懂事，你就任他胡来吗？孩子慢慢滑向深渊，你就看着他一步一步滑落吗？将来考不上大学怎么办？"我有一个不成熟的观察，大部分孩子滑一段时间就起来了，但是家长如果使劲拽，孩子可能拧着来，反而滑落得更快。《家庭的觉醒》中有一句话是这样说的：希望你有幸有一个这样的孩子——他与你对着干，从而你可以学习如何放手。

我翻译的一本书《准备》，里面提到了萨米特高中，他们学校实行的是自主学习方法，也就是说让孩子们根据自己的学习进度，通过看视频的方式自动调节学习速度。很多学生能自主完成任务，但是有一个叫作威尔的孩子却很特别，吸引了校长的目光。

　　"刚来萨米特的前三周，他在自主学习环节没有做任何事。对，说白了就是什么都没干。他倒也并不会干扰大家，只是安静地坐在那儿，开着电脑，调出学习计划表。一旦有人走过，他就会假装在阅读，或者把手放在键盘上装作在打字。和导师会面的时候，他也会制订自己的目标，但即便大家都在帮助他，他还是一点进展都没有，一个目标都没能完成。我对威尔很好奇，我开始坐在他的班级里观察他。一次自主学习期间, 他发现了我。显然我不是一名称职的'间谍'。他似乎是在琢磨着什么事情。他知道我是'管事儿的', 觉得我或许能够帮助他。萨米特和他此前上过的所有学校都不一样, 他并没有明确的学习计划, 也没有老师告诉他下一步要做什么。他坦白地告诉我, 正因为如此, 他才毫无进展。他不知道自己到底该怎么做。这一刻对我来说非常重要。我看着这个孩子跌跌撞撞, 试图搞清楚自己的困惑, 这一过程就像佛教中的'顿悟'。威尔发现, 他不能再置身事外, 必须要参与到课堂中来。而接下来发生的事情也并非什么魔法时刻, 比如突然间威尔开始努力学习然后在短短几个月之内成为一名出类拔萃的学生。接下来的几年里所有人都为他付出了大量的努力。幸运的是, 这是一个关键的突破, 让努力变成可能。"

在这本书的描写里, 很多人都质疑这个校长的做法: "你就这么让他自己在那儿坐了三周, 一无所成?"作为萨米特校长, 作者给出的坚定回答是: 他仅仅用了三个星期就察觉到了自主性的作用, 这三个星期的时间对于他今后的终身学习完全是值得的。在他离开学校, 挣扎于"现实世界"之前, 我们还有机会在高中期间做点不一样的事。这怎么能说是在浪费时间呢? 如果一定要说浪费, 他已经浪费了太多的时间在现行教育体制内随波逐流。

说得多好! 阿德勒说: 世界上没有问题儿童, 只有缺少正确引导的"生活失败者"。我们大多数人都害怕失败, 害怕自己的失败, 害怕孩子的失败, 但或许我们可以尝试的是, 让孩子从失败中学习, 允许有效失败, 让他自己说了算。

我承认, 家长要做到这些真的不容易, 怎么拿捏尺度对家长提出了很高的要求。当孩子做不出那么好的决定的时候还要袖手旁观, 家长不着急、不焦虑是假的, 所以, 这时候也是家长自我成长的时机, 我们要管理好自己的情绪，默默地站在孩子的背后，无条件地支持他。我自己也是一名在不断修炼的家长，要想做到不疾不徐、不骄不躁，从容地把孩子带到人生的下一站，**我们不仅要教育孩子，还要自我教育，这是为人父母的一次再成长**。每次我焦虑不安的时候，我都会默念一句话：

孩子凭借你而来，却不属于你；父母给了孩子生命，却不能替代他过一生。

延伸阅读　如何管理孩子玩手机和电子游戏的问题

手机问题可谓是亲子关系的第一"杀器"，我的很多学生因为手机等电子产品的使用问题与家长闹得很不愉快。家长经常来救助我："和老师，我们在家根本管不住孩子的手机，请您和孩子们说一下，立点规矩，减少他们在家使用手机的时间。"可是，手机的使用问题真的需要班主任来立规矩吗？班主任应该把自己的权威延伸到家庭的管理中吗？家长可以做些什么呢？

电子产品的设定就是让人上瘾。电子产品从设计上，就会让你迅速进入"心流状态"，身体开始分泌"多巴胺"，从而刺激我们产生强烈的快感，这本质上与毒品、酒精、性、锻炼等是相同的。所以，电子产品的设定就是让人上瘾，人们生来就希望寻找能刺激多巴胺分泌的事物，而对抗人性就是一件特别难的事情，仅仅抵抗诱惑，就需要消耗掉我们许多的意志力了。

电子产品没有好坏，宜疏不宜堵。在现在的信息社会里，让孩子和电子产品完全隔绝开来是不可能的，也是不现实的。一方面，孩子需要通过微信等方式聊天，是社交的一种方式；另一方面，孩子需要在线学习、查资料、上网课等，都需要电子产品作为载体。所以，电子产品本身是中性的，并没有好坏之分，只是在于我们的使用方式。我们要教会孩子正确且高效地去使用电子产品，如何过滤成千上万的没用的信息，如何筛选对自己有价值的信息，如何屏蔽不良的信息。

如果孩子真的上瘾了，那也宜疏不宜堵，家长可以用以下3种方案，对孩子进行正确的引导：

（1）督促孩子进行自我觉察的训练。如果开销有问题，不知道钱花在哪里了，就记账；同理，如果不知道时间用在哪里了，就拿出纸笔，记录下每天自己手机的使用时间，这是一种非常有效的方法。因为进入游戏的过程中，时间过得飞快，孩子是觉察不到时间的流逝的。如果我们和孩子一起，睡前写一写日记，回顾一下当天的日程，孩子会发现"天啊！我居然花了这么多时间在手机上，什么都没干成"，这会成为激发孩子改变的动力。我自己也会使用这种方法。每周末手机会告诉我这周的屏幕使用时间，然后我会对照着日程表回顾。我发现，让我开心的时候反而是那些远离手机的日子，要么陪孩子读书，要么出去登山，要么专心地完成了书稿的一部分内容。

（2）督促孩子进行自我效能感的训练：时间上控制，空间上远离。时间上，控制孩子玩游戏的时间，规定必须在完成作业后才能玩。空间上，和孩子约定，每天放学回家就把手机放到客厅，而孩子在书房学习，为自己创造一个"零诱惑"的环境。如果非要使用手机，可以固定一个时间，比如每天晚上写完作业后的8:30～9:00，集中回复同学的微信、处理学校的事情以及完成资料查阅的工作。一定要设定一段不能被任何事情打扰的时间，关掉手机的声音提醒。一开始可以是15分钟，可能孩子会发现15分钟内全神贯注也是很难的，但如果我们和孩子一起，坚持一段时间，一直尝试这样做，孩子会发现自己专注的时间越来越长，从15分钟，到30分钟、2小时，甚至能一直专注下去！这个时候，一定要及时给予孩子肯定："哇，你今天减少了30分钟的手机使用时间！你的自控力又提升了！"这样，孩子会逐渐产生自我效能感，越来越有自控力。

（3）督促孩子进行自我反应的训练，把注意力放在电子产品之外的事情上。为了手机的问题，我专门开过一次班会，让我的学生去思考怎么能做好自我管理。一个学生分享了自己的想法。他说，他觉得最好的解决方案就是在生活中玩更好玩的游戏。

多好的解决方案！家长可以陪孩子一起做他们喜欢的别的事情，比如爸爸陪儿子一起去打篮球、妈妈陪女儿一起画油画等，把他们的注意力从电子产品上转移走，沉浸在别的更美好的事物上。其实，作为孩子，特别是初高中生，在朋友那里得到的认同感是特别重要的，他们玩游戏的一个重要原因也是为了社交。

如果我们能在现实生活中满足他这个需求，孩子就不需要再到电子游戏里去寻找了。这样，孩子会发现生活中有着很多比电子产品更有意思、让他们开心的东西。这本质上还是通过别的刺激产生多巴胺，是一种替代性的解决方案，而这种方案能让他们多接触大自然，促进孩子大脑的发育，以及保护视力。但注意，这个变化没有那么快，家长需要不断地与孩子互动，不要期待一两天就发生变化。

要求孩子不看手机，自己先不要刷手机。很多家长教育孩子不让他们用手机的时候，总是颐指气使，自己却在刷抖音、看微博，还说孩子自控力不足。我觉得，家长在说孩子之前，自己要先做到不看手机。

可是很多家长说："这不行啊，我还需要用手机工作呢，领导和同事的微信消息要回复，网上有很多信息也需要关注。"孩子就不服气了："那我也要和同学联系呢，还要上网查资料呢，你凭什么不让我用手机。你用手机就是正当需求，为什么我用就不是了呢？"

所以，作为家长，要先管住自己，才有资格说孩子。我曾经尝试过，半天不看手机后发现，根本没什么大不了的事情，也没有多少紧急的事情要处理，更没有多少值得我们必须关注的信息，是我们自己被电子产品绑架了。不看手机、不去满足自己对新信息的渴望，反而去拥抱错失的乐趣，是需要勇气的。但一旦我们尝试去放下手机了，就会找回更持久的注意力和更平和的心态；放下手机，专注于此刻此地正在发生的事情，更好地与我们的孩子相处。

∴ 内部驱动：自驱力培养的脚手架模型

上一节着重讲了做 60 分父母能更好地激发孩子的自驱力，但是没有讲具体应该如何做。这一节就重点讲讲家长应该如何做。为了方便大家记忆，我设计了一个自驱力培养的脚手架模型，从下到上分别是：好奇心、掌控感、胜任感、归属感和意义感（见图 4-8）。

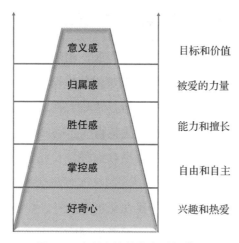

图 4-8　自驱力培养的脚手架模型

激发孩子好奇心，帮助孩子找到自己的兴趣

好奇心是自驱力的基础。从生理学上来讲，动物都有好奇心，都有离开舒适区去探索新信息、搜寻食物、寻觅伴侣。但是人类和动物不同，人类对抽象的知识也有好奇心，比如一个数学方程，比如宇宙是什么样子，比如细胞如何组成我们人体的……每学会一个新知识，我们都会获得极大的愉悦感。人类的好奇心让我们主动去探索未知，带领我们在短短几千年中创造了如此辉煌的文明，发展了如此先进的科技。

好奇心能引导孩子在学习中进入到心流状态，帮助他们找到学习的乐趣，发现自己的热爱，学习起来乐此不疲。如果把学习比喻成开一辆蒸汽火车，自驱力就相当于蒸汽机的动力装置，而好奇心则相当于蒸汽机的节流阀。好奇心的作用是保持发动机内部的压力，压力太小，节流阀收紧，增加压力；压力太大，节流阀放开，释放压力——这样可以保证有持续不断的动力，让火车匀速前进。所以，让孩子用自己的好奇心和求知欲去了解这个世界，这是激发自驱力的第一层。

给予孩子掌控感，让孩子拥有自由、自己做主

给孩子掌控感，满足孩子的自主需求，就是当孩子面对挑战时，为孩子提供更多的空间让他自己选择。比如，女儿一天晚上做完作业以后想看福尔摩斯，但是已经 9 点了，我们担心她睡太晚，第二天起不来。女儿和我们商量，是否可以看半个小时。我觉得偶尔晚睡半个小时也没什么大不了的，就同意了。半小时后，我都没有提醒，女儿自己就把平板电脑关上了，说时间到了，明天再看。

再比如，孩子都喜欢吃糖，我女儿也不例外，她很喜欢吃棒棒糖。于是，我们买了一整罐棒棒糖给她，但考虑到吃太多会坏牙齿，就和她商量是否可以每周拿一颗、不多吃，并且棒棒糖罐由她自己保管。她非常愉快地同意了，确实每周只拿一颗，多了也不去吃，完全没有辜负我们给她的尊重和信任。邻居带孩子来我们家玩，非常诧异一罐糖居然放在孩子唾手可及的地方，而没有束之高阁。其实，越禁止，反而越禁止不住，给孩子自由，他才会用主人翁的心态掌管好一切。

学生家长问得最多的问题就是："和老师，孩子到了初高中后，就和小时候不一样，没那么听话，我们在孩子学习上能做些什么？"我给出的答案都是：什么都不做就是给孩子最大的帮助。家长管好孩子吃饭睡觉，然后放心把孩子交给老师就行。其实，不仅是在初高中，从小学开始，家长就该学会逐渐放手，做 60 分父母了。

给予孩子胜任感，帮助孩子克服困难、迎接挑战

给孩子胜任感，就是帮助孩子建立克服困难、迎接挑战的信心。这种信心不是真的把高难度事情完成的能力，而是建立一种认为自己能把事情处理好的感觉，实现胜任需求。

家长帮助孩子实现胜任需求的时候，不是强迫孩子必须去做他无法完成的挑战、不是替孩子完成任务，也不是降低挑战的难度，而是帮助孩子

建立起对自身能力的认知。比如，孩子的成绩虽然不是很优秀，但是家长依然可以表扬孩子努力，为他感到骄傲。比如，孩子搭积木搭不好的时候，家长可以告诉孩子如何正确地搭好，并且陪伴他完成，而不是替他搭一件作品出来。

再比如，如果孩子不擅长学数学，就不要强迫他去学奥数，学好课内的就可以了。由于不同人的天分不同，同样的题目，A 需要 1 个小时做完，而 B 则需要 3 个小时——这还要在老师和家长的帮助下完成。在这样的情况下，即使 B 小升初时通过努力进入了很好的学校、很好的班级，但是 A 和 B 这两个孩子到了一个班后，B 的学习状态其实是很吃力、很费劲的，长此以往可能会丧失学习的信心。

而且，很小的时候学习那些超越自身认知水平的东西还会导致孩子因为过早地"透支"在学习上的时间和兴趣，丧失了学习的自主性，完全没有了自驱力——我带的学生里不乏这样的孩子，每次看到他们，我就心痛。所以，不要一味地追求最好的学校、最好的班级，"适合孩子的才是最好的"。

有的家长强迫孩子学奥数，还有的家长强迫孩子练钢琴，它们本质上都是一样的。我有一个朋友，孩子在学钢琴，她每天都要求孩子至少练习一个小时，如果孩子不想练或者练得不好，她会准备戒尺打手。她的理由是，人生中很多事情必须坚持才能成功，不坚持半途而废怎么能行？她想通过练琴来训练孩子的毅力。所以，在这个朋友的眼里，她只有胜任需求，而忽略了孩子的自主需求和归属需求。我们千万不要为了在追求胜任需求的同时，破坏了另外两个需求。

给予孩子归属感，让孩子一辈子都拥有爱的力量

所谓归属感，就是让孩子能感觉到自己是被关心和被爱的。我们上学时都有过这样一个经历，就是喜欢某位老师，和某位老师关系好，就愿意学他教的课。其实并不一定是课程内容多么吸引人，而是因为能得到老师的关心，所以才愿意在这门课上付出。

强迫孩子练钢琴、学奥数的家长可能忽略了孩子的归属感，孩子会感到自己是被强迫着去做这件事情的，而感受不到父母的爱。有家长就说，他们带孩子在外面上课的时候，老师就是这样要求孩子的，教练就是这样训练孩子的，他们为什么就不行？那是因为专业的老师、专业的教练，他们的任务就是教给孩子专业的技能；而我们是父母，我们的职责是给他们爱。我一直建议专业的事情给专业的人来做就好。

给孩子满满的爱吧。阿伟高一刚入班时在我们班成绩平平，第一个学期的期中考试甚至考了我们班倒数第十名，但是最后却考入了很不错的南京大学。记得那时候开完家长会，他妈妈找我聊天询问学习相关学科的方法，但我丝毫感觉不到他妈妈的焦虑，她极其淡定，仿佛她在谈论的不是自己的儿子。高中三年，阿伟的成绩忽高忽低，像过山车一样，所以我和阿伟妈妈也经常沟通孩子的学习情况，后来甚至成了比较好的朋友。熟了以后，我问她，孩子成绩掉下来，为什么看不到她着急的样子？

她说她心里其实也打鼓，所以会经常保持和老师的沟通。但是，她从来不把自己的情绪带给孩子。没考好，孩子就已经够沮丧的了，这时候如果她再火上浇油，会让孩子更焦虑。所以每次孩子没考好，她都会安慰孩子："我知道你对这个分数很不满意，我也知道你付出了很多努力，如果你愿意的话，我很想和你聊一聊，看看我能帮上什么忙。不过，我想让你知道的是，不管你成绩好不好，我都爱你。"她说，让孩子感受到爱是前提，孩子健康、快乐、阳光比一两次成绩的得失更重要。

我觉得阿伟妈妈的做法特别好，她让孩子知道父母关心的是"我"，而不是"我"的成绩，家庭、父母永远是那个无论孩子做了什么样的事情都可以温暖他的避风港。给孩子归属感，让他拥有可以依赖的后盾，一生都拥有爱的力量。

给予孩子意义感，让孩子有自己独立的人生

对孩子来说，意义感对他们来说非常重要。作为家长，我们每天下班后可以抽出时间和孩子聊聊生活中发生的一些有意思的事情，聊一聊国家正在发生的一些事情。通过这样的聊天方式，一方面可以提升孩子对事物的认知，形成自己的价值判断，并帮助他们慢慢找到自己的意义；另一方面也可以帮助孩子更加清晰地认识自己、找到自我，从而确定自己未来生活的目标，并不断为这个目标去努力。

我有一次和清华大学心理学系学习科学实验室执行主任宋少卫老师聊天，他说以进入清华的上百个优秀学生作为样本，总结出了一个公式：**好学生一般都是 70% 笨功夫 +20% 巧方法 +10% 真性情**。就是说，功夫和方法固然重要，但若是一个人没有一点儿情怀和梦想，是不可能取得大成功的。所以，意义感对孩子来说非常重要。那么，我们可以做些什么来给予孩子意义感呢？

和孩子一起读读书、看看世界。小时候我们都看过《钢铁是怎样炼成的》，小说通过记叙保尔·柯察金的成长道路，让我们明白只有在把自己的追求和祖国、人民的利益联系在一起的时候，我们才会创造出奇迹，才会成长为钢铁战士。还有马克思的《青年在选择职业时的考虑》《第二座山》等书，都会让孩子明白应该去做些比自己更大的事情（do something bigger than myself）。"当我们的选择不只是为了自己，而是选择为人类事业而献身时，我们感受到的就不是可怜的、有限的、自私的乐趣，我们的幸福将属于千百万人，我们的事业将默默地但永恒地存在下去，面对我们的骨灰，高尚的人们将洒下热泪"，这些突破小我、成就更大事业的情愫，也许在孩子小时候并不能完全理解，但是，在他们心中撒下种子，一定会在未来某个时刻发芽。

佳怡有一次找到我，她说她也想像我一样，做一名人民教师。我问她原因。她提到她爸爸曾带她去了内蒙古的一个地方，在那里她看到了很多

留守儿童。她了解到，那些孩子很多初中毕业就辍学出去打工了。他们住的房子，夏天下雨的时候还漏雨。他们要想上学，需要先步行两个小时到一个村，等到来自各个地方的孩子都在这里集合后，再坐着拖拉机到城里的学校去上学。孩子们平时都住校，一个月回一次家。学校的教师资源很缺乏，数学老师也教体育。她希望自己能成为老师，给这些孩子上课。我听了特别感动，深感佳怡是个逐光的孩子，有着闪光的梦想。她现在已经工作了，果然登上了三尺讲台，成了一名教师，寒暑假还跑去内蒙古、云南、贵州各个地方支教。

和孩子一起聊聊未来和梦想。我在做班主任的时候，每年的第一节班会课都会给学生们发一张大白纸，和他们一起思考一个问题：如果现在的你，给未来若干年后的你自己写墓志铭，你会在上面写什么。孩子们写的完全出乎我的意料，有的孩子写着"一名战地女记者"，有的孩子写着"一个默默无闻的护士"，有的孩子写着"伟大的教育家"……站在终点回望人生，以一种向死而生的心态来看待当下的生活，可能现在很多的小困难、小挫折都不算什么，更能激发自己内心的动力。

第 5 章

终身学习，做成长型家长

作为一个理科博士，我一直相信有原因就有结果。但是，我发现养孩子是个混沌复杂系统，找不出明确的因果关系，或者说因为因果链条很长，需要穿越很长的时间才能看到结果，你无法说清楚到底是之前种的哪颗种子发了芽。复杂体系特征是微小输入的改变，往往会带来巨大的输出的改变。这让我一度很苦恼，如果不知道因果关系，那我们怎么来判断现在做的就是对的呢？

带着这样的困惑，我找来了大量的心理学、认知科学、脑科学的书籍来读，有了顿悟：孩子其实本自具足，我们做的不过是唤醒。教育的英文"education"中的 -e 是出来、-duc 是引导的意思，所以教育的最高境界其实是唤醒生命的内在动力。孩子的成长，是一个非常高级的生命创造过程。

人类在成长、成熟的过程中，一般经历 4 个阶段：0 ～ 6 岁生理 / 个性独立期、6 ～ 12 岁智力 / 大脑独立期、12 ～ 18 岁社会性独立期和 18 岁之后的精神和道德独立期，孩子会逐渐从婴幼儿到儿童再到青少年再走向成年（见图 5-1）。婴儿从诞生那一刻起，就拥有一个与生俱来的精神胚胎，这个精神胚胎蕴含了孩子自我成长的全部密码，孩子的成长实际上是一个不断破译生命密码并进行自我构建的过程。

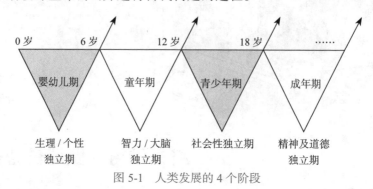

图 5-1 人类发展的 4 个阶段

先理解生命，再思考教育。这也是我这几年的体悟，作为家长，一定要了解自己的孩子。学点心理学、认知科学、教育学，了解孩子在不同成长阶段中的身心发展特点，家长如何根据孩子各阶段的特点调整自己的角色，处理好与孩子之间的关系，找到属于孩子自己的闪光点和独特使命（不同孩子在不同阶段的身心发展特点及家长角色定位的变化，见图 5-2）。下面，就让我分阶段、概略性地讲一讲各个时期的特点，详细的还需要读者自行去阅读《发展心理学》等专业图书。

	0～6岁		6～12岁	12～18岁		18～60岁	
	婴幼儿期		童年期	青少年期	成年期 求学找工作	成年期 结婚成家	成年期 养育孩子
孩子的 变化	生理 独立		智力 独立	社会性 独立	价值观 形成	成为 夫妻	成为 父母
关系的 变化	忠诚于父母			忠诚于自己		忠诚于配偶和孩子	
家长的 变化	给孩子足够的 爱与安全感， 建立良好的亲子关系			逐渐放手，让孩子心理上 完成与原生家庭的分离		帮忙而不添乱； 参与而不介入； 学会得体退出	

60岁后 照顾孙辈

新一轮循环

图 5-2 不同孩子在不同阶段的身心发展特点及家长角色定位的变化

注：时间只是一个大致的范围，不同家庭情况之间有所差异。

∵ 0 ～ 6 岁　婴幼儿期：生理和个性的独立

0 ～ 3 岁　精神胚胎期：安全感

精神胚胎期，就如同孩子的生理胚胎在母亲的子宫里孕育一样，这个**阶段最重要的是建立安全感**。孩子需要不断体验那种曾经与母亲一体化的感觉，体会那种心灵联结。婴幼儿期需要有人照顾，这是生理上的照顾，是孩子最基础的需求。这对于孩子安全感的建立非常重要，是否能与照顾者形成亲密关系决定了日后他是否信任这个世界。

孩子在婴幼儿期的学习靠模仿，就像小鸭子出生有印随行为一样，模仿是最有效的因果学习形式。他们就像海绵一样吸收周围环境中所有好的和坏的行为。这个阶段的孩子要实现的是生理性独立，也就是学会自我照顾，如独立如厕、独立穿脱衣、独立进食、独立工作等。

但是，这个阶段很多孩子都要经历所谓的"可怕的 2 岁"（Terrible 2）的阶段。比如，经常说"不"；经常把东西全部扔到地上，乱扔一气，还不允许别人收拾；一定要玩某一样东西，如果不满足，就大声叫喊，甚至大哭大叫；一点小事总是大惊小怪；爱打人，爱咬人……所有这些背后都是因为孩子 2 岁左右开始有自我意识，明确意识到"我"的存在，和别人不同。因此，他就需要通过行动体验自己的独立，同时证明自己的独立。此时，我们可以上去抱抱他，并且告诉他我们理解他的情绪和感受。注意，这是一个引导他学会处理自己情绪的绝佳机会，要让孩子慢慢学会表达自己的情绪，这对于顺利渡过 Terrible 2 是非常有好处的。作为父母，理解孩子并让他说出自己的情绪，就等于给孩子提供了一件特别漂亮的礼物。

3 ～ 6 岁　个性独立期：前运算阶段和语言能力

这个阶段的孩子会根据精神胚胎的指引开始构建自己，感受自己的需求，以及获得满足。如果说孩子在 0 ～ 3 岁时只能被动地观望这个世界，默默地为自己的心理打基础的话，那么在 3～6 岁，他就已经开始有效地发挥个人意愿、自主决定自己的行为了。一个起初在潜意识状态下对周围世界进行吸收学习的孩子，现在已经能够自己动手改造世界了（用英文讲叫作 help me do it by myself）。

此时孩子处于认知发展过程中的前运算阶段，其中一个重要发展就是孩子出现了直觉思维。孩子对于事物的推理是基于个人经验的，而不是靠逻辑来判断的。有一个著名的"守恒实验"，实验者在两个完全一样的烧杯中倒入同样多的液体，然后问孩子"两个杯子中的液体是不是一样多"，孩子认为一样多。但是，当实验者让孩子看着自己把一个杯子里的液体倒入另一个更高更细的杯子，再问孩子"两个杯子中的液体是不是一样多"时，大多数孩子的回答是"更高更细的杯子中的液体更多"。

这都体现了孩子思考的特点：只注重问题的一个方面而不会考虑多个方面；只关注转变后的静止结束状态，而不考虑转变中发生了什么；没有掌握可逆性原理，无法想象只是将液体从一个杯子倒入另一个杯子，就能说明液体体积没有变化。正是由于这些特点，孩子学习减法会比学习加法难一些。

关于语言发展，这个阶段的孩子真的可以用"日新月异"来形容。平均年龄为 2 岁的孩子只能说 200 个单词，但是 6 岁的孩子却可以说 1 万个单词了。他们还会模仿听到的单词的发音，分析语言、思考语法结构，此时父母要多和孩子聊天，多问开放性问题（和我说说 ×××吧），多给孩子读文章，玩发音和字母游戏，等等。

关于要不要早一些开始学英语、学英语是否会影响母语的学习，在认知科学上有比较成熟的答案：**孩子可以同时或顺序掌握两种语言**。"同时"是指从婴幼儿期开始学习，"顺序"是指先学会一门语言再学另外一门语言。如果孩子在 3 岁左右开始学习第二语言，那么第二语言和第一语言就会同样流畅。双语者和单语者在处理语言时使用的大脑结构是一样的，但是大脑区域中的神经活动的模式和顺序不同，大脑的激活模式也有所不同。学习两门语言对孩子来说并不困难。掌握双语的孩子学习语言的速度稍微会慢一点，但是他们对于两种复杂、抽象的体系的学习能让他们在认知上有许多优势，如控制注意力、认知灵活度、语言意识等。所以，早点开始英语的启蒙是没有问题的。

总结起来，0～6岁的孩子处于婴幼儿期，是生理和个性的独立期。他们需要家人的爱来帮助建立安全感；他们发展出了前运算能力语言能力；他们在不断地探索未知，学习上日新月异。

在这个阶段，很多家长会有这样的疑惑："和老师，我看周围的孩子从幼儿园小班开始就学小学的加减乘除和语文拼音，你觉得有没有必要？"这些家长的担忧我曾经也有过。我惊讶地发现在女儿上大班时，班级里人数越来越少，少了至少三分之二，不知道其他孩子都去哪里了。幼儿园老师说他们都去上幼小衔接班了。我很诧异。老师还提到，大班去幼小衔接班已经成为趋势，大家都在提前学小学的知识。

当时我的心里紧张了一下，我们小时候上幼儿园，不都是待在幼儿园玩耍吗？难道现在都要提前学？是不是我们女儿落后了？然后我就去了解各种培训班，咨询了做小学老师的朋友，翻看了各种书籍，最后，我决定，让女儿在幼儿园继续玩下去（当然，放学回家后语文和英语的亲子阅读一直继续着）。下面说一下我做决定的过程。

我看过一本书，叫作《园丁与木匠》。心理学家艾莉森·高普尼克在这本书里提到，孩子在6岁以前，真正的任务不是学习拼音、做数学题，而是玩儿。事实上，孩子们的学习都是在玩乐中获得的。孩子们在玩儿的过程中其实是不断去探索周围的东西都是干什么的，不断去揣摩周围的人都在想什么。而且，最重要的是，孩子们一起玩的时候，其实是在做"社交演练"。孩子们会逐渐建立起自己的规则，逐渐去理解什么是公平、什么是规则、什么是分享、什么是友情、什么是别人的边界等，在这样的过程中他们学会了如何与人相处。

　　我对高普尼克的研究结论深以为然。我曾经带过一个学生高林，他小时候被爸爸妈妈逼迫着学习，小学就提前学完了初中的知识，由于成绩优异，小学5年级就被我们学校招进来读书。但是，我可以明显感觉到这个孩子小时候完全没玩够，有一种童年缺失的状态。举个例子，学校组织一起去泰山爬山，在学生用餐的饭店门口的台阶两侧有斜坡，他就不吃饭，一直在那个斜坡上从上滑到下，把它当作滑梯玩。平时上课的时候，会冷不丁地拿出水枪向周围的同学喷水，影响上课纪律。由于高中课程难度高，他上课也不专注，成绩越来越差，后来考了一所非常一般的大学。

　　所以，**提前学可能赢在了起跑线上，但是优势保持不了很久**。20世纪70年代，联邦德国政府希望培养出更多高水平的人才，曾经试图把以孩子玩乐为主的传统幼儿园，全都变成以教孩子写字、算算术这种早教为特色。但是政府没有拍拍脑袋就把它落地了，他们先做了一个实验。他们选择了50个以早教为特色的幼儿园和50个以玩乐为主的传统幼儿园进行跟踪比较。结果发现，确实在最初的时候，从以早教为特色的幼儿园出来的孩子学习水平更高，毕竟上这类幼儿园的孩子都提前学习了，可谓是赢在了起跑线上，这也完全符合现在中国家长们的切身感受。但是，这种优势并没有一直保持下去。到小学四年级再去比较这两组孩子的成绩时发现，从以早教为特色的幼儿园出来的孩子不但没有学习优势，而且他们的成绩还"显著低于"从以玩乐为主的传统幼儿园出来的孩子。

　　这是为什么呢？**这其实是个被大量科学家验证的规律，叫作凋零效应**。它指的是如果我们快速给孩子灌输一些知识，的确能让他们在成绩上迅速获得一些优势。但是，这些优势保持不了多久就被"抹平"了。因为别人终归也会学到那些知识，这种突击式灌输的知识只要按照既定的流程、规定的动作就能学会，如四则运算等内容，其本身是没有什么难度的。而要想让别人没有那么容易地真正赶上，我们需要掌握的是开放式的技能，就是能与别的知识发生联结，能产生复利效应，如阅读。

　　研究还发现，**过早的早教会伤害孩子的社交和情感能力**。美国有一项研究，把密歇根州的 68 个贫困家庭的孩子随机安排到以玩乐为主的传统幼儿园和以教授知识为主的早教幼儿园中。研究者跟踪这批孩子直到 23 岁，发现他们在学习成绩方面与 20 世纪 70 年代联邦德国的研究结果完全一致，他们都会表现出凋零效应。但这项研究还有另外一个发现，就是在他们长到 15 岁的时候，早教组的孩子违反学校纪律的行为次数是传统组孩子的 2 倍；到 23 岁的时候，早教组的孩子因为犯罪而被捕的比例达到 23.4%（传统组为 13.5%）；而且，早教组的孩子更容易跟人发生摩擦，更不容易进入一段亲密关系。这些数据都表明，早教组的孩子更不擅长与人相处。

6 岁前孩子的天性就是玩，而不是输入一堆知识，这是自然的设定，**我们不要用自己笨拙的认知去干扰孩子正常的生命秩序**。讲一个生物学的例子：鹌鹑在蛋壳里的时候，是接收不到光的。有一些研究者在小鹌鹑出生的两天前，把它的壳剥掉，用强弱交替变化的光线照射鹌鹑，结果，鹌鹑的视觉提前发育了，而本应发育的听觉却被提前出现的光刺激损伤了其正常的发育过程，使得鹌鹑没法识别妈妈的声音了。动物的成长是有顺序的，从触觉到空间平衡感再到味觉、嗅觉、听觉、视觉。如果打破了这个顺序，会导致发育紊乱。人类的智力成长和鹌鹑的发育有相似的地方，早教会不会就是那个提前出现的不该给的刺激呢？

让孩子在 6 岁之前多玩、多户外运动，利用好孩子在神经发育方面突触生长快、突触会增加的特点，会使得孩子之后变得更加聪明。所以，即使你的孩子是个天才，也千万不要耽误他去玩，**千万不要让他在该玩的时候把时间浪费在那些再过几年就能轻轻松松学会的拼音、单词和乘除法，千万不要扰乱他的正常生长发育。千万不要耽误孩子玩耍，因为玩耍就是他们的学习，打闹就是他们的社交演练，让孩子们开心地玩个够吧**。

而且，很多早教班在教育方面其实做得并不专业，只注重学习知识，忽略了习惯和能力的培养。更有甚者，一些人在不断地贩卖焦虑，不断地和家长强调，如果不提前学、不上幼小衔接班，将来上了小学一年级会有什么样的困难。虽然很多家长可能知道幼小衔接班没什么用，但架不住周围孩子都报名了，自己也就随大流给孩子报上了。然而，小学低年级最重要的是建立习惯，孩子要学习的那点内容，真的有必要提前学习吗？其实，很多没有提前学的孩子，通过一学期甚至一年不间断地学习渗透，都能非常好地掌握拼音，与提前学的孩子没有区别。知识不用提前学，认知是伴随着孩子年龄的增长而发展的，中班花半年学的东西可能小学一年级花半个月就能学会。如果非要学点什么的话，可以有意识地让孩子练习控笔能力，一年级小朋友写作业慢基本上是由于书写困难，可以提前训练一下握笔、控笔的小肌肉群。

事实上，孩子的适应能力是很强的，根本没必要担心。如果真的担心孩子进入小学时无法适应的问题，可以提前花时间和他讲小学是什么样的，并在平时通过角色扮演的方式，培养一下孩子的时间意识、规则意识、独立意识等，这些足够了。

∴ 6 ～ 12 岁　童年期：智力和大脑的独立

认知发展：具体运算阶段和阅读、写作

6 ～ 12 岁的孩子在各方面都会取得飞速发展，而大脑的发育速度明显快于身体其他部位。孩子的大脑重量会逐渐达到 1400 克，与成人平均脑重相同。大脑中负责接收信息的神经元和负责传递信息的神经递质变得越来越"专一"，孩子的行为、思维越来越灵活，反应越来越快。

6 ～ 9 岁的孩子处于文化敏感期，他们想要知道每一件事，对这个世界总是会有无数的疑问，他们爱问为什么，为什么天空是蓝的？为什么蜗牛在雨天会出来？他们的思维活动在很大程度上是与面前的具体事物或者其生动的表象联系着的，属于具象思维的阶段，表现出想象力丰富、有冒险精神的特征。所以，"重要的学习发生在教室外"，此时他们用可以辨认

的事实来检验自己的结论，用感官在自己的头脑中描画事物。

我的一个好朋友，一天晚上被孩子气得不行了，就在我们的线上好友群里抱怨："带孩子学习真是一种修行。"我问她发生什么了，她说自己家孩子就连那种最简单的应用题都不会。比如"小明比小红多 24 张邮票，小红有 9 张邮票，请问小明有几张"的题目，孩子不会做，不知道该用加法还是减法。这么简单的题目孩子都不会做，她几乎不知道该怎么教了。后来她问孩子到底哪里不会、什么不会，问了半天孩子也说不出来。她就很生气，又问孩子："我有 1 块糖，你比我多 2 块，你有几块糖？"此时孩子回答得特别痛快，马上说是 3 块。她感到很奇怪：这不是一样的逻辑吗？孩子怎么就不会呢？孩子怎么就这么笨呢？明明一样的问题，怎么换成大数就不会了呢？

我就和她说，别急。发展心理学里讲到，小孩子在做加减法的时候，更倾向于运用数数的方法。这种方法比较笨，容易出错，但是可以降低他们工作记忆的负担。随着不断练习，孩子就慢慢会用比较复杂的计数方法了，就会把一些东西存储在记忆里，随时调取，而不用再去数数了。

她的孩子现在才 6 岁，不会做关于大数的应用题，太正常了。小孩子对于 10 以内的数字很敏感，因为这些数字是具象的、能在他们脑子中形成画面感。而 24 这个数字对她来说却是抽象的，她是无法通过掰手指头数出来的，于是，大脑就反应不过来了。所以，大人看起来拥有一样逻辑的题目，对于孩子来讲却是全新的、完全不同的，这究竟是怎么回事她自己也无法解释清楚。所以，了解孩子思维的发展过程是很关键的，如果了解了孩子的认知发展规律，家长就不会生气、不会焦虑了。

9 ～ 12 岁的孩子则从具象思维逐渐过渡到了抽象思维，大概是孩子上三年级的阶段。好多家长和老师都感觉三年级是个坎儿，对孩子的学习能力要求增加，学习任务难度加大。

在语言表达方面，对书面表达方式的要求更多，对文字的理解和内容之间的内在联系的要求更深。阅读和写作能力在这个阶段的发展也是非常迅速的。阅读发展研究专家珍妮·乔尔认为，文字的学习和使用是智力的最高表现形式之一。她提出了阅读发展的 6 个阶段（见表 5-1）。在写作上，低年级孩子的精力主要花在写作的技术要求上，如字写对了没有、标点符号和句子的完整性等。这时候孩子的写作是以自我为中心的，他们很难考虑读者的感受和需求，而且，他们写作是没有组织架构的，想到什么就写什么。到了高年级，孩子就能利用更多的技巧和模式化的结构进行写作了。

表 5-1　阅读发展的 6 个阶段

阶段	年龄范围	活动描述
前阅读	出生到幼儿园期间	指着书上的图片，自己编出一段小故事；或者听父母讲完后，能复述记住的故事
解码阅读	1～2 年级	关注独立的单词和词组，通过情景、图片和单词的形状来识别单词和词组
流利阅读	2～3 年级	认字和理解字基本掌握了，通过在字和自己熟悉的故事之间建立联结来学习阅读
理解式阅读	4～8 年级	通过纸质材料来学习一些课程，如自然科学、历史和地理等
多维度阅读	9～12 年级	不满足于学习基本事实，开始学习表达不同观点和理论的信息
构建和重构	大学和成人	带着目的去阅读，借助不同渠道得到的各种观点形成自己的理解

在数学方面，孩子要做的应用题的题量增加，对抽象思维要求更高，运算的复杂程度加大。如果不及时关注，就会影响孩子之后的学习。此时，家长需要关爱、尊重、倾听和鼓励，让孩子能够迅速度过这个阶段。这个阶段的家长面临的问题就是孩子要不要学奥数。说实话，我在培养孩子的过程中也遇到了这个问题，下功夫做了一番研究：查阅了一些专业文献，采访了很多人，包括北师大研究数学的专家、人大附中初中和高中的数学老师、过去长期担任实验班的班主任，以及把孩子培养得很优秀的一些家长。下面就给大家讲一下我调研的结果。

1. 奥数在某种程度上，可以起到培养孩子思维的作用。比如，对比法、分析法、分类法、假设法、演绎法等，这些都是重要的思维方式，在以后的学习生活中都能有一定程度的应用。

2. 如果要学奥数的话，建议三年级以后再学。一二年级的小朋友还没有建立起很多数学的概念，有时候由于字还没认全，读题都读不明白，学起来压力会很大。建议一二年级的小朋友要多去户外玩耍、多享受大自然的乐趣。三年级以后学时，也要遵循"先课内再奥数，先浅层后深度"的模式，课内知识要比奥数提前学，这样普娃学起来才有台阶可以上，才不那么费力。

3. 理性看待奥数。一些优秀的学校在选拔学生时要看孩子是否获得过奥数的奖牌，这意味着奥数是一种智商筛选的工具，奥数能学明白的，智商大概率不会低——也就是说，不是因为学奥数能让人聪明，而是聪明才学奥数。所以，有些家长把学习奥数看成一种升学的手段。在这样的环境下，学不学奥数特别考验家长的智慧，能否不参与别人设定的游戏，按照自己内心的想法培养孩子，是需要勇气的。

很多机构也看到了这一机会，开设了很多奥数辅导班。这些辅导班课程容量很大，课程内容非常密集，课堂上很少能有孩子充分展开讨论和思考的时间，更多的是教一些应试技巧和解题套路。而且，对于奥数，它确实也只能教一些技巧性的内容，因为它考察的是用简单知识解决复杂问题的能力，强调技巧而非通解。技巧用得好可以把复杂问题简单化，但是用不好只能把简单问题复杂化，反而容易在学习习惯上养成一些坏习惯。

4. 全民奥数是一种不科学的行为。什么样的人适合学奥数呢？我觉得是那种对数学特别敏感的人，就是对数学非常感兴趣、有天赋的孩子。我们可以给孩子找几道奥数题，让他尝试去做，如果他看到难题眼里在放光，那就说明他适合学奥数。然而，如果孩子不适合学奥数，即使通过"鸡娃"让孩子把这些题目的套路都掌握了，那孩子去了不符合自己层次的学校和班级也是非常难受的，而且通过揠苗助长取得的优势在未来是否能保持也是一个问题。家长不要为了自己的面子非要求孩子去学奥数，不要非让孩子去最好的学校，形成对自己孩子的正确评估是家长需要做的第一步。

5. 一些奥数题目超出了孩子的现有认知，会让孩子进入学习的"恐慌区"。比如，我女儿在一年级时做了这样一道题目：王爷爷睡觉前看了一眼钟表的时间，醒来从镜子里看到时间与睡前是一样的，请问王爷爷睡了多少小时？这是一道女儿上课时没有解决的题目，课下我花了很多时间给她讲解。首先，要搞清楚镜子里看时间的规律；其次，要列举出在晚上哪些时刻从镜子里看到的与钟表是一致的；最后，要算清楚从起始到终止的时间长度是几分几秒。讲完后，虽然女儿听懂了，但是她下次再遇到类似的问题还会做吗？我不知道。我只知道女儿没有从这样的题目中获得乐趣，她当时反问我："妈妈，这些题为什么我都不会做？我是不是数学学得很差？"我觉得这样的题目把女儿推向了学习的"恐慌区"，如果透支了孩子未来学习的兴趣和动力，破坏了孩子求知的渴望，反而可能会得不偿失。数学学习就像一场马拉松，不在于一时的抢跑。

6. 奥数偏离了数学的本质，与真正的数学不是一回事。一个在北师大数学系工作的前同事认为，奥数与真正的数学不太一样，小学奥数与初中、高中的数学关联度不是很大，除了数论和组合能和初高中数学竞赛中的内容有些衔接外，几何完全不一样，因为小学重计算、中学重证明，侧重点是不同的，中学的知识更强调系统性和连贯性。而且，奥数的内容与数学的本质还是有很大差别的。虽然奥数不能完全算是"屠龙之术"，但也有点像研究回字有四种写法一样，有点偏离数学的本质，反而阻碍了真正数学思维的发展。吴军老师也有同样的看法，他在《吴军数学通识讲义》里提到，像鸡兔同笼这样的小学奥数问题，老师教的解题方法常常和具体问题有关，非要用"鸡有四条腿"之类的假设去锻炼所谓的奥数思维，这置方程于何地？方程是一个强大的解题工具，它可以让我们想不清楚的很多数学问题变得非常直观、简单。所以数学的本质是工具，当我们掌握了中学的数学工具后，小学的各种数学难题就会变得非常容易；当我们掌握了微积分和线性代数这两个工具后，很多中学的数学难题也就不值得一提了。我有亲身体会，高中时立体几何学得不好，画不出辅助线，有时候盯着一个题目看半天都没思路，但是，有了向量这个工具后，我的立体几何很快就能做出来，而且能保证完全正确。这就是工具的作用，我们学习数学，要掌握的是一套通用方法，理解里面蕴含着的数学原理和思想，而不是针对具体问题的解题技巧。

7. 需要占用孩子比较多的时间。我一个朋友的孩子，就在北京某著名的奥数培训机构上课。他们家孩子才三年级，每次上课前，他需要先给孩子讲一遍，才能保证孩子在课堂上差不多能听懂。每个周末需要上 2 个半小时的课程，之后还需要花 2 个多小时的时间完成课后习题和作业，一个周末大概有一整天的时间都花在奥数上。另外，寒暑假还要集训，每天用 4 个小时刷题。我在想，对孩子而言，到底值不值得把时间花在攻克这些难题上呢？本来孩子的时间就没有太多，如果家长还希望让孩子多与家人一起读书、多进行体育锻炼等，却把时间都花在奥数上，那么孩子阅读的时间就会被大大压缩，户外的时间也几乎没有了。现在的孩子真的已经够可怜了，他们认知世界的过程，是通过一道道题目完成的；积累的知识，反映在一摞摞试卷中；闲暇的时光，往往是在各种课外辅导班度过的；学习的技能，多从应试角度考量，过分强调技巧，舍本逐末；以及衡量他们成功的标准，更多是分数与奖项，但又有多少人未来能成为世界级的大师呢？

8. 破坏亲子关系。大多数家长看到这一点应该深有同感吧，对于一些孩子做不出来的题目，家长觉得很简单，就会觉得孩子怎么这么笨，很多时候还会骂孩子，造成亲子关系的极度紧张。其实，真的不是孩子笨，学奥数时老师教的那些解题方法并不是真正的数学工具，那些所谓的技巧真的挺难举一反三的，孩子要是学不明白，就别强迫孩子了。强迫孩子把这些不一定符合认知的题目做对了，有时候反而可能会破坏亲密的亲子关系。

9. **小学数学重在建立数学思维，而不仅仅是浮于表面的知识。**有的妈妈问我，小学数学那么点知识，需要用 6 年的时间学习吗？我们应该在数学上再做点什么，是不是要提前学初中的东西？我认为不需要。小学阶段应该进行适合该阶段孩子的数学教育，将孩子的能力和心智慢慢诱导出来。《数学家讲解小学数学》里面就提到，单纯的知识是不多的，但加上来龙去脉，从定义出发，真正能深刻理解一个概念是不容易的。比如在这本书开头的十几页中，内容非常简单，伍鸿熙教授就是教大家怎么数数。他说，加法就是连续计数。可这数数有什么难？可是，数着数着，他就引入了位值制的概念，就是什么是十位、什么是百位，连续计数引入位值制可以帮助孩子理解这个概念的起源。这样，刚开始学习数学的学生，就能理解什么是十位、百位，就不用机械地背诵"数字的第一位是个位、个位左边是十位，接着是百位"。提前学的问题在于，很快地学会了知识性的东西，但是把孩子学习的工具抽提出去了，就算学会了知识又有什么用？学习的目的是学会方法，培养数学思维。所以，真正地学懂数学，跟着教材安排的进度走、跟着学校进度走，其实一点都不慢，千万不要浅尝辄止。

习惯培养：小学阶段建立好习惯受益终身

有一句话，叫作教育就是培养习惯。小学低年级最重要的就是养成良好的习惯，这对于孩子来说是受益终身的事情。人们常说习惯成自然，其实是说习惯是一种省时省力的自然动作，是人们不假思索就自觉地、经常地、反复地去做而形成的。好的习惯是好成绩的前提。

习惯不是一般的行为，而是一种定型性行为。我国著名儿童心理学家朱智贤教授认为，习惯是人在一定情境下自动化地去进行某种动作的需要或倾向。例如，孩子养成在饭前、便后或游戏后一定要洗手的习惯后，完成这种动作已成为他们的需要。所以，习惯形成就是指长期养成的不易改变的行为方式。从神经科学角度去解释，习惯就是学习的结果，是条件反射般的建立、巩固并达到自动化的结果。

在品格方面，我们要注重养成如下这些习惯：诚信；遵守规则、负责任、计划周密、有条理、善于合作、有爱心、有专注力、乐观自信、顽强有毅力、追求效率、善于思考、具备掌握终身学习的能力等。

鲲鹏虽然是个男孩子，但他是我见过习惯最好的孩子：上课的时候他总是特别专注地听讲，课后作业总是工工整整，周末画的思维导图清晰明了，错题本从来不用老师催，分析原因后总能及时总结归纳。他的书桌从来都是干干净净、整整齐齐的，他说特别是在高三，有一个整洁清爽的桌面会让自己的思路清晰很多。他的爸爸曾提到，他和妻子从小就特别注重培养孩子的学习习惯，回家先写作业再玩耍，周末一定要定期复习，上课要专心听讲、有问题一定要向老师问明白。从小建立的好习惯让鲲鹏受益良多，他最后进入了一所非常不错的大学。

所以，在培养孩子学习方面的习惯上，我有三个建议：第一，**要端正学习态度，激发对学习的热爱**。一二年级时，大家考试分数都很高，说明不了什么问题。我们要培养孩子主动学习的习惯，让孩子有好奇心，愿意去学习。第二，**要建立良好的学习习惯，通过一些"微习惯"来落实学习任务**。这也是我们之前在讲动机的时候提到过的方法。比如，让孩子自己整理第二天上学要背的书包和穿的衣服；书包里要干干净净、整整洁洁，不同学科的卷子用不同的袋子装起来；每天放学回家先写作业再做其他事情；每天的学习都要建立"复习—作业—预习"的闭环；平时要有错题本，将错误的习题积累起来；每周要进行周总结，画思维导图，总结一章的知识框架；考完试要分析反思，找老师进行错误归因分析，针对知识漏洞进行查漏补缺等。第三，**要掌握高效的学习方法**。好的学习方法可以节省时间，提高孩子的学习效率，达到事半功倍的效果。有很多经过科学研究验证的高效学习法，可以帮助孩子在相同的时间内学到更多的知识和技能，这不仅能让孩子学得更好，也能让孩子玩得更好。

∴ 12 ~ 18岁 青少年期：社会性独立

认知发展：形式运算和决策能力

虽然大部分的大脑通路中的髓鞘是在婴幼儿期和童年早期形成的，但是在青少年期，大脑仍旧在发育：在青春期开始之前和早期会如儿童时期一样，进行新一轮的突触发生和突触修剪。特别是在前额叶皮质中，髓鞘形成、突触发生和突触修剪非常明显。前额叶皮质负责理性，对计划、判断、决策、阻止冲动都有着重要作用。所以，我们经常说青少年很冲动、比较感情用事，除了激素的影响，也与前额叶皮质未发育成熟有关。

认知发展在青少年期趋于成熟，表现为5个更高水平的认知能力：假说-演绎推理、逻辑推理抽象概念、区分事实和可能性、考虑所有符合逻辑的可能组合、思考自己的思维过程（反刍思维），这些表明孩子已经进入形式运算阶段。比如，砝码可以挂在绳子上像钟摆一样摇摆，但是不同绳子的长度、不同的砝码重量都会造成钟摆的摇摆频率不同。那么，他们就会思考，摇摆频率是由什么原因造成的呢？是绳子长短、砝码数量还是被释放前砝码的高度呢？这阶段的孩子还会思考，到底什么是公平、正义等抽象概念。小一些时，他们会认为《西游记》中孙悟空是好的，妖精是坏的，但这个时候，他们对于事物"非黑即白"的认知已经被"灰色地带"的看法取代了。

孩子逐渐成熟，开始摆脱对父母的依赖，运用自己的智力做各种各样的决策。比如，选择什么学科，投入多少精力，如何安排时间，参加哪些课外活动，和什么样的人交朋友……决策分为更快速的感性决策和分析性的理性决策。孩子在青少年期中后期就能很好地进行理性决策，权衡事情的利弊。而且随着前额叶皮质的发育，他们控制冲动的能力加强，情绪性的反应减少，决策就会越来越理性。

我的学生大多数都是高中生，很多家长和我聊天，特别想让我说说他们孩子在学校的表现。家长提到，孩子回到家什么都不说，在学校里发生了什么自己都不知道，经常是默默地吃完饭后，就回到自己的屋子里学习。这时候我会把学生在学校的表现和家长沟通，同时安慰家长，这其实是正常的，符合青少年的发展特点。他们会越来越独立，越来越有自己的想法和判断，而且更愿意和同龄人进行交流和沟通，这在某种意义上是一件好事。不是有那么一句话：**孩子的每一次成长，都是与父母渐行渐远的离别**。说起来有点伤感，但家长只有适时放手，让孩子从自己的羽翼保护下冲向广阔的天地，经历在阳光下飞舞、风雨中摔打，他们才能飞翔得越来越高，越来越稳。

同时，这个时期的孩子已经开始考虑未来选择什么样的职业了。即便年纪尚小，他们也开始意识到自己的才能、态度和需求与未来发展的关系了。职业发展是一个发展过程，孩子会首先观察思考他们周围能看到的职业，然后根据自己的特点，选择更加具体和切合自己现实的方向。霍兰德的理论认为，个人的职业选择受到个人性格、工作模型、工作机会、受教育的程度和类型、工作价值观等的影响，可以分为不同的类型。所以，在青少年期，家长不妨带孩子多接触和体验一下不同的职业和工作类型，让他们能对未来的职业发展做出更成熟的规划。

情绪发展：社会性能力的发展

青少年期是孩子身心发展逐步走向成熟的时期，也是孩子参与社会交往的敏感时期。在这一阶段，他们的身心有了更大的变化，性激素大量分泌，刺激第二性征的出现，促进生殖系统的发育成熟，并对一系列的行为产生影响。

用皮亚杰的理论来总结这个阶段的心理特点，叫作"自我中心主义"。在人格发展方面，他们脆弱，具有起伏不定的情感，对周围的评论敏感，非常在意自己的外表，对融入团体有强烈的渴望，对缺乏自信感到痛苦，对自己和他人都会有疑问。在社会性发展方面，他们会根据自己的兴趣组成小团体，会反抗权威，被他人吸引，寻找偶像英雄，具有一定的社会独立性。他们强烈地意识到自己是团体中的一员，希望与同龄人交往，并在社会比较中强化自尊心、自信心。他们有了自己的理想，并且能根据自己的兴趣探索事物，从而构建自己的价值观。

我的一个女学生小 A，体形微胖。她有一个要好的朋友小 B，不知道什么情况下和小 C 说了一句小 A 有点胖，后来这事被小 A 知道了，她和小 B 大吵了一架，自己又大哭了一场，一天都听不进去课。我找小 A 聊天，她非常委屈地说自己没有想到好朋友"背叛"她，和别的同学说她胖。我非常能够理解小 A 的想法，一是她的体形被人嘲笑，她接受不了；二是，这个话出自要好的朋友，她觉得非常难过。这就是青少年"自我中心主义"的表现形式，他们认为自己站在"舞台中央"，他们的行为、感觉、想法、外貌都会被过度关注，令其苦恼。

所以，家长会感觉这个阶段的孩子很叛逆，很多事情不听家长的。但如果了解了孩子的心理特点，就能更理解他们、信任他们。家长要让孩子有足够的心理空间，不要和他们逆着来，学会正面引导、沟通、善意提醒、换位思考——因为，我们对抗的不是我们的孩子，而是孩子体内的激素，而这其实也不受他们自己的控制。

学生阿庞和阿七是好朋友，阿庞要在国内高考，但是阿七要出国。阿七想做一个垃圾分类的项目，她希望找朋友一起，并在老师的帮助下，开发一款垃圾分类的小程序。于是她就找到了阿庞，阿庞爽快地同意了。但是，阿庞的爸爸妈妈很生气，因为阿庞做这个项目对高考没有一点帮助，反而浪费了她的时间，所以要求阿庞不能和阿七做这个项目，以后最好也不要和阿七一起玩了。

阿庞特别难过，和她的父母闹了别扭后找到我这里来，向我控诉她的父母。我问她做这个项目大概要花费的时间，她说大概需要四个星期，每个星期需要花费半天的时间。我就向她提议，不要和父母正面抬杠，给父母写一封信，说明她想和阿七做这个项目的原因，并且把大概的时间安排告诉父母，让他们放心。

之后，我偷偷地给阿庞的父母发了一则信息：阿庞想和阿七做这个项目不一定是真的喜欢垃圾分类，而是觉得好朋友之间就应该相互帮助。她这个年龄特别需要同龄人的认可，特别希望自己是团体中的一员，做这个项目是两个人维持友谊的纽带之一。我们在关心孩子成绩的同时，也要关注到她的情绪发展。为了朋友花一点自己的时间，应该不会太耽误学习的。

她的父母听取了我的建议。阿庞有一天找到我，她说自己写的信发挥了魔力，她的父母居然变得通情达理，让她和阿七一起做项目了。看着开心蹦跶的小姑娘，我觉得她的父母真是做了一件极其正确的事情。与其让她闷闷不乐、效率不高地学习，不如让她自己开心地规划学习方案。

孩子在 18 岁之后就不再是未成年人，而被法律认定为成人，即成为社会的一员。通过 12 ～ 18 岁积累的对社会的了解，孩子才能在成年后从自己的兴趣出发选择一个职业。在这个阶段他们逐渐认识到自己的潜力和局限，对世界负有责任感，并逐渐形成自己成熟的价值观，成为在精神和道德上独立于家长的成年人了。

延伸阅读 **所有问题，都有答案**
与孩子谈论金钱、性和死亡

关于金钱

囿于中国的传统文化，家长总是不愿意和孩子谈金钱。有的家长虽然能意识到要培养孩子的财商，但是不知道从什么时候开始比较合适，也不知道用什么样的方法能让孩子真正地理解金钱的意义，这里谈谈我的看法。

不同年龄段的孩子对金钱的理解不同

剑桥大学的戴维·怀特布莱德教授认为：影响孩子处理财务问题、形成决策方式的心理习惯，在很大程度上形成于其生命最初的几年。所以，如果要和孩子谈论金钱，其实是越早越好的，我们不要避讳，因为金钱本身是中性的，关键在于人是否能很好地利用它。从两三岁开始，家长就可以和孩子谈论正确的财务理念和基本的理财知识。有的家长感到很奇怪，两三岁的孩子懂什么呀？确实，不同年龄段的孩子对金钱的理解是不一样的，所以，我们在和孩子谈论金钱的时候，也要根据孩子所处年龄段的发展特点去理解金钱的含义。下面列举了不同年龄段孩子对金钱的理解（见表5-2），希望可以帮助大家知道我们能和他们谈论什么。

表5-2　不同年龄段孩子对金钱的理解

年龄段	关于金钱概念的理解	举例
2～3岁	懂得金钱是交换的工具	别人给我一块饼干，我让他玩我的玩具
4～6岁	有借有还，理解物权；理解时间的机会成本	我问别人借了书，必须要还给别人，因为是别人的东西；时间是一定量的，如果我吃饭磨蹭，我就占用了玩的时间
7～9岁	理解钱的时间价值；知道"想要"和"需要"的区别；家庭收入来源有哪些	钱是有利息的，现在拿到1万元比一年后拿到1万元有意义；家庭收入包括父母的工资，还有理财、买房、投资等
10～12岁	理解价值和价格的关系；不轻易上当受骗	理解价值是价格之锚；学会比较价格，买东西会货比三家
13～18岁	理解复利的力量；理解风险和分散投资的重要性	理解时间通过复利的累积可以产生巨大的财富差异；理解期货、股票最初出现是为了风险共担，也能理解个人投资时不要把鸡蛋放在一个篮子里
18岁以上	了解各种金融工具	股票、债券、期货、金融衍生品等

如何培养孩子的金钱观

和孩子一起读书，通过绘本等适合孩子阅读的书建立正确的金钱观。我在孩子很小的时候就给她读《小狗钱钱》《你好，价值！》等书，在《小狗钱钱》中就有一个章节提到，教孩子列出梦想清单，金钱可以帮助我们实现梦想，比如去欧洲旅行、给妈妈买一束花，以及帮助我们实现心灵的自由。在另一个绘本中，我们读到了美国钢铁大王卡内基的故事。卡内基小时候养了两只兔子，这两只兔子生了一窝兔子，他妈妈说要想留下这些兔子他必须自己去喂它们。可是，卡内基既无法凭一己之力喂养这么多兔子，又没有足够的钱去买饲料。于是，卡内基就想了一个办法，对平时和他一起玩的小伙伴说每个人可以给某一只兔子命名（冠名权），但是这个小伙伴必须保证每天喂这只兔子。因为他的小伙伴有了自己命名的兔子，所以喂起来格外上心，这不仅解决了卡内基喂兔子人手不够、花钱买饲料的问题，还让参与喂兔子的每个孩子格外有成就感，真是一举多得。

言传身教，不要攀比，投资自己。不同人的家庭情况不同，有人开豪华汽车，有人连饭也吃不上；有人背的包动辄上万元，有人背的包仅仅是偶然被分发的免费的包……家长要言传身教给孩子，不要羡慕有钱人，也不要看不起穷人，每个人都在自己能承受的范围内做出最好选择。作为家长，我们也不要过分追求物质方面的东西，一个人的价值不是由你是否背爱马仕包来衡量的，而是你脑子里装了什么东西。要让孩子知道，外在的物质不重要，接受教育才是最好的投资，让自己不断学习、不断增值才是最重要的"赚钱"手段。

在日常生活中教给孩子，抓住"可教时刻"。比如，压岁钱怎么用？我们可以带孩子去银行，给孩子开一个自己的账户，让孩子有主人翁的意识，让孩子有可以自己支配的钱。比如，逛超市的时候，我们可以引导孩子去看物品价位，让孩子去慢慢理解商品的价格和价值的关系，让孩子知道自己攒的钱能够买什么东西、买多少东西。比如，我女儿看完凡尔纳的《80 天环游世界》后，天天嚷着要去环游世界。我非常支持她的想法，但我觉得有必要深入聊一聊这个话题，便问她："环游世界的话，爸爸妈妈就需要不工作陪着你，那你觉得我们要有多少钱才够呢？"她完全没概念，但是突然冒出一句："我们要开房车去才行。妈妈，你先帮我查一下房车多少钱。"查后我告诉她大概要 30 多万元。她说家里有羊肉，我们可以去卖羊肉串赚钱，一天卖 100 串，一串卖 1 元，一天就能赚 100 元呢，很快就能赚够了吧。我回应她这可不一定哦，我们可以算一下。30 万除以 100 等于 3000，而一年有 365 天，也就是说如果天天卖羊肉串的话，她大概要卖十年才能赚够一辆房车的钱，而且还不算羊肉本身的成本。她吐了吐舌头，转身走了。我以为她忘了这件事情，结果，两天后，她召集我和她爸爸开会，说有重要的事情要讨论。晚饭后，我们坐在阳台上，她说："爸爸妈妈，我觉得我们要环游世界，钱不是问题，我们可以一边旅行一边在当地打工赚钱，你们说对不对？另外，我们还需要准备一些酒精和棉花来包扎伤口（不愧是医生爸爸的女儿），还要有食物、衣服……"她说得头头是道，而且列了一个清单，清单上不仅有项目，还有数量和单价，看起来准备得很充分。我们可以抓住日常生活中的"可教时刻"，让孩子主动去思考与钱有关的话题，这样他对于钱才会有更切实的体会。

孩子是否要通过做家务赚钱

在孩子做家务是否给钱这个问题上，我自己也是拿捏不定的。我查阅了很多资料，发现专家们的意见也是不一致的，大概分为两种：

一种观点认为做家务不应该给钱。因为家是讲奉献的地方，家里的人都在为这个家无私奉献，谁也没有要过报酬，为什么孩子做家务就能获得报酬呢？这么做可能会让孩子错误地认为做任何事情都应该得到金钱的补偿，将金钱看得很重。持有这种观点的专家建议家长根据孩子所处年龄的发展特点和实际需求，可以定期给孩子一定的补贴，比如每个月给 100 元。

另外一种观点认为做家务应该给钱。因为做家务获得报酬可以让孩子理解"工作－金钱"的关系，让孩子理解父母辛苦工作赚钱的不容易，更加理解钱的价值，更加珍惜劳动成果。这样孩子在想花钱的时候，也会掂量一下，不会乱花钱。

我自己偏向于不让孩子在家里通过做家务赚钱。因为金钱的激励永无尽头，会让孩子陷入一个外部激励驱动的正反馈游戏中，对培养孩子的内在自尊和长远的幸福感非常不利。麦肯锡有一项调查，在对 1047 位高管、经理和员工的访谈中，被调查者认为非金钱的激励会让他们自己感觉到公司很看重他们，这种成就感很重要。还有，毛主席在带领红军打仗的时候，粮食和住宿得不到保障，但是包括他在内的所有领导和士兵都吃一样的东西，喝一样的水，睡一样的地方，这种公平感对士兵也很重要。所以，钱不是解决一切问题的唯一方案，家庭是讲爱的地方，钱无法衡量爱。

那孩子要花钱怎么办呢？对于我们家来说，100 元以内的小东西我们平时没有那么计较，女儿想买就可以买。500 元以上的东西，我们要开家庭会议讨论这个东西的必要性，如果必须，我们一定支持买。周末会让她自己制作一些她喜欢的东西，然后到大街上摆摊，去卖她自己的东西，这一方面能促进她绘画、手工制作的能力，另一方面也能让她体会交易的乐趣。

工作可以赚钱，但工作不是为了赚钱

家长每天努力工作其实就在给孩子做很好的榜样，让孩子知道我们想要

赚钱必须通过自己付出劳动、努力工作才能实现（这里排除那些本身有巨大财富或通过投资赚钱等情况，在中国，至少有 90% 的人都是靠工作赚钱的）。通过工作获取自己正当的报酬，才能过上好的生活。

在这里，我还希望升华一下，工作是可以赚钱，但是工作不仅仅是为了赚钱。家长要鼓励孩子发现工作带来的尊严和乐趣，特别是工作给我们人生带来的价值感和意义感。在我们家孩子小的时候，当我去上班时，家里的老人说"妈妈去上班给你赚钱买好吃的、好衣服"，但这样的说法被我坚决制止了。我和家人（包括老人和孩子）说，我上班是为了实现人生价值，我是一个独立的个体，我首先要成为自己，才是一个妈妈。而且，我喜欢我的工作，我希望通过自己在工作中能给我的学生带去知识和不同的视野，提高他们的能力。我希望用我的言传身教影响我的学生，如果工作仅仅是为了赚钱，那么我肯定不会选择这份工作。

关于性

家长要不要和孩子谈性

我是一个传统家庭中长大的孩子，从童年到青春期、从恋爱到结婚，父母都没有给我做过任何性教育，电视上如果突然出现男女亲热的画面一定会赶快换频道，也不会和我谈论任何与性相关的话题，只告诉我女孩子绝对不可以早恋。这种回避的态度，让我一度以为，关于性的话题是绝对不可以公开讲的。

我们家的情况绝非特例，国内对于性的话题还是比较禁忌的，一般都是"谈性色变"。我看过一些数据：北京市妇联的一个家庭性教育调查显示，74% 的家长会回避和孩子谈性。中国教育科学研究院的结果也表明有近 50% 的家长从未和孩子提到过性教育的任何内容。但是，在我成人懂事后，我发现由于孩子不懂有关性的知识，不知道如何保护好自己，使得犯罪分子有了乘虚而入的空间。2013 ～ 2016 年全国被审理的儿童性侵案件就有 10 782 起，原中国人民公安大学王大伟教授曾披露说针对中小学生的性侵隐案比例达到 1：7（这意味着，每一起儿童性侵案件曝光的背后，都可能有另外 7 起案件）。

不仅如此，孩子生活的各种环境也不容乐观。网上突然蹦出来的各种露骨色情照片，用廉价的游戏道具引诱女孩子脱衣的裸照，初中女孩子在学校突然临产而周围人却浑然不知的事件，各种"性捕食者"虎视眈眈的威胁……作为一个女孩子的妈妈，我每次看到这些新闻就心惊肉跳，不知道我们到底能做些什么。

但我始终认为，**家长自己正确看待性的态度就是最好的性教育**，家长躲躲闪闪的态度反而让孩子觉得这是一件神秘的事情，所以，我们不如用坦然而积极的态度去面对，用系统而科学的方法去引导。而且，我一直觉得，**性教育不单单是生理和发育知识的教育，更是对孩子价值观的培养和塑造**。从对一件事情懵懵懂懂、不理解，到接纳、尊重和包容，这是对性的态度，也是良好的人格教育。

在合适的年龄给予合适的性教育

谈到性教育，家长都很为难，一般来说，学校都会有系统性的教育，比如班会课、心理卫生课等。那么，家庭的性教育应该如何进行呢？开明点的家长能够以接纳和支持的态度与孩子谈性，但是怎么谈、谈什么、谈到什么程度，都是家长非常犯愁的事情。性教育的"度"，其实取决于孩子的年龄和发育阶段，而家长的任务在于"陪伴"，在孩子提出有关性的问题的时候，不要回避，要及时进行回应并做出调整（不同年龄段孩子对性的理解和家长的引导，见表5-3）。

表5-3　不同年龄段孩子对性的理解和家长的引导

年龄段	孩子的理解	家长的引导
2～6岁	孩子热衷于探索自己的身体和外部世界，喜欢提出自己的问题并寻找答案；懂得性别的概念，知道厕所是分男生和女生的	家长要满足孩子对于生殖器官的好奇、对性别的好奇，教他保护自己的同时，也要尊重别人的身体
6～9岁	身体发育和思维能力逐渐增加，对外界的认知更清晰	让孩子知道怀孕出生的细节，不要觉得给孩子讲"月经""遗精"是丢脸的事情，教孩子学会甄别信息
9～12岁	逐渐向青春期过渡，可能会经历身体、心理的变化，会出现自慰、性幻想等行为，有的可能学着成人的样子说"我爱×××"	家长要帮助孩子理解自己身心的变化，帮助孩子正确地与异性相处，知道法律和道德的底线，知道什么事情坚决不能做，提供正确获得性知识的途径

（续）

年龄段	孩子的理解	家长的引导
12 岁以上	对性探索的欲望更强，自慰是经常发生的事情，对于异性有强烈的兴趣，并喜欢色情的书籍、影片等	引导孩子建立对性行为科学理性的认识，知道性行为的风险和后果，理解性关系中的权利和责任，避免沉溺于暴力或者非法色情之中。如果孩子谈恋爱，不要强力制止，而应提供避孕知识

　　性教育怎么做到"有度"呢？我觉得，孩子问多少就回答多少，家长在回答孩子问题的时候，一定要弄清楚孩子的关注点是什么。比如，我女儿在上幼儿园的时候问我："妈妈，我是怎么来的呀？"我很好奇她突然问这个的原因，就反问她："你今天怎么想起了解这个事情了呢？"她看起来显然不是要搞清楚受精怀孕等生理问题，也不是要了解成人的性行为，而是因为她听班上同学说自己是送快递送来的，所以她也想知道自己是怎么来的。当我告诉她她是从我的肚子里出来的，她确认了她是我生的时，就放心地又玩去了。

　　因此，遇到这种情况，一个万金油般的处理方式就是：反问。比如"你觉得是怎么样的呢""为什么想问这个问题"，然后不断缩小孩子的问题，直到明白了他好奇的点究竟在哪里，然后简洁地回答出来。记住，不用讲太多，不要做太多的细节描写和比喻，否则会引来更多的问题。家长回答的时候语气一定要真诚，不要表现出质问或者不耐烦。而且，如果孩子有进一步的问题，可以用眼神、语言和动作来示意孩子继续提问。

很多问题，其实不是问题

　　"孩子总想摸妈妈的乳房，是孩子有问题吗？"

　　不，是孩子在寻找安全感。

　　"儿子总黏妈妈，是恋母情结吗？"

　　不，是父亲角色的缺失。

　　"我发现孩子会自慰，他会摸自己的小鸡鸡，可是他还这么小，我该怎么办？"

　　不用怎么办，顺其自然，摸小鸡鸡是他在探索自己的身体，这是正常现象。

"我发现孩子偷偷看黄片，他是不是早熟啊？"

不，孩子是对性有好奇，或者生活太单调乏味，需要性给他带来刺激。

"孩子早恋了，天天和他们班一个女生在一起，我怎么干预？"

不要过度干预，告诉他底线，强行拆散他们反而会产生逆反心理。

很多问题，我们不要简单地把它归咎为性的问题。如果只是盯着性的那部分看，我们是没法找到真正的问题并有效地解决问题的。有些现象是家长过度反应了，比如自慰，其实这是孩子成长过程中的正常现象，就如同探索自己感兴趣的其他任何东西一样。他在探索自己，而家长却在想是不是他有问题，其实是自己有问题，视性如同洪水猛兽，才会焦虑不安。又比如，孩子看黄片，我们可以适时地与孩子讨论这个话题，引导孩子认识到这些庸俗的东西是有些人为了盈利制造出来的，这些东西大多并不尊重女性，同时给孩子推荐一些健康的性知识图书。注意，讨论这些问题时，不用那么郑重其事，不用那么大惊小怪，不要让孩子有一种犯罪的感觉。

推荐几本可以和孩子一起看的性教育启蒙绘本：

1.《小威向前冲》，作者是尼古拉斯·艾伦。

2.《我是女孩，我弟弟是男孩》，著绘者分别是郑智泳、郑惠泳。

3.《不要随便摸我》，著绘者分别是珊蒂·克雷文、茱蒂·柏斯玛。

4.《小鸡鸡的故事》，著绘者分别是山本直英、佐藤真纪子。

5.《乳房的故事》，著绘者分别是土屋麻由美、相野谷由起。

6.《呀！屁股》，著绘者分别是迈普利斯·安徒生、叶世邦·杜拉航。

7.《我们的身体》，著绘者分别是帕斯卡尔·艾德兰、罗伯特·巴尔博里尼。

有些问题，必须高度敏感

听过一个故事，有一所小学的一个女孩子被校长摸了下体，女孩子觉得哪里不对，但是又不知道怎么表达，就没有告诉父母。于是，那个校长就一而再再而三地作案，女孩子还是觉得不对劲，就回家和妈妈说，她觉得校长的小鸡鸡特别大。女孩子的妈妈听了，羞愧难当，直接批评了女孩子，说她不知羞耻，这种话都说得出口。后来，女孩子就再也没有和妈妈说了，事实上她一直被校长猥亵，甚至强奸。

这类故事告诉我们，对于孩子发出的一些信号一定要有所警觉，特别是与性相关的，一定要有高度的敏感性。身体上，如果孩子的生殖器出现感染现象，或者有血迹，两腿内侧有瘀伤，一定要问清楚是不是有人对他做了什么，严重的一定要去医院检查。语言上，如果他突然讲了生殖器的名词，要问清楚是谁告诉他的，若是同龄人，一般问题不大，若是大人，就要格外小心，了解清楚是谁、什么场合、什么时候告诉他的，那个人有没有碰他的身体，等等。行为上，如果孩子出现睡觉睡不踏实，突然变得情绪不稳定、不爱和人说话（尤其是对某些人、某些地方特别抵触），不想再去某些人的家里、拒绝与某些人接触，那么家长一定要留意。这里要提醒的是，熟人作案比陌生人要多，不要因为是亲戚或者朋友就没有防范。我们在日常生活中，要像关心孩子吃饭穿衣一样，留意孩子的生理状态，这对他们的健康成长很重要。

如果孩子真的被性侵了，父母也不要惊慌，我们必须采取妥当的方式处理这个问题。**注意：父母对事件的态度决定了孩子的修复程度，不要对孩子造成二次伤害。**我们可以这样做：**第一，不要责备孩子。**抱抱孩子，不要和孩子说"我不是告诉过你……"之类的话，告诉孩子这件事情不是他的错，爸爸妈妈也不会因为这件事情而不爱他。**第二，称赞孩子。**谢谢孩子愿意信任我们，把这件事情讲出来。**第三，报警。**让相关人员寻求有力证据，比如留取精液、指纹等。不要带着孩子上门去讨说法，也更不用担心报警后会被大家知道，现在警方非常注重对孩子隐私的保护，这种案件警方是不会公开审理的。**第四，和心理咨询师一起，帮助孩子渡过难关。**寻找专业的心理咨询师，帮助孩子疏导不良的情绪，不要反复询问，避免强化这段不好的记忆。

关于死亡

我记得在女儿 4 岁的某一天，她问我："妈妈，你会死吗？"看到新闻里说有人死了，她想知道妈妈是不是也会死。我意识到是时候和孩子谈谈死亡的话题了。我们中国人忌讳谈死亡，在我们的教育里，很少触及与死亡相关的话题。我们每个人对死亡的理解都是从周围人的述说、小说里的描写等看来的，一旦真的遇到死亡，大部分人都是猝不及防、毫无准备的，恐惧遍布全身。我们带着尊严生活了一生，很多时候却无法死得端庄。

和孩子谈谈死亡

死亡，是生命的另外一种存在方式。对于死亡，我们要教给孩子的不是逃避它，而是看到它、谈论它，才能够真切理解生命的价值。如果死亡教育能从孩提时代开始，那么孩子在自己的整个人生过程中都会对死亡有正确的态度，能够更加坦然地面对。每个年龄段的孩子对死亡的感受是不同的，我们可以在了解他们认知、性格和情绪发展特点的基础上，加以引导（见表5-4）。

表5-4 不同年龄段孩子对死亡的感受和家长的引导

年龄段	孩子的感受	家长的引导
3岁以下	孩子很少会问到与死亡相关的问题，只能感知死亡是人不存在了，除了少许的恐惧，没有太多的感受	可以带孩子用看绘本的方式去理解死亡，或者用善意的谎言来描述死亡，解释疑惑又不让孩子觉得恐怖和害怕，满足他们当下的好奇心，比如：他累了，去天堂休息和享福去了；他睡着了，要做一个很长的梦
4~6岁	认为生命都是活着的，生与死都是暂时的、可逆的，就像月亮在白天是"死亡"的，而在夜晚是"活着"的	可以用比喻、拟人的方式来描述死亡，比如：他变成了天上的星星在天空看着你
7~12岁	想法接近于成人，知道死亡是永恒的，人死是不能复生的	共情孩子，对孩子内在承受的恐惧和压力表示理解，比如：他去世了，再也不会回来了；你心里不舒服，很伤心、很难过，你和我说说吧，说出来就会舒服些，我陪着你
12~18岁	对死亡感到恐惧和仇恨，开始看心理学的书来寻找答案	多陪伴孩子，带孩子去看更开阔的世界，了解更多的未知
18岁以上	能正确认识死亡，能以积极的心态看待死亡，珍惜生命，认真生活	让孩子自己去寻找答案吧

用爱超越恐惧，用梦想超越死亡

大卫·伊格曼在《生命的清单》里写道，人的一生，要死去三次。

第一次：当你的心跳停止，呼吸消逝，你在生物学上被宣告了死亡。

第二次：当你下葬，人们穿着黑衣出席你的葬礼，他们宣告，你在这个社会上不复存在，你悄然离去。

第三次：这个世界上最后一个记得你的人，把你忘记，于是，你就真正地死去。整个宇宙都将不再和你有关。

亲人虽然离世，但是我们的心里永远记得和他们在一起的美好时光，记得他们给予我们的爱，所以，他们其实一直活在我们心里。**死亡教育的本质就是爱的教育**，发现爱、表达爱、铭记爱。有一项与死亡问题相关的问卷表明，人们最希望去世的方式就是躺在养育自己的父母或者祖父母身边，因为他们对我们的爱是无限包容的，**爱可以超越恐惧**。

我听过这样一个故事：父亲患了癌症，将不久于人世，去世前，他给女儿写了封信。信中这样说道：女儿啊！每次玩捉迷藏你都能很快找到爸爸，所以这一次，爸爸决定躲好久好久。因为爸爸躲起来的日子很长，你一定要代替爸爸照顾好妈妈、爷爷和奶奶。不要哭、不要觉得难过，因为你想我的时候，我就会出现在你的梦里。这是我们最后一次玩捉迷藏了，看看这次游戏，究竟是你厉害还是爸爸厉害。十年后，女儿十六岁，她明白了父亲所谓的"捉迷藏"的含义，她给天国的父亲回了一封信：爸爸，你躲起来的这些年，我一直坚强乐观地活着，并且很用心地照顾妈妈。我做得比你还好呢，这下你不担忧了吧！但是，我仍旧很想念你，可以让我哭一场吗？

从这个故事中看到，这位爸爸为了保护女儿，不让女儿活在他离世的痛苦里，向女儿道别时用的方式是多么温暖。

还有一个奶奶，她在快去世时有点遗憾，她想看到孙子长大，但是她等不了那么久了。于是，她就给孙子写信、录视频，告诉孙子她想要在每个时间节点和孙子说的话，她把她所有的爱都留下了。死亡并不是结束，爱会一直延续，**爱增加了生命的厚度**。

不朽的方式，除了爱的表达，还有对梦想的追求。《左传》中有"立德、立功和立言"的讨论，指的是人要有良好的品德、有属于自己的事业成就、能把自己的真知灼见著书立传；张载的《横渠语录》中有"为天地立心，为生民立命，为往圣继绝学，为万世开太平"；在辛弃疾的《破阵子·为陈同甫赋壮词以寄之》中有"了却君王天下事，赢得生前身后名"；陆游的《示儿》中有"王师北定中原日，家祭无忘告乃翁"；文天祥《过零丁洋》中有"人生自古谁无死，留取丹心照汗青"……这些都是古代先贤圣人的追求，为国为民的情怀让他们不朽，被后人永远铭记，**梦想增加了生命的长度**。

直面死亡是活着的一个重要课题

父母可以帮助孩子从科学教育和生命教育的角度，更好地认知生命与死亡。

从科学教育的角度，让孩子认识生命的过程，了解死亡的概念。就像蝴蝶，它在最原始的阶段是蛹，经过多次蜕变之后才成了漂亮的蝴蝶，而从蛹到蝴蝶的过程，就是生命传递的过程，这样的蜕变让生命更加精彩，所以，死亡是生命的正常过程，不用刻意回避。只有认可了这个过程是必须经历的，我们才可能让死亡真正地有质量。当死亡来临的时候，人体的电解质和酸碱会发生紊乱，肌肉僵硬，有些人会伴有咳嗽、发烧等症状，且大脑在处理着各种纷繁复杂的信息，可能还会有一些未尽的事宜，这些都会让人感到痛苦和焦灼，而所谓的"善终"就是无痛苦地死去，无论是身体上的还是心理上的。而且，此时人们会更加渴望爱，希望在自己的家人身边去世，想要握着家人的手感受来自亲情的温暖。所以说，这也是一个告别的过程。

从生命教育的角度，只有了解死亡，孩子才会对生命充满敬畏。死亡教育告诉孩子，遇到危险的时候，内心应该多一分淡定和理性，少一分惊慌和恐惧；死亡教育告诉孩子，生与死并不是完全对立的存在，死亡也是生命的一部分；死亡教育告诉孩子，理解死亡也是珍爱生命的一种方式，让孩子知道生命的可贵，善待自己，把握当下，回归生命本身。死亡教育也让家长自我反省，如果孩子明天就离世，那么我们还会和孩子去计较考试分数吗？我们还会要求孩子一定得找一个什么样的伴侣吗？我们还会逼着孩子找一份他并不喜欢的工作吗？从这样的角度去想，**我们生命的宽度增加了**。放手让孩子去自由选择，把更多的爱倾注在当下。

死亡，真是个宏大又神秘的话题，对你我，对孩子，都是这样。用《遗愿清单》里的台词来结束这部分内容吧：死亡，每个人都知道，每个人都见过，每个人都熟悉，但每个人都不了解。能够真正去了解的机会只有一次，亲身体验的机会只有一次，但这样的体验过后，便永远无法折回。据说，人的一辈子结束时，在上帝面前会被问两个问题，如果两个问题你的答案都是

"是"，那么你就可以上天堂。第一个问题是：你快乐吗？第二个问题是：你让别人快乐了吗？

最后有一些关于死亡教育的影片的推荐：

1.《狮子王》：你必须在生命的循环中找到自己的位置。

2.《寻梦环游记》：死亡不是生命的终点，忘记才是；亡灵世界与现实世界是用爱相连的。

3.《入殓师》：生如夏花般灿烂，死如秋叶般静美。死亡也可诠释得如此自然和美丽。

4.《遗愿清单》：人生的意义是什么？如果，生命只剩下三个月，你会做什么？

5.《我们天上见》：直到有一天，你离我远去了。但我没有哭，因为说好的，我们天上见。

希望我们和孩子一起去欣赏和成长，补上死亡教育这一课。

自我·夫妻·家校

第三篇

第6章

做更好的自己是给孩子最好的教育

好的教育从好的关系开始。第二篇我重点讲了亲子关系，从本篇（第6～8章）开始，我着重从"关系"出发，聊一下自我关系、夫妻关系和家校关系。本章主要从自我关系出发，讲述为什么做更好的自己是对孩子最好的教育。

教育，归根结底还是用一个人的思想去影响另一个人，决定各种"方法"起效的，最终是父母的心性、修养、视野和格局。当我们带着这种心态和这种感恩的心去生活、去跟孩子相处，我们会发现孩子变得懂事了，我们想要跟孩子沟通什么也变得更容易了，而且孩子自然而然地朝着我们期望的方向发展。

∴ 平衡是个伪命题

刚生完孩子上班后有一段时间，我的工作特别忙，担任着管理 40 多个孩子的班主任，同时做着年级副组长的管理工作，而且正值 2017 年新课程改革，北京所有中学都要进行选课走班。那个时候，我几乎每天都要加班，经常熬夜做数据、写材料，回到家要很晚，那会儿孩子基本上已经熟睡了，看着她稚嫩的脸庞，想起她刚才和我打视频电话时说"妈妈，你早点回来"的样子，就感觉特别愧疚。老人还会在旁边说，你看你陪孩子的时间太少了，她刚才一直喊着要妈妈陪睡觉。哎，我本来就很自责，这个时候内心更加有负罪感了，眼泪浸湿眼眶，不禁涌起一种冲动：要不干脆不要上班了，全身心在家陪伴她好了。

相信每一位职场女性或多或少都经历过我这样的崩溃时刻，和朋友们相聚时聊得最多的话题就是职场女性怎么做好当妈养娃和职业发展之间的平衡。我的学生小栗，他的爸爸妈妈事业非常成功，爸爸是某上市公司的董事长，妈妈是某互联网公司的高管，他们工作都很忙，没有时间陪小栗，小栗从小是在爷爷奶奶身边长大的。小栗在学校不仅成绩比较一般，还霸道，经常欺负别的孩子，并且搞了一些非常小众的社团；在家里，根本不听父母的话。小栗妈妈知道我已经有孩子，就和我说，小栗小时候他们夫妻俩光顾事业了，陪孩子不够，现在想弥补，却补不回来了……孩子的成长是不可逆的，她建议我在孩子小的时候，无论再忙，也必须花时间陪伴孩子。

可是，这谈何容易？

职场女性生存现状

19 世纪之前的女性是没有这样的问题的。那个时候，女性被视作男性的附庸，女性的社会角色就是妻子和母亲，家庭是女性实现价值的最佳场所。19 世纪六七十年代以后，女性主义运动推动了女性自我意识的觉醒。不过，这带来另外一个连女性自己都没有想象到的后果：新时代女性的困境。它意味着女性既要负责怀孕生娃、养儿育女，又要负责赚钱养家、过上优渥的生活。男女同样在职场，同样的时间、同样的精力，女性面临同样的考核和业务指标，在公司、社会上与男性相抗衡，竞争更高的职位，谋求自己的职业发展道路；但同时，她会在各个方面被提醒："孩子成长就一次，不要错过孩子的成长期，在孩子最需要妈妈的时候要多陪陪他。"可是，哪一个妈妈不想多陪陪孩子呢？当女人难，当妈妈更难。

在 2016 年发布的《中国女性、职业与幸福感白皮书》报告中，对于职业女性面临的最大挑战的问题，排在前三位的分别是：工作和生活的平衡、生育造成的职业中断、家庭责任与支持另一半的事业。像性别歧视、缺乏晋升机会、缺乏自信等这些职业上的挑战，反而排在后面。

美国劳工部劳工统计局 2018 年发布的《全球劳动参与率数据报告》披露了世界各国的就业数据，中国雄踞世界第一，而女性更是以 70% 的整体劳动参与率超过世界上任何一个其他国家，一骑绝尘。要知道，法国男性的劳动参与率只有 62%，印度女性的劳动参与率只有 28%。

中国女性可以自豪地说，我们是最自强、最独立、最出色、最具有奋斗心的女人。

但是，这数据的另外一面就是，中国女性也是最辛苦的女性。而且，让人更加难过的是，做了这么多事情，付出了这么多劳动，女性在社会上的生存状态却非常堪忧。性别歧视、就业歧视、容貌歧视、缺乏话语权、职场潜规则……这些偏见叠加在女性身上，成为女性发展中一层层的结构性枷锁。

在一次由颜宁老师组织的女性科学家论坛上，我们就讨论了女性养娃与工作平衡的这个话题。颜宁老师提到自己组织女性科学家论坛的初衷就是为了展现男女科学家的境遇，提供多元视角来观照科研女性，以鼓励和启迪年轻的科研工作者，尤其是女性科研人员。科研界一直存在这样一个问题：在大学里学习成绩好的、能保研直博的女孩子比男孩子多，而且女孩子在实验室工作得并不差，可是为什么越往上走就会发现做教授、做 PI（principal investigator 的缩写，指对所负责项目有主导权和指导权的个体）

的女性越来越少呢？不仅是科研界，很多其他领域也是一样的，职位越高，男女比例就越悬殊。

"我怀老大的时候快生了，参加单位竞聘排名第一，但人力要求我让给年纪大的同事，嫌我年龄太小，怕带不了团队。生完孩子回去工作的经历更离奇，想离职都大费周折，背锅背得让我觉得必须要学点法律知识保护自己了。去年刚来现在的单位，怀孕早期出血、孕吐也不敢表现出来，过了试用期才敢说怀孕，但领导无人可用，我就一直加班到生娃住院，40 周的时候还在上班。但是我心里很清楚自己在这里不图赚钱和级别，就是对得住自己的良心和责任。年纪大了很少拧巴，对单位和领导诉求少了也就不用费心琢磨他们的想法，专注于自己。"

"一样的！在我产假期间部门提拔了另一个男同事，而且是我手下，我回来就想'躺平'了。一点干劲都没有了。后来忍不了，就换了工作。生孩子对职业女性真是个坎。"

"我也差不多，提拔的虽然是我同级，但资历、能力都在我之后。如果年轻 5 岁，肯定不受这个气，直接跳。现在不敢了，纵身一跃是需要勇气的。"

"说起这个话题，我真是太心酸了，哎，怀二宝的时候刚好碰上行业内评职称，前 4 个月都不敢说，因为是部门内定选拔名单。怀孕初期默默地忍受着孕吐、遮掩肚子，还频繁加班，内心苦闷，明明这么努力却要担心歧视。好不容易熬到一轮面试结束，又延期了，估计这两周要进行的第二轮面试，我还要挺着大肚子去。我现在只想着在这个技术岗上做好自己该做的事，至于升管理岗什么的根本就不去想了，大企业病、人口潮，35 ～ 45 岁的人又太多了，排都排不过来。"

"在我司，每生一个娃，工资调级至少会影响 2 年，多则三四年。有时候心里会很不忿，但最终只能很懦弱地继续苟活工作了。"

"自从我生娃之后，家里没有人帮忙带孩子，请了几个保姆又都不满意，工作也不顺，所以我就完全辞职自己带娃了。我美国的朋友，他们在孩子 6 个月以后有 day-care，白天可以把孩子送到 day-care 去，有比较好的福利保障。而我只能等孩子长大点了，再去找工作。"

这是我们一个"清华妈妈群"的聊天记录。在征得当事人允许且不暴露具体身份的情况下，我几乎原封不动地把聊天记录放在了这里。我们平时在这个群里讨论最多的话题是养孩子，比较少涉及工作上的话题，一般都是聊怎么陪孩子玩，怎么给孩子选书，怎么喂奶哄睡等，这样新手妈妈就可以得到过来人的一些指点。但是，那天有一个妈妈突然挑起了这个话题，结果很多平时都不说话的妈妈们都出来说话了，大家讨论得热火朝天。妈妈们的反应都是"原来大家都有这样的遭遇"。

要知道，这可是毕业于中国最顶尖学府的女性发出的声音。如果她们的生存状况尚且如此，那么其他女性呢？

在世界经济论坛发布的《2016 年全球性别差距报告》中，主要对受教育程度、健康和生存、经济机会及政治赋权这 4 个领域中的男女平等进展情况进行了衡量。

在这份报告里，最震撼我的是薪资水平这一项。虽然女性的工作时间更长（包括有酬和无酬工作），但全球女性的平均收入仅为男性收入的一半。也就是说，女性至少承担了男性 2～3 倍的无报酬工作。怀孕、生产、喂奶、哄睡、换尿不湿、洗澡……这些都是工作，但被很多人认为是理所当然的事情。在这个常以金钱来衡量价值的世界里，女性的工作理应被看见。在北京，请一个育儿嫂每个月大概是 8000 元，而且她的吃住都在家里，她不用租房、不用交税，那么一名请得起育儿嫂的白领每个月的收入至少需要 1.5 万～2 万。可是，一个妈妈照料宝宝有去问谁要过钱吗？当然没有，因为她是妈妈。这样一对比，我们就能知道女性创造了多少无形价值。

这些问题承载着太多的无奈。女性毕业后大多数处在 24～28 岁的生育黄金期，这个时候绝大多数女性不管是迫于自身健康、年龄需要，还是家庭和亲友的压力，都要肩负生育子女的重责。很多当过妈妈的人都知道，自己的生活在生孩子前和生孩子后会发生翻天覆地的变化，简直是两个平行宇宙。生孩子前每天会捯饬一下自己，然后漂漂亮亮出门去，想买就买，想玩就玩，自由自在的。但生完孩子后，开始明显地消费降级，舍不得给自己花钱（即便收入上涨也一样），大部分的钱都花在了孩子身上；为了少掉头发、洗头节省时间，头发也从长发剪成了短发，而且能允许自己不化妆就出门。

消费降级和允许自己不化妆就出门还是小事，让人感受最大的落差还是女性职场生存状态的区别。香帅老师在"困境与突围：财富报告之女性专题"中谈到，未育女性比已育女性的职场生存状态更好，尤其是 25～29 岁和 35～39 岁这两个阶段的差异更加显著。有研究表明，每生一个孩子，就会造成女性工资下降约 7%，而且已育女性升职加薪的比例都低于未育女性，失业或者降薪的比例则高于未育女性。这真是令人唏嘘的结果。由于怀孕、生产、喂奶从生理结构上就是女性必须做的事情，导致她们至少有一年多的时间无法专注于自己的事业，有的甚至需要离开职场做全职妈妈，即使没有离开的也会因为职业中断，以及上班后需要将大量的时间、精力投入到育儿的琐事中而无法让自己抽身出来，于是她们在职业发展之路上只能妥协。

可是，生活在世界上，我们每一个人都追求被看见，女性也不例外。来世界走一遭，除了成为别人的妻子和妈妈，我们也希望有那么一个角落，能绽放出一朵属于自己的花。也许你偶尔会感到孤独、沮丧、无助，但请注意你并不是一个人，很多职场女性都有这样的问题。

怎么办？怎么平衡家庭和事业发展之间的矛盾？一手抱娃，一手搬砖；左手职场，右手妈妈。这可真是一个宇宙级的难题啊。

无法平衡是角色堵车的结果

不过，仔细想一下我们想要的平衡到底是什么？是自己的生活和工作时时刻刻都处于让人无比满意的状态，对不对？我们大多数人都活在世俗的规则里，心里充满着深深的欲望，希望自己努力带娃，孩子就能听话懂事、身体健康、成绩优异；希望自己努力工作，在事业上不断晋升，得到越来越多的奖金，而且不用加班，假期可以带着丈夫孩子一起去度假。你看，家庭事业双丰收，这是不是我们想要的完美的平衡？

可是，现实永远都是你在加班，家里一个电话打过来说孩子发烧了，然后你马上停下手中所有的活，飞奔回家照顾孩子；或者你周末正在陪孩子玩耍，领导一个电话打过来说周一早必须要交一份很着急的材料，于是大周末的，你打开电脑开始准备材料。其实，**所谓的平衡就是一个伪命题，没有什么平衡一说，只有每一个当下的、动态的取舍和选择**。虽然人生无奈，但终归有一些选择。人生没有绝对的平衡，所谓的平衡本质上是一种取舍：在情感上，选择了"朱砂痣"，就舍弃了"白月光"；在发展道路上，选择了进入体制内的安稳，就舍弃了体制外丰厚的财富；在家庭上，选择了生孩子，就要有一段时间腾出来照顾家庭。我们所谓的平衡不是指在人生的每个阶段都要均衡用力，而是在每个人生阶段会有不同的侧重，长远来看达到一种平衡。

我们之所以感到困惑、感到无法平衡，本质上是在一个阶段发生"角色堵车"的结果。在结婚成家、生孩子以后，我们的角色一下子变多了，工作者、女儿、妻子、妈妈，这时候需要我们去承担的责任和义务增加了，压力自然也就更大了（见图6-1）。于是，我们觉得难以平衡自己的生活和工作。

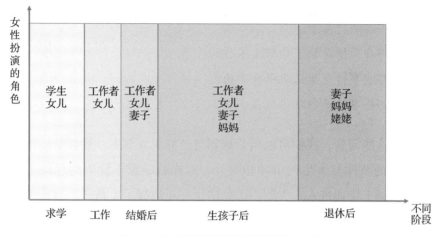

图 6-1 女性在不同阶段需要扮演的角色

　　既要上班当好员工，又要回家相夫教子、做贤妻良母，还要当好女儿。除此之外，你还要学习和研究很多东西：你必须是一个儿童心理学专家，知道孩子不同阶段身心发展的特点，不能错过关键期和敏感期；你必须是一个产品鉴定专家，知道哪个品牌的奶粉靠谱，哪个坚决不能买；你必须是一个好的选品人，知道什么样的童书质量上乘、要买来给孩子看；你必须对你想要买的房产比房产中介还如数家珍：你必须知道现在对学区房的政策是什么样的，哪里的学区对应好的学校，要在哪里购置房产；你必须是一个学科教育家，知道语文、数学、英语等学科什么时候开始学，上什么样的辅导机构……要新学习这么多东西，要做这么多重大决策，面对这么多角色，谁能不头疼、不心慌？哪个角色扮演不好都影响深远，但是所有角色都扮演好又是件难事，于是它们全都挤在一起，使前进道路拥挤不堪，令人焦虑难安。

安排好人生节律，规划好职业节点

　　角色堵车是每个职场女性的必经阶段，这个时候，我觉得最好的办法就是先做三个深呼吸，然后拆解一下角色，并把它们排序，按照非常重要、重要、不太重要和不那么重要排列出来，问自己三个问题：

> 哪些事情是缺了你肯定不行的？
>
> 哪些事情是你认为很重要的？
>
> 哪些事情是即使你现在不做，以后做也可以的？

根据这些问题，我们可以精心规划自己的职业节点，最好是能让自己事业发展的节律与人生的节律相重合，这样就不至于发生角色堵车。比如，我在博士毕业进入人大附中工作的第一年选择了生孩子。有人说，你不担心刚进去就生孩子影响事业发展吗？当然我有这方面的顾虑，不过，我们学校的领导很多都是女性，对女老师们都很体贴。所以，刚工作时，我选择了专心做教学工作，在生完孩子、喂完奶后，才逐渐开始在学校里承担更多的工作。我有意识地把人生的节律与事业发展的节律安排在一起，在某一段时间内专心做一件事情。再比如，在刚生完二宝之后，学校给我安排了一项比较重要的任务。但是，这个时候我还在喂奶，家里照顾孩子的事情是离不开我的，"妈妈"这一个角色缺了我肯定是不行的，而工作的事情并不是没有我就无法运转了。但是，我认为这项任务对我以后的职业发展很有帮助，我自己也非常重视它，所以我就找学校领导沟通，把家里的情况向领导反馈，看看是否可以等我结束哺乳期后再接手这项任务。领导了解了我的困难，同意了我的请求，先让别的同事代劳，等我回去上班后再接手。

所以，我们在适当的时候可以允许自己放缓脚步，在该停留的时候停留。人生是一场马拉松，不要在乎一时的得失，不要太在意这一两年的"失去"。其实，你也在这个过程中不断得到些什么，看着孩子在自己怀里吃奶的样子，是不是很幸福？

安排好自己的人生节律很重要，这样我们就能在一段时间内去聚焦这段时间内最应该做的事情（调整人生节律的象限图，见图 6-2）。在我决定以孩子为主的时候，工作很多就先放一放，下课后就回家照顾孩子（因为我们是弹性工作制）；在我决定以工作为主的时候，我在上班的时候就抓紧时间、提高效率，尽量在白天把工作都完成，并规定自己晚上 6 点必须到家，这样晚上就不再工作，而是高质量地陪伴孩子。凡事都有定期，天下万物都有定时。生有时，死有时。栽种有时，拔出所栽种的也有时。

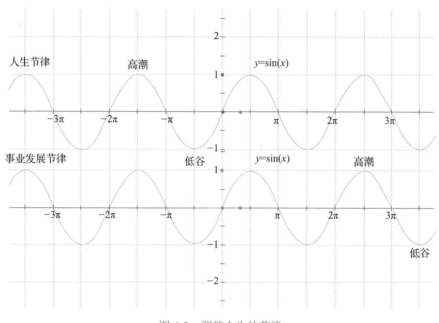

图 6-2　调整人生的节律

∴ 做更好的自己

我们总是对自己要求太高，在那么多要扮演的角色里，我们想要成为好女儿、好妻子、好员工，却唯独忘记了成为我们自己。可是，如果我们用尽全力，只是为了成为别人期待的样子，而忘记了自己是谁，一味地苛责自己、逼迫自己，那别的角色还能做好吗？想要成为好女儿、好妻子、好员工，首先要成为更好的自己。

孩子是我们最好的镜子，通过孩子，其实都折射出很多我们自己的样子。"你是什么人，比你对孩子做什么更重要"，养育好孩子，先做好自己。怎么做好自己呢？下面有几个我想要和大家分享的小点。

努力：你是什么人，比你对孩子做什么更重要

《向前一步》是 Facebook 的首席运营官谢丽尔·桑德伯格写作的一本书，她是美国薪酬最高的女高管，被美国媒体誉为"硅谷最有影响力的女人"。她在书中谈到，虽然生为女性真的很难，兼顾事业和家庭两头真的不容易，但女性不应该放弃追求自己的梦想，而没有走到更高的职位其实更多是出于内在的恐惧与不自信。我深以为然，倒不是觉得女性一定要追求赚多少钱、做到多高的职位，而是不管有没有孩子，都不要忘记做自己，都不要忘记自己最初的梦想。

我在清华读书的时候，不喜欢和一堆堆冷冰冰的仪器打交道，而且说来也怪，我在用仪器时总容易把它们搞坏。我还记得当时和颜宁老师聊天，说我觉得自己以后如果做科研可能是一个 mediocre-person（平庸者），但是我从小就喜欢和人打交道，喜欢读书、写作和讲故事，所以我希望以后能一边教书、一边写作。我以后可能也做不成科学家，不过我想当老师和作家。她很支持我的想法，毕业后我就去了人大附中当老师，她根本没觉得我作为她的学生，去当一个中学老师会给她丢脸。

我在当老师的头几年，确实非常忙碌，备课、上课、判作业、考试、判卷、当班主任等事无巨细，根本抽不出时间来写东西。但是，我一直记着自己想要做的事情，利用碎片时间如在地铁上看书、睡觉前听书，也会把自己平时思考和灵光乍现的内容记录在手机的备忘录上。怀孕的时候因为身体不适，很多时间只能躺在床上，但是我又不甘心把时间这样白白浪费掉，想着应该把这几年积累的东西整理一下，也算是对自己 35 岁前的一个交代。于是我就拿了个小桌板放在床上，身子靠在枕头上，半躺在床上开始了写作，总结自己在日常教学中遇到的学生学习方面的问题，以及

自己在把教学和科研结合起来后形成的对生物学世界观和方法论的认识。我的两本书就是在这样的情况下写作完成的。

《成为学习高手：清华博士的高效学习秘籍》算是我的处女作吧，其实，出版一本书挺不容易的，除了自己静下心来写作，还需要不断和编辑沟通思路、修改语句，从报选题到书稿审读都有无法顺利通过的可能，同时需要找外部审读人提建议进行修改。此外，我还需要在自己的朋友圈里找出那么几个愿意为书写推荐语的人，以及愿意帮着卖书推荐的好朋友……出版一本书，不仅是写作者个人知识的积淀，也是影响力的体现，这些都是在经年累月的不断努力中积累的。

书出版以后，一个多月就卖了近两万册，我还挺开心的，终于圆了我的作家梦。我知道这本书远不够好，绝非能流传千古的经典之作，但是，我受到了太多的鼓励：有来自罗振宇老师和花姐的支持；有李永乐老师亲自的直播卖书；有来自香帅老师、王立铭老师的鼓励；有来自今日头条不倦课堂无数老师听课的点赞；更有来自很多读者的留言，其中一个读者让我动容，他是一个刚考完研、守在爸爸病床旁边的学生，他觉得自己一度失去了学习能力、人生运气也不是很好，但是看完我的书以后他得到了信心和鼓励。我很感动，同时觉得自己做了一件有意义的事情，通过书传递了自己的价值，尽管不够完美，那又怎样？**完成大于完美**。我的女儿看到我出版的书后，特别开心，打开书有模有样地读起来，尽管那个时候她还不认识太多字。她说，她将来也要像我一样，一边做着自己喜欢的工作，一边写书。

我的一个学生 M 的妈妈，因为没有人帮忙带孩子，M 出生后她就辞职在家照料 M。孩子上小学时，由于送完孩子之后有大量的时间，M 的妈妈就开始自学会计。到了晚上，孩子做功课，她准备注册会计师（CPA）资格考试，和孩子一起学习。孩子上小学四年级时，她去面试了一家民企，做企业的财务。之后，几次跳槽，孩子上高中的时候，她已经是某个上市公司的财务总监。她最开始迫于无奈全职带孩子，但是，她从来没有放弃自己的追求，一直在不断地努力。M也能感受到妈妈的努力，所以M学习也非常勤奋刻苦，最后考入了北京航空航天大学。

很多女性实际上不是败给不行，而是内心深处的自我放弃。"反正都是天花板了，争也争不过，不如带娃吧""我带孩子已经很忙了，没有时间和精力再全心工作，做得差不多就行了"的想法经常一次一次地穿过我们的脑海。但是，我们不要给自己设限，击碎自己借口式的心智模式，我们没有孩子的时候能做很多很多的事情，有孩子以后可以做更多的事情。而且，我们的努力孩子是能感受到的，孩子看到我们努力，他们也会努力。只要我们坚持自己最初的梦想，做妈妈的同时注重自我发展，不抛弃、不放弃，打破自己内心的障碍，不给自己设限，向前一步，就能看见更好的自己，培养出更好的孩子。

欢欣：父母不亏待自己，孩子才敢幸福

生老二的时候，我一个人在家带老大，中午羊水突然破了，次日凌晨就生了老二。生完以后，正好是暑假，我每天晚上要起来3次给孩子喂奶，几乎没有完整睡眠，很多时候醒了也不一定能再次入睡，所以当时经常失眠。白天除了每3个小时的喂奶、哄睡、给老二洗澡之外，还需要安排好老大的各种课程和课外活动，语文、数学、英语、游泳、绘画等，同时需要处理一些稿子的事情。有时候好不容易刚把老二哄睡，老大突然间一句话说大声了点，就把老二吵醒了，于是又需要重新哄睡。等老二睡着了，放在床上，抓紧时间做一些家务，洗奶瓶、给奶瓶消毒、扫地、倒垃圾、擦桌子、上网买菜，以及接送大宝的课外活动……每一件事情都要精细地安排好，自己和丈夫的时间都要调配好，一点意外都会让大家忙得团团转。这些琐事占据了一整天的时间，每天忙得不可开交，却不见什么"成果"，整个人精疲力竭，那段时间累得简直要崩溃了。有时候整夜整夜地失眠、焦虑，我盯着天花板，看着旁边熟睡的两个孩子，等着渐渐破

晓、太阳一点点出来，心想：熬吧，可什么时候是个头？

说上面这些不是为了诉苦，我和很多好朋友聊过，每个人生孩子前后都有一堆的问题，不是自己遇到的就是孩子遇到的，没有那么一帆风顺的。谁不是像走钢丝一样过着每一天？谁不是每天忙到要飞起？哪个妈妈不是在公司上完班再回家上第二个班？不过，如果觉得日子很苦，每天抱怨，那么日子就真的很苦；但是，对于同样一件事情，如果我们换一个看问题的角度，或者处理问题的方法，也许结果会非常不同。有一个叫作情绪管理的 ABC 疗法，我觉得非常管用，介绍给大家。其中，A 代表诱发的事件（activating-events），B 代表信念（beliefs），就是说我们对事情的看法、认识和评价，C 代表结果（consequence）。不同人对事物的看法是不同的（即 B 是不同的），所以同样的 A 在不同人身上会引起不同的 C，也就是说导致结果的其实并不是事件本身，而是你对事件的态度和反应。

就拿刚才讲到的生完孩子后的情绪反应来讲，我觉得当时的我就是感到很累，但是我需要调整自己的情绪，让自己不因为这些事情而感到委屈、焦虑和崩溃。"委屈、焦虑和崩溃"就是我觉察出了自己不好的情绪，而觉察是情绪管理的第一步；"吾日三省吾身"则是建立自我的账本，经常性地进行自我核算的一种方法。觉察之后，不要急于批评自己不对，要用不评判的态度去接纳，我告诉我自己，这是人的正常反应，人不是机器，在这么累的情况下，有情绪是正常的。如果一味指责自己，只会让自己受困于情绪。觉察、接纳之后，要能把负面情绪转化出去。出了月子以后，我立刻联系了我的瑜伽老师，和家人商量，"请每天给我一个小时的时间，让我出去做瑜伽放松一下"。家人非常支持我。我发现，每次从瑜伽馆回来，我一天的精力都特别旺盛，像注入了能量一般，运动，能让自己身体的能量流动起来。这样，我的情绪也好多了，感觉达到了一种身心平衡的感觉。然后我会趁抱着孩子睡觉的时候做一段时间的冥想，这样对情绪的恢复也很有好处。到老二不吃奶了以后，每天协调安排好家人的时间后，我都会抽时间运动，每周末留出时间写作，或者出去做个 SPA，给自己独处的时间，给自己放松的时间。只有自己的情绪好了，才能更好地带动家人的情绪，这样整个家才会更和谐、更开心。

妈妈好，孩子才会好。妈妈睡眠好，奶才会多；妈妈情绪好，孩子才会开心。波伏娃在《第二性》中提到，并不存在一种叫作"母性"的本能，母性可能是一种非常复杂的情感，掺杂了自恋、利他、梦想、真诚、自欺、奉献这些不同的要素。只有当女性自由地、真诚地承担起作为母亲的责任，同时她本身也是一个完整的人、拥有丰富的生活时，孩子才更有可能给她带来满足，她才更有可能给孩子带来幸福。父母不亏待自己，孩子才敢幸福。妈妈的职责就是负责和孩子一起开心。取悦自己，活出自己的精彩，让自己有幸福的能力。

改变：孩子是镜子，帮助我们看到很多不足

人生目标实际上是多元的，没有人只想事业成功，却对个人和家庭无所谓。我们如何在个人追求、配偶关系、子女教育、职业和社会事务中分配时间和精力，最终决定了我们有什么样的人生。生活中最难的，不是如何衡量职业成就（事业成功反而是相对容易的），而是如何在个人、配偶和子女身上投入足够的时间和精力。而养孩子这件事情，投入是长期的，短期效果并不明显，所以，为了做好父母这份最重要的工作而愿意学习和改变，才是我们最该去做的。

首先，说学习。我们参加高考是要从小学学到高中的，我们读硕读博是要不断学习的，我们参加工作后也是要不断培训的，但唯独，为人父母，我们很多人是从来没有学习过的。为人父母还要学习？当然，有太多要学习的东西了。比如如何掌握小婴儿的睡眠规律让他吃好睡好，比如孩子成长过程中的身体发展、心理发展、智力发展和社会适应，比如孩子每个成长阶段的敏感期和关键期等。但我想说的不仅仅是这些，我想说的还有：回到我们自己本身，我们是不是一个终身学习者，我们是不是以身作

则、不断努力学习，还是每天回家就打游戏、看电视、刷视频？我们怎么做，孩子是看得到的。他们还会有样学样，你读书，他也会跟着读书；你打游戏，他也会打游戏。**父母的认知和行为，决定了孩子成长的高度。**

其次，说改变。有了孩子以后，生活确实发生了巨大的变化，我们要有清晰的人生目标，这样不会让自己在面对各种事情时乱了方寸，也要有充分的心理预期来迎接这一变化。应对变化，我觉得古人有句话很有道理，叫作"以不变应万变"。我一直有一个"人生平衡圈"，圈里包括了事业、家庭、财富、健康、个人成长、人际关系 6 个方面（见图 6-3）。每年 1 月 1 日的时候我会把它拿出来，根据这个圈做新的一年的计划；每年 12 月 31 日我都会再把它拿出来，检查一下今年的进度条是否完整，如果哪项没做好，我会在下一年多多注意。这是我的检查清单。我觉得每个人都应该有份自我审视和检查的小清单，这是让我们做正确事情的必要方式（推荐阅读《清单革命》）。

图 6-3　人生平衡圈

小博在初中的时候，成绩不错，考入了我们学校。但是周围好学生太多，导致她总是觉得压力很大，晚上经常失眠，考试也不敢到学校，生怕考不好。加上进入新的环境，周围没有她原来的同学，她又比较腼腆内向，不擅长交际，身边没有一起玩的朋友。我注意到了这一点，经常找她谈话聊天，但谈完话好了一两天后，情绪就又不稳定，恢复到之前的状态。曾经有一次，她孤身一人坐在顶楼上，有老师从楼下看到了，马上拍照片发给我，让我赶紧去劝她离开那里。我也是吓出了一身冷汗，怕她轻生，去顶楼找她谈了很久。

有人建议小博的妈妈带小博去看心理医生，结果去看后发现，小博有严重的抑郁症。小博的妈妈特别痛苦，犹豫了很久，最后决定，让小博休学一年，调整情绪和心态。妈妈也在反思，觉得自己从小对孩子要求太严格了，导致孩子形成了现在的性格，而健康的孩子比好的成绩更重要，以后孩子的发展就顺其自然吧。从此，小博的妈妈不再强求小博成绩怎么样，在小博休学的这一年里，她也留职停薪一年，每天陪小博爬山、读书、弹琴，一年后，小博精神状态明显好转了。之后，小博的妈妈挑了一所一般的中学，让小博自由发展，成绩考多少都无所谓。因为小博喜欢音乐，最后考入了中央音乐学院。小博的妈妈给我发信息说，当她自己去除了让孩子上清华、北大的执念，以孩子身心健康为出发点来培养孩子的时候，孩子也做出了改变，开始从抑郁中走了出来，从兴趣出发考取的中央音乐学院就是她最好的选择。

近些年来，青少年得抑郁症的人数在不断攀升，借着小博的例子，我也想和家长们说，我们可以多关心孩子的情绪变化，多主动和他们聊聊在学校发生的事情，也许能比较早地发现问题，并采取措施。

为了孩子，我们愿意改变，这是做父母的必修课。做好父母的本质是做好自己，身行一例，胜似千言，所以我们要做的努力就是让自己成为更好的人，管理好自己的情绪、确定好自己的目标，终身学习、愿意改变，和孩子一起成长。人生很长，**你我也不过行至半途，我们成长的方式才是给孩子展现什么是成长的最好"教材"**。

·: 精力管理

人到中年，上有老、下有小，我们的精力在不断下降，而生活却给我们提出了更高的要求，事业、财富、健康、家庭、自我提升等一个都不能少，应对"中年危机"的最好办法就是提高我们的效能。提高效能可以从两个方面入手，一个是精力管理，另一个是时间管理。

精力管理是指在做事情的每个时间段内，我们如何保持高效的状态。时间管理则是指除去 8 个小时的睡眠之后，剩下的 16 个小时中如何尽可能地挤出更多的时间去做我们想做的事情。这里先讲精力管理。

先给大家讲一个我身边的牛人故事。我在清华读书的时候，每天光是做实验就已经精疲力竭了。那会儿体力下降得很厉害，很多时候我都感觉自己的身体很疲倦，人也迷迷糊糊的，经常犯困。体重还在肉眼可见的范围内不断增加，想运动一下提升活力，可是实验太忙又没有时间。压力太大，晚上经常失眠睡不着觉。每天形成了恶性循环，疲于奔命，感觉生活没有意义。我的一位老师却有着完全不一样的状态，他不仅经常陪学生一起做实验，还熬夜写科研论文；平时白天处理学校和学院的很多行政事务，晚上回家还有两个四五岁的孩子需要照顾和陪伴。他做的这些事情，每一件在我看来都是我要花掉全部精力才能搞定的。但是，他看起来每天都是精力充沛的，即使每天几乎睡不到 6 个小时。他活一辈子做的事情，是我花两辈子可能也做不完的，简直比我高太多段位了。我很好奇他是如何做到这么多事情的，就偷偷观察他的生活习惯，发现他每天坚持跑步，至少绕着操场跑 10 圈；中午吃的主食很少，下午会喝一杯咖啡。就这样，他每天就像打了鸡血一样，工作效率高得出奇。

我一直以为这能力是天生的，但这位老师告诉我说，其实并不是，他是有意在训练自己的精力。我这才知道，原来精力是可以管理的，而且是可以通过后天训练提升的。我就专门去学习关于精力管理的知识，希望我也能有一个"开挂"的人生。这套知识在我之后的学习、工作和带娃中都发挥了至关重要的作用，我也想要介绍给大家。

有一个精力管理模型，叫作精力管理金字塔，从下到上分别是体能、情绪、注意力和意义感，它能切实提升我们的效能（见图 6-4）。对于妈妈们，我重点从体能的饮食、运动、睡眠和情绪进行讲述。

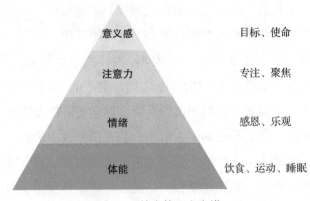

图 6-4　精力管理金字塔

全世界产出世界 500 强 CEO 最多的不是哈佛、耶鲁，而是西点军校。这些 CEO 回忆起在西点军校学习时，一致认为对他们后来工作最有帮助的就是在学校接受的高强度的体能锻炼，这会让他们脑部供氧、供糖、供血都充足，从而保证大脑长时间、高效率的工作而不会感到疲劳。所以，体能是精力管理的基础，在金字塔的底层。提升体能要从饮食、运动、睡眠三个方面来说。

合理膳食

要想保持精力旺盛，最重要的是要保持血糖的平衡，不要让血糖浓度有大起大落的变化。这是有生理学依据的，因为如果血糖像过山车一样迅速上升，那么就会刺激胰岛素迅速分泌，引发色氨酸进入大脑，而色氨酸可以合成让人们会觉得犯困的褪黑素，所以人们就会越来越困。

所以，吃饭的要义就是少吃多餐，每顿不要吃太饱，少吃主食、多吃高蛋白和高纤维食物。如果一顿饭吃得太饱、主食吃得太多，容易使得血糖浓度大起大落。而且，科学研究表明，每顿饭吃七八成饱有利于长寿。虽然只有简单的几点，但是真正要做到这些、要改变自己的生活习惯真的不容易，我们要时刻保持对自己吃饭习惯的警醒和觉知。分享一个每日合理膳食的安排表，希望大家能通过正确吃饭保持充沛的精力（见表 6-1）。

表 6-1　每日合理膳食安排表

时间段	吃什么	注意什么
早餐	高蛋白、高纤维食物，如鸡蛋、牛奶、蔬菜、水果	不要吃太饱
上午 10 点到 11 点	一小盘营养价值比较高的水果，如蓝莓、草莓等	不要吃加工过的食品，如饼干、薯片等
午餐	吃大量的蔬菜和牛肉、鱼肉等含高质量蛋白质的肉类。其中，深绿色的蔬菜如甘蓝、芥菜、菠菜，以及西兰花、卷心菜、白菜等蔬菜都是综合营养价值非常高的食物	吃七八分饱，少吃点主食
下午 3 点到 4 点	一小包坚果和酸奶	不要吃加工过的食品，如饼干、薯片等
晚餐	相对多吃一些碳水，最好摄入一些五谷杂粮	不要吃太多，白米、白面基本上全是热量，尽量少吃

另外，一定要注意平时多喝水，保持身体充满足够的水分。很多时候，我们感到疲惫，是因为大脑中的水分不够了。你看，夏天跑完步出汗太多了以后，我们就会觉得头晕，这种疲劳感就是由于缺水导致的。所以，我们平时一定要多喝水，这是一种有效缓解疲劳的方式。喝多少水合适呢？用自己的体重（千克）除以 32，就是我们每天大概要喝的水量（升）。比如，我体重 48 千克，那么我一天要喝的水就是 48 除以 32，就是 1.5 升。为了保证我们喝水量是足够的，可以买一个带刻度的保温杯，让自己养成每天定量喝水的好习惯。

对了，还有咖啡，咖啡能不能喝？当然可以，只要咖啡因的摄入量不是很大，对身体几乎没有什么伤害。美国国家卫生研究院建议每天咖啡的摄入量在 400 毫克之内，这是安全的范围，相当于 10 罐可乐的咖啡因含量，我们一般是喝不到这么多的，所以不用担心。不过请记住，喝咖啡最好不要放糖，糖会提高胰岛素的水平，让我们进入疲劳状态。

我的学生小 U 的妈妈向我分享了关于考试期间吃饭的问题，我觉得很有意义，在这里也分享给大家。小 U 在一模考试的时候，他的妈妈担心他在考试过程中饿了而影响考试，就给他做了一大碗面条，他中午吃得超级撑。结果，下午考试的时候，消化系统在不停地工作，血液集中在消化系统上，供给脑部的血液减少，导致氧气供应不足，反而对考试不利。小 U 在那次一模考试中就没有考好，才考了将近 600 分，发挥严重失常，因为按照小 U 平时的成绩，一般都是在 650 之上的，后来他考入了北京大学医学部。所以，吃对了饭，对于提升成绩也是有很大帮助的。

定期运动

运动对我们恢复精力真的太重要了。每次感觉身体要"发霉"的时候，运动起来能让自己精神焕发。一些人觉得自己本来已经很累了，再运动不是更累了吗？其实不是这样的，前一种累更多是精神的累，所以，才需要运动进行调节。因为运动的时候，血流量会增加，身体和大脑中供氧、供血、供糖量都会增加，使得大脑的代谢加快，反应速度和记忆力都提高；同时身体会分泌大量的激素，例如血清素、多巴胺、肾上腺激素等，这些激素也有助于促进大脑兴奋。

我的学生家长一般都是中年人（毕竟是高中生的家长了），但是有一次开家长会，我发现小 Q 的妈妈特别显年轻。最开始小 Q 妈妈在走廊遇到我并向我问路的时候，我都没有意识到她是我学生的家长，以为是我新来的年轻同事。后来，我们熟悉起来，我就问小 Q 妈妈保持年轻的秘诀，她说她没有做任何医美项目，如果非得找到一个原因，她觉得就是因为她一直保持运动的习惯。她会每隔一天练习肌肉力量，周末带小 Q 一起跑 5000 米练习心肺功能，出汗是最好的排毒方式，各种激素也有利于人保持年轻健康的状态。而且，她热爱运动，带动着小 Q 也热爱运动，小 Q 做题做烦了的时候，都会出去跑 2 圈，换换思路，这样更有利于学习（怪不得小 Q 在我们班的成绩一直是前 5 名）。

那对于我们来说，运动量要多少才合适呢？世界卫生组织给出的标准是，对于 18～64 岁的成年人来讲，每周至少要有 150 分钟的中等强度的有氧运动，大概是每天 30 分钟的时间。但如果要达到最优的效果，最好是每天 60 分钟。这里说的"中等强度的有氧运动"，"中等强度"是指我们最大心率（最大心率 =220- 年龄）的 65%～75%，比如我今年 35 岁，我的中等强度就是（220-35）×65%，大概是 120，很多智能手环都有检测心率的功能，我们可以用它进行检测。"有氧运动"是指慢跑、跳绳、游泳等能够让细胞发生有氧呼吸的运动，这样的运动才能达到训练并改善心脏功能的效果。

　　每次和妈妈们分享这些，大家最大的苦恼就是没时间。确实，特别是刚生完孩子的那段时间里，每天晚上要喂夜奶，睡眠被打断，白天要哄睡、做饭，趁孩子睡觉的时间还要洗衣服、做家务，哪里有时间专门抽出来锻炼身体？我一开始也深受其扰。不过，当我发现自己身体状况每况愈下，精神状态十分不佳的时候，我和家人商量，给我一个小时让我出去做瑜伽，慢慢地就恢复了身心的平衡。妈妈们要是实在没有时间，我有一个小建议：见缝插针地利用碎片时间进行运动。运动前，多想想运动的好处，让自己有动力动起来。有一种运动叫作高强度间歇训练（HIIT），是几乎随时随地都可以开展的训练，每次训练只需要 20 分钟左右，能在短时间内提高心肺功能和爆发力，提高人体的基础代谢率，很多名人都是这种训练的爱好者。如果实在连 20 分钟都抽不出来，1 分钟总是有的吧？有研究表明，哪怕做 1 分钟的训练，每天都坚持，1 年下来也能让人的血糖水平降低 15%。

　　再给大家几个小建议，可以强迫自己运动的办法。办公桌最好选择高度可以调节的升降桌，坐一会儿站一会儿地工作，这样交替进行，可以避免长期久坐对腰椎的损伤；如果办公桌是固定高度的，可以买一个小桌板，用的时候支起来、不用的时候收起来。上班的时候，如果距离在 3 千米内，最好选择骑自行车；如果需要坐地铁，建议从家到地铁的那一段路程跑步进行。如果开电话会议，可以戴着蓝牙耳机一边开会，一边做一些简单的拉伸运动。喝水可以用小杯子，让自己不断地起来打水的过程也是可以增加走动的过程（但一定要记得喝水呀，不要因为懒得起来连水都不喝了）。哄孩子睡觉的时候，可以练习深蹲起，白萝卜蹲、红萝卜蹲，对减掉因为怀孕引起的大腿上的赘肉是很有帮助的……

总之，其实不是没方法，而是没动力、没意愿或者一时没想起运动，希望每个妈妈看完后，都能做一个爱运动的妈妈。你爱运动，你就能精力无限；你爱运动，你就能开心无比；你爱运动，你的孩子就会爱运动！

合理睡眠

妈妈们抱怨最多的就是睡不够，生完孩子由于要喂奶，基本三年内没有完整的睡眠。我其实也是这样，刚生完孩子后，每天晚上起来喂奶，孩子吃奶慢、我的奶也不够多，每次喂完两侧都要一个多小时，睡眠周期都被打乱了。孩子大一点了会好一些，但仍旧要起夜，而且经常醒来喂完奶后就睡不着了。写到这里的我，刚刚给孩子喂完奶，现在是凌晨 3 点半。

但是喂奶是必须要做的，没有人能替代的事，有什么办法能让我们在这种"睡眠剥夺"的条件下还能保持比较好的精神状态呢？

我给大家推荐一个 R90 睡眠法。会睡觉、能倒头就睡是一种能力，它也可以通过练习和改变获得。这个方法不仅适用于刚生完孩子的妈妈们，也适用于那些平日里就睡眠不足的妈妈们。

我们先来了解一下睡眠是怎么一回事。在医学上睡眠有 5 个不同阶段的周期，分别是入睡期、浅睡期、熟睡期、深睡期和快速眼动期。入睡期就是我们刚刚睡着的时候，比如睡着睡着，突然出现了肌肉的抽动，或者突然有那种要跌倒的感觉，这就是入睡期。睡眠良好的人，入睡期只占整个睡眠时间的 5%。浅睡期是我们刚刚进入睡眠的时候，大概占整个睡眠时间的 50%，这个阶段很容易被唤醒。熟睡期和深睡期合称为深睡眠。熟睡期主要起到一个过渡作用，占整个睡眠时间的 7% 左右，而深睡期要占

15%。这是我们睡眠过程中恢复精力的主要部分，特点是不容易被叫醒。我们常常说有人睡觉雷打不动，很可能他就是处于深睡眠中。这个时候不要去叫醒这个人，否则他会感觉非常难受。睡眠的最后一个阶段叫作快速眼动期，通常占整个睡眠时间的20%。这个阶段在巩固大脑的学习和记忆功能方面有非常重要的作用。我们的眼球在这个阶段会出现快速跳动，大多数梦境就发生在这个时期，这时很容易被惊醒。一个完整的睡眠周期会持续90～120分钟的时间，而我们一个晚上会经历4～5个周期，总共睡6～9个小时。

R90睡眠法，其实就是说，如果每个周期按照90分钟算的话，我们一天可以睡4～5个周期。这是顶尖运动员的睡眠方案，比所谓的8小时睡眠理论要精确得多，因为每个人的身体是不一样的，睡眠时间也是不同的。

R90睡眠法主要是这样的：第一步，设定一个固定起床时间。这个起床时间应该是你每天都能实现的，最好要比你必须上班的时间提前至少90分钟，能保证在你睡醒之后，就有充分的准备时间，不会慌张。第二步，推算理想入睡时间。一个完整的睡眠周期通常是90分钟，一个晚上平均会睡4～5个周期。比如，你的固定起床时间是7：30，往前推5个睡眠周期，理想入睡时间就是午夜12：00。如果你发现自己会提前醒来，可以减少1个周期，比如设定凌晨1：30再睡，或者早上6：00起床，然后推算相应的固定起床时间和理想入睡时间。如果晚上需要起来喂奶，打破了睡眠周期，那也不要慌张，我们把睡眠时间往前调整一下，比如设定成晚上10：30睡觉，第二天早上7：30起床，这样有6个睡眠周期，即使中间需要起夜，也能保证4～6个周期，是足够的。有的妈妈会说，自己的孩子就是渣睡眠宝宝，怎么可能她说几点睡下，就能保证孩子睡下呢？我在带孩子的过程中看了很多与婴儿睡眠相关的书，自己也亲身实践过，我认为只要了解孩子的睡眠规律，一定能做到的，推荐妈妈们阅读与婴儿睡眠相关的书。

总结起来，R90睡眠法的关键在于保持节律，只要我们能够掌控，晚上失眠、醒了以后睡不着都不是很大的问题，第二天精力也会非常好的。

如果实在是晚上没有睡好，连 4 个睡眠周期也保证不了，那么不妨把小睡纳入日程。午后 1 ～ 3 点或者傍晚 5 ～ 7 点，找个时间小睡 30 分钟，可以帮你修复睡眠。除此之外，睡前睡后的程序不可忽视。睡前不要进食、不要大量喝水，要排便排尿，以免消化系统干扰睡眠；要远离电子产品，防止蓝光对我们的影响；让卧室光线由亮变暗。白天要多晒晒太阳，补充水分和营养。日光可以促进体内血清素的分泌，帮我们充分地醒过来。睡前也可以泡泡脚，让身体的体核温度升高，促进血液循环；睡觉时将室内温度调低些，能更有利于促进睡眠。

另外，推荐大家使用智能手环来监测自己的睡眠。我每天睡觉的时候会戴着智能手表，第二天早上醒来时，它不仅会显示我深睡眠、浅睡眠的时间，还会根据心率变异性的指标来告诉我第二天精力的恢复情况，100 分表示精力非常充沛，分数越低表示恢复得越差。

人体就像一块电池，睡觉就是在给人体充电，如果充电没充好，第二天要悠着点用，这样就可以根据自己身体的情况去合理安排工作学习，对自己健康是非常有好处的。

学会做减法

如果我们想有更多的精力做更多的事情，我们必须学会做减法：减少我们自己的决策成本，减少自己的情绪消耗，把宝贵的注意力全部都放在我们认为最重要的事情上。人的精力是有限的，想要获得更多，就意味着我们要把所有除了重要事情之外的其他事情进行自动化处理，减少自己的决策成本。

有一个科学研究的结论，我觉得挺值得我们思考的，在这里向大家分享：哪怕是决定穿什么衣服，或者中午吃什么饭，这样小的看起来无关紧要的事情，实际上它和我们最重要的工作一样，对我们精力的消耗值居然是相同的！如果把我们比作电脑，这意味着只要我们做一个决定，无论是什么内容，都会占用我们的内存。这让我想起了乔布斯和扎克伯格，乔布斯衣柜里有很多条一模一样的牛仔裤，扎克伯格每天都穿同样款式的 T 恤衫。扎克伯格说：**我是真想把生活中不必要的东西都排除掉，这样我就能尽量少做决定，把时间花在更值得做的大事情上。**如果因为生活中太多鸡毛蒜皮的小事情浪费了我们大量的内存，那就会产生"决策疲劳"。想想我们生完孩子以后，和妈妈、婆婆等家人在照顾孩子上意见不同时，经常需要不断地去做决定。那种心力交瘁的感觉，我想每个女性都应该体会过吧。

除了决策，情绪消耗也是一样的道理。情绪是影响我们人体做出反应的最底层因素，我们看似在用理性思考，其实是用情绪做决策、用理性去解释行为，所以，情绪对我们至关重要。如果说，体能是我们人体的发动机，那么情绪就像是汽车的底盘。我们要避免把自己置身于一种消极和悲观的氛围中，减少无谓的情绪消耗。

正面情绪是精力输出至关重要的保障，身处一种充满正能量的氛围中，可以在无形中支撑自己达到可持续的高水平状态，让自己形成正向的循环。而正面情绪的来源是体内的激素小分子，可以通过吃东西、做运动、听音乐、感恩练习等方式来提高这些激素的水平，从而让我们每天都处于一种精力充沛的状态。我在下表中列出了一些让大脑释放快乐激素的方法，大家可以适当参考（见表 6-2）。

表 6-2　让大脑释放快乐激素的方法

大脑的快乐激素	别名	如何做	吃什么
多巴胺	奖赏激素	尝试新事物 听音乐、冥想 笑一笑	适当补充铁和维生素 B 吃少量的甜食
血清素	情绪稳定剂	晒太阳 做运动 进行感恩练习	适当补充维生素 D 多吃高蛋白和高纤维食物
催产素	爱情激素	对他人表示赞赏 参加志愿活动等 和小动物玩耍	
内啡肽	天然止痛药	练习瑜伽或者冥想 听音乐或者绘画 进行中等强度的有氧运动	食用少量的巧克力 适量食用辛辣食物

总之，吃对了、睡好了、运动到位、调节好情绪，就会让自己每天都活力满满！当妈妈再辛苦，我们也会有充沛的精力去应付工作和生活中的各种难题。大家不妨试一下，开启精力管理吧。

∷ 时间管理

有一个好朋友向我抱怨：每天下了班回家，还要上另外一个班，一天 24 小时都在上班，生活总是忙忙碌碌的。接孩子放学，回家之后做饭洗碗、辅导孩子功课、洗澡后陪孩子读书、弄孩子上床睡觉，等孩子睡着了，还要洗衣服做家务，这个时候一看表，天哪，已经晚上 11 点多了。爬上床，定好第二天早上 6 点的闹钟，想着要给孩子做什么不一样的早餐，慢慢进入梦乡。怎么每天就这么忙呢？

生二宝前，很多人跟我说，你生完两个孩子后，根本没有自己的时间。不过，事实并非如此。我在生完二宝后的一年里，除了正常上班外，还写完了 3 本书。我觉得自己的时间管理做得还算不错，再结合一些平时在与家长聊天时聊到的方法，在这里分享一些我在时间管理方面的心得体会。

要事第一，不做时间的穷人

有一本书叫作《稀缺》，副标题叫作"我们是如何陷入贫穷与忙碌的"。作者谈到的穷，指的不单单是缺钱，也缺时间、缺技能等，就是指对资源感觉到匮乏的一种心态。穷人和富人的根本区别就是对资源的利用能力不同。稀缺的本质就是没有余闲，日程总是排得满满的，时间总是不够用的，每天总是焦头烂额的……可是，"穷人"穷的真的是时间吗？本质上是没有注意力去关注真正的长期规划，无法跳出稀缺的怪圈，陷入永远都忙不完的恶性循环之中。

这种长期规划其实就是我们所说的战略。在精力管理中，我们提到要学会做减法，把生活细碎的小事简化，减少选择的麻烦。生活中这样权衡式的思维越少越好，在网上买衣服时，不要为了节约几块钱而浪费掉大把的时间。这样做不仅能节约大脑"带宽"，把注意力放在真正值得的事情上，还能留出更多的时间去做更重要的事情，这就是要事第一。

怎么抓大放小呢？孩子的吃喝拉撒睡以及最让家长头疼的陪写作业，都不需要精细化管理。就拿家长是否要陪孩子写作业这个问题来说，我也请教过我很多好学生的家长，他们一致的意见都是：不要陪。

这些家长们，大多数都会在孩子小学一二年级的时候帮助孩子建立起良好的学习习惯，三年级后就不管孩子学习了。他们认为，不陪孩子写作业好处是很多的。这不仅能帮助孩子建立自主学习的意识，还节约了家长的大量时间。习惯的建立对于孩子来说是一件终身受益的事情，可以让孩子明白上课前如何预习功课、如何听讲、如何复习等，习惯建立起来后家长就可以慢慢放手了。要让孩子明白写作业是自己的事情，就像孩子学走路，家长不放手，孩子永远也学不会走路。毕竟孩子的人生是他们自己的人生，家长不可能帮他一辈子。

其实，不要陪孩子写作业也是有相关研究结果支持的。美国得克萨斯大学和杜克大学两位社会学教授基思·罗宾逊（Keith Robinson）和安杰尔·L.哈里斯（Angel L. Harris）追踪了近30年美国父母的63种参与孩子学业的活动，发现家长陪孩子写作业没有任何帮助，甚至孩子上中学以后，父母的帮助还会让其成绩下滑。

这时，有些朋友就会说，不行啊，我们家孩子一点都不自觉，如果不在旁边看着，他就会磨蹭时间，犯懒，而且效率特别低。不写作业时母慈子孝，但一写作业鸡飞狗跳，陪孩子写作业真不是一件容易的事情，甚至有妈妈被气到中风、爸爸心梗突发去做支架了的情况。如果不陪孩子写作业，孩子习惯没建立起来怎么办？孩子就是没有自觉学习的自律能力怎么办？

我们可以试着减少自己的焦虑，给孩子空间、信任和爱。

减少自己的焦虑。 艾莉森·高普尼克说为人父母的绝大部分焦虑，其实都来自对养育细节的过分在意，过分强调养育的细节很多时候是徒劳。它除了带给为人父母无穷的焦虑、自责和挫败感，带给孩子投射在父母期望之下的压抑感之外，别无益处。让我们深入分析一下自己的内心，为什么会因为孩子写不好作业生气？我推导了一下逻辑，大概是这样的：作业写不好导致学习跟不上，考试成绩就会不好，从而考不上好大学，还会让家长脸上没面子，而孩子将来也没有好人生。一些家长把自己的期望寄托到了孩子身上，希望经由孩子完成自己没有完成的事业、实现自己没有实现的梦想。所以，归根结底，是我们自己的焦虑使然。

给孩子空间、信任和爱。 在高普尼克看来，为人父母不应该是一个木匠，而是一个园丁。木匠是一丝不苟地按照自己的理想做一把椅子、一张桌子，而园丁是为孩子打造一个生态系统，给孩子成长足够的养分，给孩子发展足够的空间，让孩子自由生长。在爱和信任的基础上，家长再去培养孩子的学习习惯其实是水到渠成的事情。人类天生就是学习的机器，我们不要低估孩子的学习能力，他们的学习能力远超大人的想象，他们可以边看边学、边听边学、边玩边学、边练边学，他们任何时候都是在学习。

说完这些，有些家长可能觉得我还是什么都没说，只是减少焦虑、给孩子信任和爱，孩子就能主动学习了？这也没有对问题进行正面回答和提供可行的解决方案呀，没有任何可操作的、可执行的方法和步骤？我一直觉得，方法步骤这些东西固然重要，但是如果我们学习了太多的方法步骤，却没有在认知上提升，最后只会变成用了两天方法步骤就坚持不下去了。而能把方法步骤坚持用下去的最重要的事情是懂得为什么方法步骤是这样的，也就是说，击穿我们的认知。优秀的家长，不是不会方法步骤，而是有些"点"自己没有意识到，所以要先在"道"的层面明白，再去理解"术"，"术"的层面其实反而是很容易的事情。

如果因为孩子作业的事情再生气，我们可以不断重复这句话：我那么爱你，才不愿意和你因为作业的事情而争吵。有时候心态的一点点改变，生活节奏的一点点调整，就会像多米诺骨牌一样引发连锁效应，让自己的恶性循环转变成良性循环。

让时间折叠，把生活外包

生完二宝后，我发现自己的时间变得七零八落的。一会儿二宝饿了要喂奶，一会儿要哄睡，一会儿要换尿布，其间的空闲时间还要陪大宝读书、给大宝洗澡、检查大宝的作业等，属于自己的时间真的是非常少，根本没有大块的时间来思考问题。

当我意识到这个问题的时候，我就想，既然时间都被打散了，不如想想怎么把零散的时间利用起来。我发现了时间的几种用法，让自己经常处于"一边……一边……"的状态：一边洗衣服一边听书，一边抱着娃哄睡一边做深蹲起，一边敷面膜一边写作，一边带着大宝一起跑步一边培养她的耐力……这就是让时间折叠的好处，能最大限度地利用每一刻的时间。

零散的时间毕竟无法使人静下心来系统地思考，我也希望改变现状，尝试找一些可以增加大块时间的方法。确实找到一些非常好的科学带宝宝的方法。有一些专门讲 1 岁以内的宝宝如何睡觉的书，从中我知道了如何调整宝宝白天和晚上的睡眠周期，明白了在一小觉醒来之后如何接觉，从而帮助宝宝养成良好的睡眠习惯。慢慢地，我发现带起宝宝越来越轻松，也有了属于自己的比较大块的时间。你看，当妈以后时间管理能力更强了。

此外，要多调动自己身边的资源，为我所用，把生活外包，让周围的人都成为自身支持系统的一部分。这里列举一些我们平时可以协同的资源。

伴侣：一定要让老公一起参与育儿的过程，让伴侣真正成为自己生活的搭档。很多妈妈们看了这一点肯定嗤之以鼻，要是老公能参与育儿，她们还会这么惨吗？多数女性会责怪自己的伴侣没有帮着一起照料孩子，但这也是有方法的，后面我会专门讲这个事情。

亲人：爷爷奶奶、姥姥姥爷也是得力的帮手，如果他们身体不好，可以找一些自己家的亲戚，没有近亲可以找远房亲戚，只要是比较能信得过的。

邻居朋友：试着在自己的小区里，找能信得过的、有相似年龄小朋友的邻居一起带娃。孩子们在一起玩得开心，也解放了大人，这是一个我们屡试不爽的好方法。我们没时间的时候，对方家庭可能正好有时间能帮着带娃，而对方忙的时候我们也能帮忙。

网上买菜：现在有很多网上买菜的 app 基本上能做到当天或者隔天到达，能省去我们很多跑路和挑选的时间。原来买菜是一项比较麻烦的事情，必须去到菜市场、在菜场自己挑菜、拎着菜回家，这都是花时间的地方。现在我基本上都会选择网上买菜，在回家的地铁上下单，到家菜也就到了，这样省去了很多时间。

智能家电：给大家推荐两个省时间的宝贝，一个是洗碗机，另一个是烘干机。每天吃完饭后，直接把碗放到洗碗机里，洗碗机把我从繁重的、油腻的家务中解放了出来，每天至少节约我半个小时的时间，而省去的洗碗时间可以用来陪孩子读书。烘干机也是一个超级棒的省时间工具，每次洗完衣服不用晾晒，直接扔进去，过一会儿衣服就都干了，不仅衣服上粘的毛毛都没有了，而且那种暖烘烘的柔软触感能带来一种满溢的幸福感。

请人帮忙：如果家人由于各种原因没有办法来帮助妈妈照顾宝宝，可以考虑请一个育儿嫂。一般来说，育儿嫂会是妈妈照顾宝宝的得力助手，能帮助妈妈节省很多时间。育儿嫂经过了比较长时间的培训，也有带过多个孩子的经验。不过，由于从业者平均素质并不高，市场上特别好的育儿嫂可遇而不可求。而且，现在育儿嫂价格也比较昂贵，在北京住家育儿嫂的工资一般为 8000 ～ 9000 元，且包吃包住不用扣税。如果觉得无法承担雇用育儿嫂的支出，也可以请钟点工帮忙，一个周末来打扫一次卫生。当然，有些妈妈把打扫卫生当成工作之余的放松，那就另当别论了。

不过，我注意到，真正妨碍新手妈妈们的很多时候不是时间的问题，**妈妈们扛不住的其实是内耗**：比如带孩子的时候家人支持少，老公不帮忙、婆媳矛盾激化，或者收入下降带来的经济上的压力，或者自我价值感匮乏带来的自我怀疑。处理好家里的各种关系，给自己一个稳定的支持系统，才能心无旁骛地该工作时工作、该陪孩子时陪孩子，让自己同时有高质量的陪伴和高效率的工作。

学会说不，生活由我

关于时间管理，其实有很多现成的方法，比如 GTD 法、番茄工作法、四象限管理法、柳比歇夫法、甘特图法、专注冥想法、任务清单法、子弹笔记法……但是，貌似很多人都用过这样的工具，却陷入了间歇性自律、持续性懒散的怪圈。

如果这种时间管理工具一两个人做不好，那可能是个体的问题；但是如果很多人都做不好，那一定是其他地方出了问题。从进化上来讲，我们在原始社会的时候就应该是"好吃懒做"的，因为只有这样我们身体里才能储存能量，应对接下来几天可能找不到食物的危机。也就是说，时间管理其实对抗的是我们进化的本能。而要完成这种对抗，从物理学上来讲，一定是要靠做功的，就是要靠消耗我们自身的能量去管理时间、想着如何把那么多事情安排好的。

但是，生完孩子本来就已经一团乱麻了，哪里有那么多精力再去对抗自己的本能，做什么所谓的时间管理？而且孩子的各种时间是相当不确定的，什么时候吃、什么时候睡完全是不可控的，所谓"猫一天、狗一天"，我们很难制订出一个有效的时间管理规划表来照着执行，那怎么办？

我采取的方法就是，学会说不，把不必要的选项都去掉。生完孩子后，要尽可能以家庭为优先，把时间腾出来，多一些陪孩子的时间，也给自己多留一些私人空间。

比如，不要怕得罪朋友。有朋友叫我出去吃晚饭、聊天，我会问自己，这个应酬、饭局比陪孩子更重要吗？如果不是，我就果断选择不去，并告诉朋友，晚上是我陪孩子的时间，不方便出去。如果真的有什么事情必须见面说，那就挑一个工作日的中午，大家一起吃顿简餐就可以了。

又比如，不要怕得罪领导。一个研究机构的某个领导找到我，希望我写作一本面向初高中生物学方面的教学指导，并且录制成视频课程。我觉得这是一个很好的锻炼我自己能力的机会，而且能系统地总结一下近些年教学的心得，是个非常好的项目。但是那会儿我刚生完二宝 3 个月，衡量了一下时间和任务量，我觉得我不可能保质保量地完成，于是就果断地拒绝了。

再比如，不要怕得罪家人。自己比较累或者情绪不好的时候，可以和家人商量，让自己出去放松一下，无论是出去跑步、做瑜伽、做 SPA 还是推背按摩……什么都好，不要让自己紧绷着，把自己的需求说出来，并和家人协调好。不要觉得自己要出去放松有愧疚心态。

当然，我知道很多时候，拒绝别人的好意是一件很难的事情。但是，人的时间精力真的是有限的，当别人熟知了你的处事方式，当别人了解你的边界，很多时候也能够体谅你的拒绝。能高效做事情的人就是战术家，而知道自己不应该去做哪些事情的人则是战略家。

来，让我们一起念一遍：**我是必死的凡人，我的时间、精力都是有限的；有很多事情，我做不到；我不需要讨好所有的人；我要保证，活着的每一天，我都在努力。**

第 7 章

成为好夫妻是成为好家长的前提

在一个家庭中，夫妻关系高于亲子关系是科学共识。夫妻关系是家庭关系的核心，学会处理夫妻的矛盾和冲突，给孩子提供一个亲和且稳定的环境，更有利于孩子的健康成长。而且，育儿不仅仅是妈妈的事情，还要让爸爸深度参与其中，父爱不缺失，才更有利于孩子发展出稳定的情绪和健全的人格。

·: 夫妻关系是家庭关系的核心

一个家长找到我聊天，她特别委屈，说着说着差点哭出来。她老公工作很忙，经常在外出差，她每天要负责接送孩子、给孩子做饭、陪孩子学习，可是孩子特别爱玩游戏，学习成绩下降得很厉害。她觉得自己已经付出很多了，可是老公每次回到家，仍旧不停地指责她，认为她没有把孩子的习惯培养好，批评她的教育方式有问题，她和丈夫总为此吵架。她说自己用尽了力气去培养孩子，可是孩子一直成绩不好，不知道自己哪里出了问题。

我的一个学生芳芳，虽然学习成绩不错，但经常默默寡言，不和其他同学交流，对周围人和事都有一种不信任的感觉。后来，我了解到，造成她性格内向的部分原因源于她的爸爸。她特别恨她的爸爸，因为他经常通宵打牌、喝酒喝到烂醉不回家，也不怎么管她的学习。不仅如此，突然有一天，她的爸爸还消失了，一句话也没有留下，不知道爸爸去哪里了，只剩下她和妈妈相依为命。她们一起埋怨爸爸、一起指责爸爸、一起怨恨爸爸，她已经完全不在乎家里是不是有爸爸这样一个人了。

与她们的交流都促使我不断地反思，夫妻关系在孩子成长方面有什么作用呢？

亲和且稳定的环境对成长和成绩都至关重要

以夫妻关系为核心，拥有亲和且稳定的环境，组成夫妻共同体，一起陪伴孩子的成长，这是最适合孩子成长的家庭结构。 从结婚到生孩子，夫妻之间的关系经过了三个阶段：结婚期、生娃期、后生娃期（见图 7-1）。

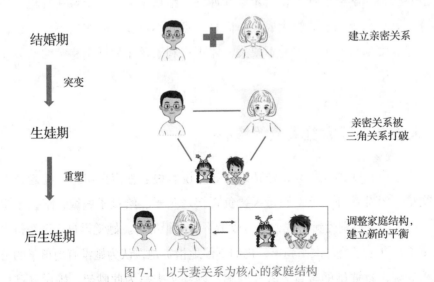

图 7-1 以夫妻关系为核心的家庭结构

第一个阶段是结婚期，就是夫妻之间建立亲密关系的过程，从"我"到"我们"的旅程。这个时候夫妻两个人会有摩擦，但由于生活中遇到的问题不多，需要做的人生重大决策也比较少，所以摩擦比较容易解决。

第二个阶段是生娃期，就是夫妻组建家庭、刚刚生完孩子之后的时期，这个时候由于孩子的出生打破了二人世界的甜蜜宁静，家庭结构发生改变，夫妻之间的二元关系顺利地滑入丈夫、妻子和孩子之间的三角关系。女性因为怀孕妊娠中的激素变化，激活了基因中的抚育本能，一旦开始抚育婴儿，会表现出一种天生的排他性，把照顾孩子当作自己生活的核心，她进入了一个完全以孩子为中心的世界。如果孩子出现了一点点问题，比如发烧生病、吃奶不好、睡眠不足、认知能力发展缓慢等，都会让女性焦虑万分，并且夸大这些问题的严重性。因为女性忙于处理孩子的各种问题，她分给丈夫的感情和关注，自然就会急剧下降。

而丈夫呢，进入"爸爸"这一角色还需要一段时间。他虽然认知上知道自己当爸爸了，但是情感上还没有完全接受，没有做好当爸爸的准备，面对所发生的突变，会茫然不知所措。此外，他会感觉到自己被冷落了，因为妻子所有的关注都在孩子身上，夫妻很难找出时间畅谈一场，一起看个电影、一起出门旅行更是一种奢侈。丈夫逐渐成了被排除在外的"局外人"，而且，逐渐出现嫉妒、愤怒和失落感等负面情绪。

除此之外，传统社会对男性气概的狭隘定义，会让新手爸爸不愿意太多地参与到育儿的过程中。他们认为自己只要能为家庭提供经济支持，就算合格。如果一个男人表露出太多细微的温情，去干诸如给孩子换尿布、量体温这样的琐事，就"不像男人"。在当今社会，很多中青年男性觉得无法胜任父亲的角色，也是因为他们的上一代在育儿和代际亲密关系方面，不能做出像样的表率，从而导致他们自己成为父亲时，茫然无措，不知道如何去支持自己的妻子。

因此，曾经亲密无间的两个人就会由于孩子的诞生而发生改变，形成由丈夫、妻子和孩子组成的三角关系。这种三角关系，带有先天的不稳定性。夫妻双方都希望回到原来的亲密关系，希望对方更关注自己，可是，大家都不自觉地把关注的重点放在了孩子身上（而这在传统道德上，并不会被认为有什么不对劲的）。

第三个阶段是后生娃期，就是夫妻意识到三角关系带来的问题后及时地纠正过来，并且重塑家庭结构的过程。让人比较遗憾的是，很多夫妻一直停留在了第二阶段，无法完成从第二阶段到第三阶段的跨越，家庭结构一直处于这样一个不稳定的倒三角状态，家庭矛盾不断爆发，夫妻吵架是家常便饭，家庭冷战不断上演。很多夫妻认为，随着孩子的长大，诸如孩子去幼儿园、上学了，夫妻有了独处和修复感情的时间后，很多问题会自己解决。但是，千万不要这样想。事实证明，在孩子成长的各个阶段，会有各种各样不同的挑战出现，长此以往，夫妻间的这种生活模式会一直延续下去。

而这样的环境是不利于孩子身心健康成长的，严重时，对孩子的成绩也会有比较大的影响。在一个经常吵架、冷战的家庭中，孩子大脑的生长发育是受到抑制的，甚至会导致成绩的下降。我在前言中提到的有关小姜的案例，就属于这种情况。当父母吵架时，孩子的压力就会增加，导致孩子体内的皮质醇分泌增多，这会伤害大脑中的海马体（海马体负责学习和记忆，可能导致注意力不集中、反应迟缓、记忆力减退等），影响前额叶皮质的发育（前额叶皮质负责理性、语言和逻辑），造成孩子情绪不稳定、缺乏安全感。孩子不会管理情绪、不善于表达情绪，敏感脆弱，长此以往会造成身心、情绪的困扰，影响孩子的行为模式和性格发展（例如，遇到意见不合，就和别人吵架等）。所以，亲和且稳定的家庭环境对孩子的成长和成绩都至关重要。

好的家庭是有修复能力的家庭

夫妻吵架其实并不可怕。事实上，再好的婚姻，一生中也会有 200 次离婚的念头和 50 次掐死对方的想法。家庭中不可能没有冲突和吵架，锅碗瓢盆间磕磕碰碰是再正常不过的。最重要的是，弄清楚为什么吵架，以及，以后如何避免吵架。

我发现，夫妻的很多吵架，表面上看起来是鸡毛蒜皮的小事，本质上就两个问题，一是"谁说了算"的争输赢模式，如妻子觉得要报辅导班，丈夫觉得没必要报，两个人争吵得不可开交；二是"他不爱我"的争宠模式，如丈夫忘记给妻子过生日等。吵架的时候，两个人都不会把自己的底层想法说出来，几乎都把希望得到对方关心、理解的情绪包装成了指责对方工作忙、对家庭没有责任感的简单表象模式。

我们要学会正确地吵架，不让自己的冲动影响了孩子的心理健康和正常的学习。我的一个女学生帆帆，父母经常吵架，造成了她敏感的性格。她说每次父母吵架，她就心慌，根本没法学习。但有一天早上发生的事令她印象深刻。一场秋雨后，黄色树叶簌簌落下，地上有一些积水。父母破天荒送她去上学，她故意走在他们前面，不和他们一起走。后来，她回头瞥了一眼，看到母亲挽着父亲，眼泪突然流了出来，偷偷地走在前面哭。她说，她希望父母永远像这样，不要吵架。

正确的吵架方法是要回到关系层面的，看到对方的情绪，回应对方的需求，思考对方的底层情感诉求，否则只能在原来的模式中一遍一遍痛苦地重复。我总结了一些有效吵架的方法。

第一，就事论事，不翻旧账，不做人身攻击。每次吵架时，一定要就事论事，千万不要上纲上线，也不要翻旧账。吵架翻旧账的心态，目的就是让对方有愧疚感，让对方在这次吵架中低头。但这是不合宜的方式，我们要就事论事，不要把原来的事情再拿出来讲，更不能做人身攻击。"你们家那么穷，我嫁到你们家真是太亏了""上次要不是我救场，那局面还不知道怎么收场呢，就你那情商还是算了吧""你看看你交的都是什么朋友，狐朋狗友，只知道一起胡吃海喝，能干成啥事""你要不想过了，咱们就离婚"……这些都是在吵架中常说的气话，一定要避免。

　　第二，**说出自己内心真正的需求和感受，不要用"事件"包装"情绪"**。和对方直接表达自己的需求其实并不很容易，因为这需要你首先承认心理上是依赖对方的。我们通常不会选择直接提出自己的需求，不愿意把自己的脆弱直接暴露在别人面前。我们总是习惯性地躲在某一个事件背后，用这件事情把希望对方多关心自己而需求得不到满足的不开心和抱怨情绪发泄出来。但其实，与其用事件包装情绪，不如直接表达情绪，不如直接承认自己需要对方，比如"我那个时候感觉被你忽视了，心里很难过"，这样可能反而更容易让人接受，从而走出指责和争吵的怪圈。

　　第三，**做一场深度沟通，总结吵架反应模型，提出有建设性的解决方案，同样的架不吵第二遍**。我们在吵架的时候，总是比较急于为自己辩护，让自己看起来更有理，这样的吵架要不然带来更激烈的对峙，要不然就是冷战、回避和沉默。而正确的吵架方法是，反思吵架的根本原因是什么，下次会不会再因为这个原因吵架了，如果还会，有没有什么解决方案。当我们回归理性的时候，情绪自然也就慢慢消退下去了。

　　有一段时间，我经常和我丈夫吵架。那一阵，他经常玩游戏、看小说、刷短视频，却不看专业的东西，论文也不写，也不积极主动申请国家自然科学基金。我就很生气，觉得他不够上进，每天将时间浪费在一堆没有用的事情上，于是我经常叨叨他，他也觉得很烦，觉得我给了他很大的压力），他每天连点放松的时间和自由都没有。

　　后来，我们深聊了一次，我从中总结了一个吵架反应模型（见图7-2）。每一件事单摆浮搁地拿出来看，就会让人觉得它们分别是不同的事件，比如今天因为他打游戏吵架，明天因为他看小说吵架，后来因为国家自然科学基金没申请下来吵架，但这些吵架的背后，本质上是由于我对于未来的担心和对不确定性的忧虑。我发现所有吵架背后的原因居然是相似的，便对吵架原因进行了总结，并提出解决方案。下一次再陷入这个僵局的时候，我会从具体的事件中抽离出来，看清楚背后的本质原因，坚持同样的架不吵第二遍的原则，从底层上去解决问题；坚持哪怕用愚蠢解释也不用恶意，永远信任对方，相信对方是爱自己的，不用恶意去揣摩对方，这样，我们吵架的频率就越来越少，相互磨合越来越好了。所以，好的家庭不是没有吵架的家庭，而是有修复能力的家庭。

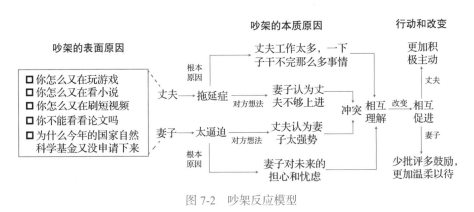

图 7-2　吵架反应模型

重塑核心：夫妻关系高于亲子关系

虽然有各种不吵架的方法，但是我认为，最根本的修复还是调整家庭结构。**从不稳定的"倒三角结构"转变成以夫妻关系为核心的"再平衡结构"。**那如何进行调整呢？我提供几点不成熟的建议。

对内：夫妻之间一定要形成"统一战线"

夫妻一定要把"对抗"的沟通方式换掉，成为共同体，形成统一战线，对外的声音只有一个。即使对方在某次对孩子的处理问题上欠妥，那么也一定不要当着孩子的面指出来，不要在对方管教孩子的时候指指点点，否则会伤害对方在孩子面前的权威性，也会让孩子无所适从，不知道该听谁的好。然后，等两个人独处的时候，再把自己的意见平静地表达出来，用商量的口气与对方沟通，希望对方下次能注意一些。我想，大多数人都是能接受这样的处理方式的。这样，孩子就会明确知道，妈妈的意见代表了爸爸的想法，爸爸的批评也是妈妈的决定，从而让孩子对规矩产生敬畏。

对外：夫妻一定要和孩子"划清边界"

划清边界很重要，代表了情感的亲疏和权力的边界。这会让孩子意识到对别人的尊重和对自己的爱。即使是父母这样最亲近的人，也不要去触碰别人的底线，也不允许别人进入自己的禁区，和谐相处，互敬互爱。保持边界感不会让孩子失控，彼此尊重才能得到更多的理解。

对彼此：留出夫妻独处的时间和空间

夫妻双方应该共同商定，保留一点夫妻独处的时间和空间，比如每周选一个可以单独相处的时间，一起吃一次饭、看一场电影或话剧、打一场球，每天晚上回来也可以和对方谈谈彼此的一天，或者每个月共度一个不需要照顾孩子的浪漫周末，这都能有效地稳固感情。但这样做会有阻力，特别是长辈们帮带孩子的家庭，这时候要争取长辈们的支持，不要单纯因为爱和愧疚，就无限制回应孩子对关注的需求。

对自己：恢复生孩子前的兴趣爱好和个人魅力

夫妻双方都应该努力恢复生孩子前的兴趣爱好和个人魅力，毕竟两个人不仅是孩子的父母，还是彼此的爱人。当上了父母，并不代表让两个人曾经走到一起的吸引力就不再重要了。喜欢弹吉他的弹起来，喜欢健身的动起来。我生完孩子为了恢复身材，一直在健身，有氧与无氧结合在一起，通过运动调整盆底肌、腹直肌并让骨盆归位，很快就恢复到了孕前体重，这样让我自己看起来也自信满满。

请记住，成为好的父母的前提，是成为好的夫妻。

∴ 打好配合，让爸爸参与养育

2017 年，我在人大附中做高一年级的副组长。学期中开家长会的时候，我们几个负责年级工作的老师就商量，这次的家长会要稍微特别一些：我们向家长发了家长信，要求本次家长会来参加的最好是爸爸。据说，收到家长信后，妈妈们拍手叫好。为什么呢？我们在日常生活中观察到，平时与老师联系最多的都是妈妈们，那爸爸去哪里了呢？所以，我们从年级管理者的角度，希望通过开办这样的家长会让爸爸们知道，爸爸们也是需要参与到孩子的学习和生活中去的。

这次家长会的会场上，乌压压一片都是爸爸们，他们听得很认真。会后，我们还收到了一些短信和微信，爸爸们表示以前几乎没有参加过家长会，此次参加感觉很有意义，了解了学校的育人方案，知道了作为父亲应该与学校、与家庭多合作，意识到了爸爸在孩子青春期时的作用，决定以后要更多地参与到孩子的教育中来。

不要丧偶式育儿：父爱不能缺席

有一天放学回家，女儿神神秘秘地和我说："妈妈，我发现我有 10 个爸爸。"

"什么意思？"我惊讶地问，被她突如其来的一句话弄得莫名其妙。

"你猜猜？"女儿笑了笑，然后自己就憋不住了，"哈哈，我给你数一数哈！"

"医生爸爸、梳小辫爸爸、做早餐爸爸、催睡觉爸爸、催吃饭爸爸、剪指甲爸爸、填表爸爸（指学校要求的各种表格）、讲数学题爸爸、健身达人爸爸、早睡早起爸爸"，女儿掰着手指头一个一个地数着。

"哦，要这么说，那可不止。还有喂奶爸爸、哄睡爸爸、换尿不湿爸爸、讲故事爸爸、陪玩爸爸、甩高高爸爸……"我和女儿一起乐呵地补充着。

"你为什么突然想起说这个？"我很好奇地问女儿。

"因为今天早上我去上学的时候，二宝突然醒了，爸爸就过去抱他、拍拍他，然后他又睡了。我听爸爸嘟囔一句'二宝抱在怀里的感觉真幸福啊'，我就假装生气地说'爸爸你也要抱抱我'，然后爸爸亲了我一口，给我梳辫子。我想我小时候爸爸也是抱抱我、拍拍我、这么照顾我的吧。"

　　女儿这几句话说得我突然泪眼婆娑的。回想起很多个过往的片段，我们真的好喜欢陪伴孩子的感觉：把他们抱在怀里他们睡觉的时候，肉嘟嘟的二宝翻身的样子、萌萌摔东西的样子、哗哗流口水的样子、撅着屁股乱爬的样子，大宝牙牙学语时主谓宾乱用的样子、读着一个并不是很搞笑的段子却开怀大笑的样子、在小鸡屁股后面追着跑的样子、喜欢坐公交能把每一站名都报出来的样子……

　　我曾经和丈夫探讨过这样一个问题：人们都说时间等于金钱，但在陪伴孩子方面时间等于爱，那你愿意用那些"爱"去换取"钱"吗？我们的答案是：当然不要。虽然从数学意义上可以推导出，爱＝金钱。虽然花费更多的时间在事业上时，我们可能有更快的职位升迁、赚更多的钱、认识更多的人、获得更多的资源，但那又怎么样呢？爱永远不能用金钱去衡量，它们根本就是两个范畴的概念，它们根本就不能放在一个话语体系中去讨论（见图 7-3）。你和孩子在一起体会到的那种快乐是用多少钱都买不来的，你在养育孩子过程中实现的自我成长也不是钱能说了算的。

图 7-3　爱与金钱无法等同

　　女儿有一句名言：**只要有爸爸，一切都没关系。**父亲是孩子坚实的靠山，这一点可能是通用的。

　　比如，在《做个真父亲》这本书里面，作者就提到："每一位父亲都拥有一种巨大的，可以说是可怕的影响力，他们可以深刻影响孩子的一生。在职场我们不可能有这么大的影响力，在妻子身上也没有，在任何其他单位或个人身上，我们都不会有这么大的影响力，唯独在我们的孩子身上有。"

"父亲参与研究联盟"（FIRA，加拿大的一个组织）有一份报告也表明：有父亲陪伴长大的孩子，比父爱缺位的孩子，在情感、认知、社交和身体健康上都更胜一筹。2006 年，美国卫生部组织编写了一本小册子，叫作《父亲在儿童健康发展过程中的重要性》。这本册子提出"父亲的功能"包括 7 个方面：①和自己的配偶培养积极的关系；②陪伴；③照顾；④恰当地规训孩子；⑤引导孩子走向家庭以外的世界；⑥保护和供养；⑦成为孩子的模范。

在情感和认知方面，有父亲陪伴成长的孩子，应对突发状况、压力和沮丧的能力更强，他们能更好地管理情绪和控制冲动，更容易获得幸福感；他们的好奇心、探索欲和解决问题的能力都会更强。

在社交方面，有父亲陪伴成长的孩子，和同伴的关系更健康，消极思想更少，攻击性更弱，更容易拥有亲密关系，婚姻也会更稳固。

在身体方面，父亲对孩子的忽视和虐待，会使孩子产生恐惧、内疚和羞耻的情绪。对孩子而言，父亲的缺席是一个重要的压力源，压力会造成免疫力减退，导致身体抵抗炎症的能力下降。

可见，父亲参与育儿，能很大地促进孩子性格的养成、语言的发展、情绪的稳定等，对于孩子的社会性行为、心理健康、认知能力等都有积极的影响。父亲应该主动而积极地协助母亲育儿，这样不仅能减轻母亲的负担，也能让父亲在孩子的成长中获得成就感和参与感。父爱在育儿中具有非常重要的作用，不能让父亲缺席孩子的成长。要知道，世界上的各种事情都等得起，唯独孩子的成长不会等你。

爸爸也需要兼顾家庭和事业

"爸爸，周末陪我爬山吧？"

"不行，我周末要去拜访一个客户。"

"爸爸，晚上带我去吃牛排吧？"

"不行，我晚上有个应酬"，或者"不行，我要出差"。

上面这些对话大家应该再熟悉不过了吧。爸爸们也有苦恼，觉得自己工作很忙，主要负责赚钱养家，如果自己照顾家庭的话，那谁来赚钱呢？不过，工作忙绝对不是理由，赚钱养家也不是不带孩子的借口。妈妈需要兼顾职场和家庭，爸爸也需要在家庭和事业之间取得平衡。那么，对于忙于工作的爸爸们，要如何在家庭和事业之间取得平衡呢？

时间，时间，时间！

在《爱、金钱和孩子：育儿经济学》里提到，早在 2012 年，美国的父母平均每周花 6.5 个小时（母亲 204 分钟、父亲 184 分钟）陪伴孩子游戏、阅读和交谈，平均每周花 1.5 小时（母亲 65 分钟、父亲 31 分钟）指导孩子的家庭作业。也就是说，美国父母每周陪孩子的时间在 8 个小时以上。我们可以估算一下自己陪孩子的时间是不是达到了美国父母的平均值。

给孩子足够的陪伴时间，是解决一切问题的先决条件。对今天那些超级忙的爸爸们来说，最大的一种牺牲，或许就是牺牲时间。但是，对孩子来说，爱就等于时间，就像儿歌里唱的，"爱我你就陪陪我"，就这么简单又深刻。

而且，一定要注意，孩子 12 岁以前一定要有足够的时间陪伴！这是作为一个天天和青少年及他们的父母打交道的高中老师，对爸爸们最重要的告诫。如果在孩子小的时候，爸爸没时间陪他们，那么等他们长大了，即使爸爸有时间了、想要去陪伴了，也没用了，因为孩子 12 岁以后就很难再和父母建立亲密关系了。我见过的例子实在太多了，如果没有在孩子小的时候陪伴，一旦孩子进入青春期，他根本不会再尊重父母的看法。所以，在能对孩子施加影响的时间内多些陪伴，会让自己在之后和孩子的相处中比较舒服，不至于形成激烈的对峙。

要想保证时间，爸爸们可以这么做：减少不必要的社交活动和应酬；给自己制订严格的时间表，划清工作和生活的界限，下班后和周末不再工作，全心陪伴孩子；或者搬到离公司更近的地方，减少通勤时间，从而拥有更多的居家时间；如果经常要出差，遇到出差时间正好是周末时，还可以尝试带着孩子一起。放下手机，关掉电脑，离开酒桌饭局，爸爸们不如从陪孩子共读一本书开始吧！

提高陪伴质量

如果陪伴时间实在不够多，那也没关系。陪伴的时间不在多而在精，爸爸们可以设定一个专门的时间陪伴孩子。但要走心，在陪伴的时间内，专心投入地和孩子一起做好玩的事、特别的事。而且，一定不要功利、有目的性，比如不要想着在这段在一起的时光里，非得教孩子学会什么。当爸爸和孩子都沉浸在具体事情中，或开怀大笑，或专注投入，或促膝长谈，这时的陪伴就是高质量的陪伴。

这样的事情可以是有意义的：邀请孩子帮忙，给妈妈准备一顿特别的晚餐；给孩子写一封正式的信，表达对他的爱意和期盼，然后念给他听；拿出家庭相册，一起回忆自己或者孩子刚出生时的样子；让孩子描述一下自己的家，就像第一次向新朋友介绍自己家一样。或者，可以不局限于自己与孩子之间，如在晚餐时，要求每个家庭成员分享一件今天发生的好事。

也可以是古怪、好玩甚至疯狂的事情：和孩子一起玩"打架"的游戏，在床上和孩子摔跤，不断摔倒在床上（保证安全），直到大家都精疲力尽为止；或者，规定今天这顿饭大家都只能用左手吃饭……这样做不会特别有目的性，只是为了向孩子表示爸爸多么在乎他。

区别于妈妈，对于爸爸来说最特别的高质量陪伴方式莫过于游戏。这里不是说玩手机游戏和电脑游戏，而是说陪孩子做游戏，因为"游戏是孩子的功课"。我丈夫是个医生，平时做手术很忙，但一定会抽出时间陪女儿玩。女儿最喜欢和丈夫在一起玩扮演"小马骑大马"的游戏，丈夫趴在床上弓背做大马，女儿骑在丈夫的背上，一边喊着"驾驾"，一边摇头晃脑地要求丈夫走来走去。他们还喜欢玩"一起去旅行"的游戏，丈夫做乘客、女儿做空姐，模拟自己坐在去澳大利亚的飞机上，女儿问"先生，请问您需要什么？橙汁还是咖啡？"他们总是玩得不亦乐乎。女儿还特别喜欢玩魔方，丈夫就专门自学了魔方教程，两个人比谁拼得更快，家里经常因为他们的"魔方比赛"特别热闹。

有人会说，这样行吗？那爸爸的威严去哪里了？我们都说"严父慈母""父为子纲""父爱如山"，这么做真的可以吗？让我们仔细想想，像山一样的爱，真的好吗？山是高大的，会给人一种无形的压迫感；山是遥远的，会给人一种难以靠近的距离感；山又是沉默的，你很难与它展开对话。当爸爸被摆在一个高高在上的位置时，爸爸与孩子之间就存在着一种森严的等级，这种等级如同在两代人之间划开一道沟壑，彼此都很难完全走进对方心里。所以，只有当爸爸真正放下身段，蹲下来跟孩子平等交流，倾听孩子的心声，陪伴孩子成长，才有可能创造亲密无间的父子（女）关系。

做好自己，发挥榜样力量

有一段时间，我丈夫工作很忙，经常是早上 7 点多就出门，先去清华完成一些非常重要的实验，下午 2 点多再回医院上下午班，晚上 10 点多手术结束后才能下班回家。女儿几乎见不到爸爸的面。

女儿说："妈妈，我想爸爸了。"

我丈夫知道后，就专门抽了一天时间，带着女儿一起，上午去清华的实验室，下午去医院的办公室，同时也向女儿介绍他在做什么，让女儿理解爸爸在忙的事情（顺便说一句，在孩子们"最喜欢和父母在一起的时间"清单中，"看看爸爸妈妈工作的地方"是排名第一的）。他希望用自己的行动给女儿做榜样，告诉女儿，人生永不能停歇，而在于不断地奋斗之中。

忙了几个月，实验终于完成了，生活也回到了正轨，他又可以正常回家陪女儿玩了。

这种碰撞会对孩子产生潜移默化的影响。爸爸的介入会让孩子成长得更独立（缺乏男性教育，通常会导致孩子形成多愁善感、胆小怕事、性格孤僻等性格特征），更多地从父母角色的分工中去思考自身：我是谁？我应该如何生活？我需要选择怎样的一种人生态度？需要遵守哪些规则？最终从生活中，慢慢找到自己认同的价值观，并发展出自己的身份感、责任感和意义感。

给妈妈们的《爸爸使用手册》

孩子的养育，是一项综合事业，更像一座花园，妈妈要充当守门人的角色，不要事必躬亲，要给爸爸留出足够的空间和职责。

每次我说要发挥爸爸的作用，让爸爸配合妈妈一起带娃时，很多妈妈就嗤之以鼻，几乎都会遭到她们一致的反对。

"哼，我家那个猪队友，不给我添乱就不错了！"

"我们家那位，太忙了，回家很晚，经常出差，根本顾不上家。"

"天哪！让爸爸陪孩子学习，简直就是天底下最好笑的笑话！"

那么，有什么妈妈可以使用的方法，让爸爸不缺席吗？受到女儿的启发，我编写了一份简短的《爸爸使用手册》，供各位妈妈们参考。希望大家也能把自己的技巧分享给我。

∴ 爸爸使用手册 ∴

【产品名称】爸爸

【产品别名】父皇，阿玛，爸比，老爸，"我妈呢？"

【生产日期】详见身份证

【有 效 期】终身

【生产企业】爷爷奶奶

【产品成分】肌肉或肥肉，臭脾气和责任心

【基本功能】家电维修、杂物清理、重物搬运工、私人司机、兼职保姆

【常见问题】经常很忙没时间，是懒是傻分不清

【产品功效】有爸爸陪伴带出来的孩子在社会性、行为、情绪、心理健康、认知能力、语言发展等方面都有积极的影响。

【使用方法】

1. 多鼓励，不要指责效果，并允许犯错，给予自主感

作为妈妈，首先要转变心态，爸爸不是自己带娃的帮手，而是合伙人，他有义务和你一起带孩子。让爸爸用自己的方式去带孩子，让他能尽情地享受到带孩子的乐趣，是爸爸们愿意带孩子的第一步。

其实，我们在很多事情上没有必要那么较劲，也没有那么多规矩，怎么都能把孩子带大。我们需要做的是，尊重爸爸带孩子的方式，即使爸爸主动给孩子买了冰激凌，也没有什么大不了的。我们也不要强迫爸爸非得按照自己的方式来带孩子，也不要在爸爸带孩子时非得看到什么成果、成效（比如读了几个绘本啊，学了几首钢琴曲啊，等等）。如果一味批评，爸爸就不愿意投入了，很可能会退出育儿的过程，而一旦让爸爸觉得"这件事和我没什么关系"，后面再建立联系就难太多了。

如果今天安排了爸爸带娃，那么千万不要指责爸爸带孩子的效果。我有一次急着出门，让丈夫一个人照料当时还七八个月大的大宝。丈夫满口答应了，等我回来时自豪地告诉我，给孩子喂完奶了，孩子也拉臭臭了，而且他成功给孩子换了尿不湿。我非常惊讶，他自己一个人居然能干了这么多事情！结果，我去看孩子屁股的时候，发现红了一

片，可能是没有及时换尿不湿导致的。但是，我忍住没说，仍旧大大地表扬了爸爸："爸爸太厉害了，太无敌了，一个人居然能把孩子带这么好。"这么一说，他觉得自己还挺了不起的，然后这个时候再稍微提一点改进意见，他便很能听进去。这样，慢慢地，他带孩子就越带越好了，后来有了二宝，完全轻车熟路，能替我分担很多带孩子的任务。好孩子是夸出来的，好爸爸也是夸出来的！妈妈们一定要多鼓励、多表扬丈夫，他会做得更好！要让丈夫带孩子，最好的方法就是放手给**他们自由，他们做得会比你想象的还要好！**

2. 妈妈假装不擅长，主动示弱，等待英雄救场

我当然承认妈妈们有手劈椰子壳的力量，但是也许假装拧不开瓶盖也是可以的。女孩子们当妈妈后最大的变化就是由一个柔弱的女子变成了一个超级英雄，无论家里的事情还是职场的事情，都亲力亲为，自己搞定。可是，如果主动向丈夫示弱，请求他帮忙的话，在激素的作用下他一定会主动加入进来，被需要的感觉是很幸福的，被请求的感觉也会让人觉得自己很强大。

比如，我和丈夫商量，我们对于女儿的学习要有分工，我的数学可能没有他那么好，要不我来负责语文、英语，他负责一下女儿数学的学习？他一口答应了。于是，每天晚上回来丈夫会陪女儿学习一段时间数学，比如女儿大班的时候，他把时间固定在吃完晚饭的时间，先教女儿 30 分钟数学，教完以后给女儿布置一点习题自己练习，女儿很快就学会了 100 以内加减法的竖式计算。女儿很有成就感，她发现数学其实不难学，再难的数学题，都可以通过将一个个定理不断地拆解成一些比较简单的问题，并最终拆解成几个基本的公理而得到解决。只要把小问题解决了，难题也就迎刃而解。我不断夸丈夫，而他也从专注带孩子的过程中体会到了乐趣。

男人就喜欢当英雄的感觉，那你就给他当。

3. 固定好职责和时间，指令越清晰明确越有效

大家都喜欢确定性，特别是对于需要长期努力的活动，此时最好的方式就是固定一个时间、固定一个项目、固定一个职责。这对爸爸来说也是适用的，越固定越有效，越按照计划执行就越容易坚持。

我们很重视孩子的运动，每个周末都有体能课，因为它在离家比较远的地方进行，所以丈夫每个周末都坚持安排出来一个下午，带女儿去做运动，这是他雷打不动的任务。从平衡木到足球运动，从跳绳到空手道，从力量训练到耐力训练，女儿的体能锻炼得非常好。6岁的时候，她已经能和我们一起绕奥林匹克森林公园慢跑5千米了。

另外，向爸爸发出的指令越清晰明确越有效，举例说明：

【错误示范1】我上午要出去一下，记得给二宝吃辅食啊！

【爸爸做法1】完全不知道如何做辅食（抓耳挠腮状）……

【正确示范1】二宝上午10点半吃辅食，10点开始准备，先盛2勺米粉，用70摄氏度左右的水冲调开，再加半个蛋黄和四分之一苹果泥。

【错误示范2】你把厨房收拾一下。

【爸爸做法2】洗完碗了，可以躺着看会儿手机啦！

【正确示范2】要先洗碗，然后放在橱柜晾干，把抽油烟机和灶台擦拭干净，把厨房地板打扫干净。

【错误示范3】去倒垃圾。

【爸爸做法3】把客厅地面垃圾桶里的垃圾倒了。

【正确示范3】把客厅、卫生间、厨房的垃圾倒一下。

4. 与爸爸打好配合，协同好家庭目标

刚生完二宝的时候，我们不想让老大因为老二的出生感觉受到冷落。而且，我们家老大那会儿上小学一年级，正是培养学习习惯的关键时期，家长应该投入更多的时间和精力。我和丈夫都意识到了这一点，

便商量了一下彼此的分工：我把更多的时间放在老大的身上，帮助她培养自己的学习习惯，而他管好老二的吃喝拉撒。

要知道，想实现这个目标并不是一件容易的事情。白天我丈夫要上班，老大要上学，等下午四五点老大回到家里后，基本上就是鸡飞狗跳的状态。陪老大完成学校布置的各种任务和作业、上课外班、做运动和玩耍，给老二换尿不湿、喂奶、哄睡、陪睡、陪玩，要在这些事情之间切换自如，真的太难了。而且，因为每天的情况都不一样，比如丈夫的手术不同会导致晚上回家时间不确定；我在学校的安排不同，有的时候会因为要判卷或看晚自习而晚回家；老大每天有没有学校延时班、晚上回家有没有课程要上……我和丈夫都需要提前一周商量好后一周的大概安排，比如我回家晚的时候他就不能上下午班和夜班、老大晚上有数学课的时候他也要尽量早回来陪孩子上课、丈夫值夜班的时候我就要请小时工来家里帮忙照料孩子，等等。说得一点都不夸张，当时我们家的时间几乎都是以分钟为单位计时的。时间弹性比较小，容不得太多临时变动，否则家里就会乱成一锅粥。

这个时候，就凸显了为家庭做一个合理的时间规划表的重要性。我会和丈夫充分沟通时间，把丈夫的时间安排、孩子的课程及活动安排写到自己的日程里，将谁负责什么事情、在什么时间内负责都写得清清楚楚，并且争取得到其他家人最大程度的支持，这样能确保在每一段时间内，都有人陪着老大、有人照料老二，保证我们都能充分参与到孩子的活动中去。

在时间上打好配合很重要，不过，我觉得更重要的是，夫妻在心灵上要有默契。比如，我是一个晚睡晚起的人，几乎很难在早上 6 点多起床，就更别说叫女儿早起、给她做早餐了。可能有人就会觉得我不是一个负责的好妈妈，我自己也内疚过一段时间，尝试了几次早起，但是由于打破了睡眠规律，我整天昏昏沉沉的，身体很不舒服。丈夫非常体谅我，建议我不用早起了，早上的事情他来负责就行。所以，每天早上到孩子起床时间的时候，都是他悄悄地把女儿从床上抱到另外一个屋子穿衣，不打扰我休息，并且已经给女儿做好了早饭。这样，我便可以晚点起床，保证一天都能精力充沛地应对将要到来的挑战。我真诚地感谢丈夫对我的理解，感恩我们长期磨合后形成心灵上的默契。

在养育的过程中，每个人都有自己的意见，那到底听谁的？这个问题解决不好的话，就会产生非常多的矛盾。所以，我们家实行权责匹配的原则来明确边界，就是谁负责谁说了算。如果我平时负责老大的学习，那么在孩子选什么学校、上什么辅导班等方面，就要听我的。如果丈夫平时管老二的吃奶和睡觉，那么我几乎不会插嘴或干预他在照料老二上的很多细节性事情。所以，统一家庭目标，时间上打好配合，大事一起商量，小事由负责人做主，会让妈妈们很省心。

著名教育家李查 · 伊凡斯曾说：**"你给予的物质，孩子不会感谢，但他们会因为你的陪伴和爱护将你牢记并感恩。"** 在成长过程中，爸爸的用心陪伴，才是孩子内心最富足的宝藏。

第 8 章

家校协同，让孩子健康成长

学校是培养孩子的"第二战场"，当孩子长到一定年龄，我们就要把他送到学校里去了。我还记得第一次把女儿送到幼儿园时那种忐忑的心情。学校和家庭在培养孩子方面的目标一致，但方法不同，功能也不同。作为家长，我们应该如何做，与学校配合好，处理好家长与老师、孩子与孩子之间的关系呢？和老师打交道，要做什么、不要做什么，怎么把握分寸？面对校园欺凌，我们又该如何应对？本章我主要想和家长们探讨这些问题。

∴ 学校与家庭在培养孩子方面的不同

学校与家庭都是允许孩子犯错而没有成本的地方，且培养孩子的目标是一致的，都希望能够培养出自强自立、将来为社会做贡献的孩子。但是，在培养孩子这件事情上，学校与家庭起到的功能是不一样的。

有两件事是学校无法替代家庭做的：第一，孩子的安全感和爱的能力；第二，习惯、性格、品行的养成以及孩子的终身成长。而有些事情家庭也没有办法替代学校去做，比如专业教师的专业能力，比如孩子在学校与同龄人的互动中建立起来的社会交往能力。

所以，我们在思考如何进行家庭教育的时候，主要出发点就是家庭与学校有什么不同，家庭的功能要如何与学校互补。

学校关注知识技能，家庭关注终身成长

学校教育的每一个阶段都有相应的知识和技能与之对应，所以，学校更加关注的是知识和技能的教学，以及更多地把注意力放在如何提升学生的考试分数上。但是，我们在家庭中应该还希望通过教育实现一些更高级的期待：养成良好的品性和生活习惯、具有高级的审美趣味等，就是常说的"怡情"。

有一次，我们在一个全部由妈妈组成的线上群里讨论问题。有一个妈妈说他们平时会让孩子听凯叔讲三国和姜天一讲中国历史，另外一个妈妈特别不解地问："大家为什么要听这个，有什么目的，能得到什么？我看好多人都在听，可我觉得好浪费时间啊。"

提问的这个妈妈我在微信里和她聊过几次，他们家孩子和我们女儿在同一所学校且都是一年级，所以我们互加了微信。他们家孩子虽然才一年级，但是已经学完了小学6年级数学的课程内容，还刷完了适用于小学1～5年级的《5·3天天练》，我听了简直目瞪口呆。我问她孩子什么时候学的这些内容，她说具体时间记不得了，孩子虽然不是什么牛娃，但是很听话、很自觉，很小就开始学习了。

其他妈妈在群里回复她，现在一定要听一些关于《三国演义》《水浒传》之类的课，因为四大名著是将来中高考的重点，让孩子从好听好玩的故事入手，通过各种途径了解熟悉里面的人物，慢慢就能进入精读了，这样孩

子将来备考就不会觉得很难。

看到妈妈们的聊天，因为担心三观不合，引发不和谐的声音，我默默删去了正在输入的内容。这里想分享给大家，我本来是这样写的：我觉得**无用之用为大用**，学知识本身不就很有趣吗？学知识一定要为了考试、一定要为了什么目的吗？从小接触这些内容，难道不会让孩子更博古通今吗？难道不会让孩子心胸更开阔吗？难道不会让孩子更了解人性吗？难道不会让孩子更理解这个世界的复杂吗？对孩子最好的爱，就是给他一个书香童年，让他成长为一个脸上有诗意、唇间有书香、手里有规矩、脚下有远方的人。**别忘了，读书和教育本身就是目的，我们的初衷是培养一个人格健全的人，关注的是孩子的终身成长。**

我和其他朋友也讨论了这个问题。朋友说，他能理解，这是绝大多数人的想法，也是比较无奈的想法。如果谁都能保证上个好大学，谁又愿意逼迫孩子、只看重眼前的分数呢？所以，家长最头疼和无奈的事情是，如何在分数和终身学习之间取得平衡。作为教师，我有一个观察：一般来说，好学生各个方面都不会太差，他们不仅学习好，体育、艺术也比较出色。

这是强者恒强、赢者通吃的马太效应。其实，学习成绩好与素质好并不矛盾，只要时间利用得当、高效，成绩好积累的优势就会带动其他方面的发展，德智体美劳的全面发展不是不可能的，只是很考验家长的决策能力、孩子的时间管理规划能力等。这不是一件容易的事情。

学校不得不比赛，家庭需要提供爱

在现在的高考体制下，我们的教育不得不进入一种"千军万马过独木桥""一将功成万骨枯"的军备竞赛模式。有人说那就直接取消高考，问题不就解决了？但我觉得，这是万万不可以的，高考对于普通人来说真的是一条最公平的上升通道，不能取消。所以我们的学校教育不得不比拼分数和排名，不得不陷入竞争。我们很难评价对错，不能用小学生非黑即白的对错思维来衡量，学校没错，高考没错，这都是在不得已下的最佳选择。

但是，我们在家庭里应该有更多选择的自由。孩子在学校天天被分数和排名折磨得够苦了，在家里家长一定要提供足够的爱。就像我们提到的无条件的爱、让孩子自己做主、多鼓励孩子、不要用评判的态度，这些都是"爱"的表现形式。

如果家长非要把教育看成一场比赛，非要赢在起跑线上，在孩子3岁的时候就开始学加减乘除四则运算，在跑道上生拉硬扯孩子向前奔，最后的结果非常有可能是大家都精疲力竭了，反而很难到达终点。而且，专业的事情应该交给专业的人去做。学校招了优秀的老师，为了把课上好，他们每天会辛苦备课，作为家长的我们，会拿出多少时间专门去备课呢？拿来就教能比老师教得好吗？家长如果真的要教孩子，我觉得更应该教给孩子的是自主学习的能力、高效学习的方法等，它们是能让孩子独立自主学习的工具。

我们的神童已经太多了，4岁能背四书五经，10岁会算微积分，但我们并不需要这样的神童。大家发现没有，这些神童所谓的超常技能，通常都表现在一些国学、数学、音乐等技能性内容上，让他们看起来超越常人，可他们在经世治国、人情世故等方面并没有比同龄人更好，甚至可能更差。**这些家长使劲往孩子身上加的不是爱，是自己的野心，是自己无处安放的精力的堆积，是对孩子不切实际的期待，是自己抱憾多年没有实现的愿望。我不希望自己的孩子是神童，也不羡慕别人家的神童，更不会为别人培养了神童而焦虑——我只管提供爱。**

孩子在学校的主要目的之一是社交

家长要认识到，孩子在学校除了学习之外，还有一件非常重要的事情，就是社交。读人和读书一样重要。

在第5章中我们提到过，美国精神分析学家和临床医生埃里克森，曾把人类心理发展分为 8 个阶段，每个阶段都会产生冲突和危机，而每一种危机的渡过都与人的社会性发展相关。而孩子在一起打闹、玩耍和自由社交的过程，其实也是一个交换信任的过程，只有彼此认可，才能玩在一起。孩子需要在同龄人的环境中去摸索与别人相处的能力，这样他们才能顺利渡过自我同一性与角色混乱的冲突，他会相信别人，也会具有相信别人的能力。只学知识并不能让孩子长大，他们是在和别人的交往中长大的。所以，孩子在学校的主要目的之一就是社交。

哈佛大学面试官衡量学生的标准有 3 个：学习成绩、课外活动和人格特质。在人格特质这个标准上，面试官会根据这样的问题给学生打分：这个学生是不是一个容易相处的室友？就是说，哈佛选拔学生，能否和别人融洽相处也是一个很重要的指标。大家有没有发现，自己周围最成功的同学，不一定是成绩最好的同学，但往往很善于和别人相处。成功人士，都是能理解人性、善于沟通的社交高手，具有优质且能调动的社会关系。而这种成年后的社交能力，其实是在一个人童年的时候逐渐培养出来的。

发展心理学认为，社交与认知的经验既塑造了理解力，也塑造了大脑。从学龄前到小学一年级之间的过渡期，对孩子的社交生活和同伴关系来说，都是关键的时期。有好朋友的孩子能够有效减轻因为缺少友谊而可能出现的自卑、社交焦虑、沮丧抑郁、孤独寂寞和自杀意念。缺少友谊会给孩子的学业带来严重的负面影响，且这种影响会延续到成年。有的孩子因为在学校感到孤独，就不想再去上学了，而当孩子不再想上学的时候，教育就停止了。

延伸阅读　名校、学区房和好成绩的关系

总是接到各类朋友的咨询，问我"北京×××学校怎么样""我想要买套学区房，买哪里比较好啊""××学校和××学校哪个更好啊"。我曾经在

名校上学，现在也算是在名校工作，一直在思考一个问题：到底是名校培养了好学生，还是好学生成就了名校呢？

名校对于提升学生的学习成绩到底有多大作用呢？理论上，我们可以让一个人同时上重点学校和普通学校，看看成绩是否会有区别，但是这在实际操作中却不可能实现。而直接比较上了重点学校和普通学校的学生的分数差异也不行，因为这有可能是不同学生自身差异带来的。那应该怎么办呢？直到我看到2021年诺贝尔经济学奖得主、麻省理工学院福特经济学教授乔舒亚·安格里斯特的答案，才豁然开朗。他做过一个特别有趣的实验。

教授用的是断点回归的研究方法，考察这样两组学生：A组初中学生刚好达到重点高中的录取分数线，B组初中学生只比录取分数线低几分。也就是说，A、B两组学生原本的水平差不多，由于考试发挥等原因，A组学生考入了重点高中，B组学生只能去普通高中。这意味着实际研究对象，具备相同的智力水平、学业水平。那么这两组学生将来考大学的时候，他们的成绩会不会有显著的差距呢？

答案是A组和B组学生的标准化考试成绩基本没区别。同时，这两组学生进入大学后的成绩、大学入学率、毕业率、大学的选择性方面，也没有任何明显的差异。不但省重点和市重点没区别，市重点和区重点、区重点和普通高中，对于正好跨线的两个人来说，也没区别。这意味着，高级课程、师资力量、顶尖硬件等都不是好成绩的决定性因素。重点高中并没有提升学生的成绩，是好学生提升了重点高中的成绩；不是名校造就了好学生，而是因自身拔尖来到这里的好学生，成就了名校。

也就是说，如果我们的孩子因为几分之差没去成重点中学，最终去了普通中学，我们大可不必过于惋惜孩子错过了改变命运的机会，因为那些仅以几分之差而进入重点高中学习的学生，相比于仅以几分之差名落孙山而进入普通中学学习的学生，在考大学以及之后的人生中，他们丝毫没有表现得更加出色。

既然重点中学和普通中学没在回报上有太大差别，那么上重点大学是不是比上普通大学的回报率要高呢？教授给定了学生的大学申请数量以及所申请大学的选拔水平，同时控制其他一些反映个人能力和家庭背景的控制变量。结果显示，选择美国藤校或一般公立大学的学生在未来收入上并无显著差别。

所以，如果你曾经有可能上北大清华，但因为各种原因只去了普通大学，大可不必惋惜自己错过了很多，只要你还心有不甘（即拥有野心或雄心），仍旧能创造出比清华北大毕业学生更加不凡的成绩。

总结起来，根据安格里斯特教授的研究结果，**名校对于学生在标准化成绩差异上的影响并不大。**如果学生的成绩正好压线，那么上不上重点高中，对学生将来的高考成绩几乎没有影响。单纯追求高考成绩时，名校的加持没那么大作用，这基本上是学生自己的事。

那么，为什么人们还要争着抢着去名校呢？名校的作用到底在哪里呢？

首先，名校有努力、拼搏和上进的氛围。名校会聚集好学生，而好学生在一起会形成比学赶超的氛围，别人在努力，自己也不敢过于放松。好学生是对自己有要求的，这种上进和拼搏的精神会带到以后的工作和生活中去，使努力成为人生的一种习惯。

其次，名校能让学生眼界开阔、见识更广。名校带给人的不仅仅有知识层面的丰富，还有视野和见识层面的，开阔的视野和见识能让我们的胸怀更宽广、更包容，这会影响一个人未来的格局和发展。另外，名校的同学和校友往往更优秀，能起到激励的作用。同时，优秀的校友在各行各业都属于行业精英，他们回来开讲座或者做私下咨询，都能提供最专业的声音。

当然，名校毕业的学生在人才市场上更受重视，很多用人单位招聘都会要求是 985、211、双一流学校毕业的学生，**名校对于学生未来在就业市场上差异的影响还是很大的。**

至于学生的学习成绩的好坏，究竟由什么决定呢？总结起来，我认为，好的学习成绩 = 方法 × 能力 × 品质 × 心态（见图 8-1）。

1. 方法

首先说方法。学生在学习中经常陷入两个误区，在认知科学中被称为元认知偏差：一是不知道自己学习中的薄弱之处，不知道自己要在哪里花更多的精力才能提高自己的成绩和能力；二是喜欢使用那些让自己看起来非常努力却毫无用处的学习方法，我称之为伪学习，比如拼命记笔记、拼命在课本上画下划线、拼命用荧光笔画出重点，等等。

那么，可以通过什么方法让自己改变这种低效的学习方式呢？

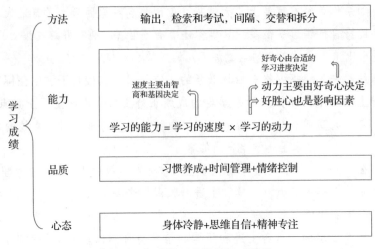

图 8-1　提升学习成绩的影响因素

输出就是个好方法。我有一个学生，历史成绩怎么都提高不上去，我就建议她每天回去给家长当老师，把自己学到的内容讲给爸爸妈妈听。坚持一个学期后，她的历史成绩从 79 分一下提高到了 92 分，而且从此她的成绩就好到一发不可收拾。为什么会这样？就是因为她正确地运用了学习金字塔理论中的输出方法，大大提升了学习的效率和效果。

检索和考试也可以尝试。检索和考试都会给我们的大脑带来痛苦，让我们经历那种"有很多东西怎么想都想不起来"的过程，但正因为有了挑战，你才能知道自己哪里不会，才能更好地理解一个概念，学习的效率才能得到提升。

还有间隔、交替和拆分。比如，在期末复习备考英语的时候，最好的方法是把学习时间划分成几个小块，今天复习 1 小时、明天复习 1 小时，考试的头天晚上再复习 1 个小时，而不是一口气连续复习 3 个小时。拆分的效果能有多好呢？它是不拆分学习效果的 2 倍，而且背过的单词会记得更持久。当然，还有更多好的学习方法，大家可以自己摸索、讨论或者查阅此类书籍。

2. 能力

学习的能力由学习的速度和学习的动力决定，学习的速度主要由智商和基因决定——这属于出厂设置，我们改变不了。学习的动力则主要由好奇心决定。当然好胜心也是影响因素，人们出于赢的欲望，想在各个方面超过别人。不过，这是把人放在一个完全竞争的环境下不得已激发出来的，这里主要说好奇心。动物都有好奇心，为了寻找食物和配偶，每个动物都有离开舒适区、探索新信息的冲动。而人类和动物不一样的是，我们对知识也有好奇心。哪怕这个知识和食物没有直接关系，就是一个非常抽象的东西，比如一个数学方程，我们也可以产生强烈的好奇心。学会一个新知识，你会获得很多愉悦感。"啊，我以前不懂这个道理，这回搞明白了，恍然大悟，原来是这么回事儿""跟我想的太不一样了！哈哈，这个认知的更新太爽了"，英文世界把这种感觉叫作"mirth"，意思是欢乐和喜悦，就像胡适先生说的那个"欢喜"：怕什么真理无穷，进一寸有一寸的欢喜。

保持好奇心的关键是保持合适的学习速度。就像我们在第4章提到的，如果把学习比喻成开一辆蒸汽火车，好奇心相当于蒸汽机的节流阀，它的作用是保持发动机内部的压力。压力太小，节流阀收紧，增加压力；压力太大，节流阀放开，释放压力。当蒸汽机压力不变时，火车就会匀速前进。学习也是这样，应该按照最适合自己的学习速度匀速前进。如何做到这一点呢？美国密歇根大学罗斯商学院的教授诺埃尔·蒂奇把知识和技能的学习分为三个区：最内一层是舒适区，是我们熟练掌握的各种技能；最外一层是恐慌区，是我们暂时无法学会的知识和技能；中间层是学习区，就是认知发展上的最近发展区，是最适合我们现在学习的区域。那又怎么保证自己停留在学习区内学习呢？有一项研究成果叫作《高效学习的85%规则》，就是说当我们接触的内容中只有15%是全新未知的时候，这时的学习才是最有效的。而这15%的内容就是让我们保持好奇心的关键因素，新学的内容如果能把控在15%的范围内，那么学习动力就是最足的。

3. 品质

养成良好的学习习惯，学会有效的时间管理，控制好自己的情绪，处理好与周围人的人际关系，都是好的学习品质的一部分。学习的品质用结果来看，就是你是否喜欢学习，是否有成就感，是否获得了意义。很多同学虽然知道怎么做，但出于各种原因，就是没法做到，或者只能做一段时间，没法坚持下去。我在教学的过程中就发现，大多数学习效率低的同学经常会问：

我为什么要学习、我找不到学习的动力怎么办、我不喜欢学习怎么办、我制订了学习计划，可是我坚持不下去、我学习压力太大，晚上经常失眠、我和同桌闹别扭了，弄得我一节课都没有听进去、我觉得自己有拖延症，可是改不了……要养成良好的学习品质，需要持之以恒地训练。

4. 心态

　　为什么越临近考试越学不进去？为什么考试时大脑会一片空白？为什么大多数人在考试之前或考试过程中感到紧张、焦虑？如何帮助学生减轻有关考试的心理压力？为何有些学生平时表现优异，一到关键时刻就掉链子？在考试中取得成功的人大多具有这 3 种特质：冷静、自信和专注。因此，要想提升学习成绩，就要有好的心态，就要让身体保持冷静、让思维保持自信、让精神保持专注。我们在打下坚实学习基础的前提下，必须要锻炼控场的心态。高手对决其实是心力的角逐，比如说高考，它绝非应试那么简单，同时也考察了一个人的综合素质。考试前要做好充分的准备工作，还要调整好心态，完成好考试的闭环。考场上做深呼吸，把握好做题节奏；考完每一门试后，不对答案，不管对错，不要在乎上一场的得失，专心每一场的考试，这些都是很好的方式。如此，最有可能取得好成绩。

　　话说回来，到底要不要买学区房、到底要不要进名校呢？名校就只有那么几个，上不了名校的大多数人就没有办法了吗？要相信，环境很重要，孩子自身的努力更重要，家长和孩子掌握正确的方法照样也可以突破重围，让孩子拥有美好的人生。

·: 如何处理与老师的关系

　　在如何处理与老师的关系上，我觉得我还蛮有发言权的，因为我既是甲方也是乙方。我既是一名老师，做过班主任，经常和学生家长打交道；也是一名家长，要处理好与女儿老师的关系。我们先来聊一聊，如何与老师建立良好的关系。

如何与老师建立良好的关系

　　与老师建立良好关系的第一要义，就是**积极主动帮助班级做事情**。学校和老师是有这个需求的，因为关起门来办学不利于学校的发展，学校需要家校联动，家长有力出力、有智慧出智慧、有资源出资源，才能形成共赢。每次我说到这句话，很多家长心里就犯嘀咕，难免产生一定的压力和落差：我是个普通人，我没什么资源，和那些特别厉害的家长比不了，那我怎么办？

　　我想说的是，资源多未必全都能用上，资源少也未必不能帮上忙。老师平时真的非常忙，从早忙到晚，有很多校内琐事需要处理，有很多班里的事情需要帮忙，如果家长有心，可以尝试思考并发现老师的真实需求，以及创造机会给学校和班级提供服务。

　　先说说如何发现老师的真实需求。家长要思考的是：我能为孩子的班级做点什么。可以和孩子聊聊最近学校有什么活动，从中发现自己可以为班级做的事情；可以尽量多地参加班级活动，从中发现老师关注的事情，帮老师解决问题；可以多关注班级群的消息，看看有没有什么活动需要招募志愿者。比如，开运动会，家长可以帮忙维持秩序；策划元旦班级活动时，家长可以帮忙出主意；孩子集体外出活动时充当摄影师，并且把照片做成视频，为班级留下珍贵的影像……举一个我自己的例子，前段时间孩子需要上网课，她的班主任要用某个平台给小朋友们上课，但是她对这个平台不是很熟，有些功能不太会用。而我平时上课用这个平台比较多，她就微信问我应该如何操作，我给她打了电话过去，并且用屏幕分享的方式把我常用的举手、发言、录屏等功能和她说了一下，她很快就会用了，第二天给孩子们上课时就非常顺畅。我很开心能帮到老师，并且通过这些事情能拉近和老师的关系，还能让你结交其他家长，成为孩子班集体中乐于奉献的表率。

　　再说说创造机会给学校和班级提供服务。刚接手新一届高一班主任的时候，一个家长联系到我，说给班里买了一些开学必备的卫生纸（抽纸）、抹布、挂钩等东西，已经让几个孩子搬到了班里。这个家长就考虑得很细致，为班里着想。有的家长说自己太忙了，没有那么多时间考虑那么细节性的东西，怎么办？其实，机会不是只有学校提供的现成的事件、活动，家长还可以在自己有空的时候，创造机会，为学校和班级提供服务。比如，我们班有一个家长，他是航天所的，曾趁着周末的时间，带着我们班的孩子们去参观中国航天博物馆并担任讲解员。又比如，现在国家提倡劳动教育，我听说北京郊区有一所学校，正愁给孩子开什么方面的劳动教育的选修课呢，结果一个孩子的父母是做豆腐的，这个孩子的父母就和老师沟通，后来学校把做豆腐开成了一门选修课，其他学生都能去他们家学做豆腐，既增加了学生动手实践的能力，又能让学生理解劳动教育的意义，还为学校排忧解难，真是一举多得。所以，只要有心，不论家长从事什么工作，都能发挥自己的价值，给学校和班级提供服务。

与老师建立良好的关系，不要做什么

不要要求老师给孩子额外照顾。我做班主任的时候，开学时就有家长和我说，孩子眼睛近视，能不能一直坐在前几排。我知道这个家长的意思，他希望孩子坐前几排能看得更清楚、想多得到老师的关注，但是，放眼望去，全班有一半的孩子都是近视的，我难道要让他们都坐在前几排吗？我认为这样不公平，就断然拒绝了孩子家长的请求。老师平时在排座位、选班干部、评三好学生等方面，要做到的就是一视同仁，不偏不倚，公平地对待每个孩子，这样才能赢得孩子的信任和尊重。家长一方面要求老师公平，另一方面想让孩子得到额外照顾，这样包含双重标准的做法是断然不可取的。

不要给老师额外的负担。"我们孩子的水杯丢了，老师能帮忙找一下水杯吗？""老师，孩子的语文作业忘记带了，您能帮忙和语文老师说一下吗？""孩子在学校喝不够水，您能提醒一下孩子吗？"如果是幼儿园的孩子，这样的要求尚可以理解，毕竟孩子缺乏自理能力。但是如果是上小学之后的孩子，这些事情应该是孩子自己的事情，孩子应该学会收拾自己的物品、学会照顾自己、学会完成作业交给老师，家长不要什么都包办，把孩子养成"巨婴"，更不要把老师当保姆，生活上的琐事都要求老师帮忙。

不要总打扰老师。我当时既做班主任，又做年级副组长，每天忙得焦头烂额，时间基本上都被学校的各项事情占据了。还经常收到家长的微信，有的时候是过年过节的祝福信息，有的时候是沟通孩子的情况，有的时候是家长询问常规流程的问题……对我来说，面对大量信息，同时要上课、备课、听课、教研、开会，一定是捡重点的、着急的事情先去解决，有时候一些不是很着急的信息可能看完就忘记回复了，有时候事情比较棘手、没有想好怎么回复可能要等两三天，有时候不是很着急的祝福信息就在一段时间内集中回复。我说这些，只是想从一个侧面说明老师其实挺不容易的，家长觉得自己只是给老师发了一条微信而已，但是老师面对的却是整个班级的学生家长，每天和 1 个家长来来回回线上沟通 5 分钟，30个家长就要 150 分钟，这样 2 个半小时可就没了。所以，平时不要总打扰老师，给老师时间，让老师先专心备课。

与老师相处过程中遇到的一些典型问题

孩子不喜欢老师怎么办

一些孩子在学校不喜欢老师，家长担心由于孩子不喜欢老师以致不喜欢这门学科，从而产生厌学情绪，偏科、分数下降。那孩子不喜欢老师该怎么办呢？其实，真正影响孩子的不是老师的具体行为，而是孩子对老师行为的具体反应，我们可以把情绪管理的 ABC 疗法放在这里使用。

当孩子说"我不喜欢老师"的时候，一定不要问孩子"你为什么不喜欢老师"这样抽象的话，孩子是不会回答的。我们要问更加具体的问题，比如"今天上课发生什么了""其他同学喜欢这个老师吗"。从孩子的描述中，了解孩子不喜欢老师的真正原因。注意，除了事实，还要让孩子把情绪表达出来，他不喜欢的背后一定有更底层的情绪，是担心老师批评他，还是害怕老师叫他回答问题，一定要让孩子自己说出来。我们一定要认真听孩子说，不要随便否定孩子的情绪。如果是孩子过于敏感，家长注意疏导。如果是老师真的有问题，那就需要带着善意和老师积极地沟通，和老师了解清楚情况，看看老师和孩子之间的矛盾点到底在哪里，是否可以解决。

家长一定要充当孩子和老师之间的润滑剂，用教育专家沈祖芸老师的话讲，叫作"传递赞美，润滑关系"。和老师沟通后，要经常了解孩子在学校的情况，也要向老师传递孩子对他的喜爱，通过各种细节描述孩子对老师态度的转变。注意：不是拍马屁，赞美一定是真诚而发自内心的，否则，改变并不会发生。同时，也要经常向孩子传递老师对他的欣赏和认可，让他认为老师的"批评""凶"不是针对他的。千万不要在孩子面前说老师的不好，否则这种情绪会影响孩子，让孩子和老师的关系雪上加霜。

有的家长说，那我调一个班级或者换一个学校不就可以了吗？如果着眼于这件事的解决，那么调班、换学校未尝不是一个快速解决问题的方式。但是，我认为教育应该着眼长远。既然我们选了这所学校，肯定是对这所学校的理念、教学等方面有所认可的，那么换一所学校真的会更好吗？如果我们把这件事看成一个教育孩子解决问题的良好机会，不是更好吗？我们需要培养孩子适应社会的能力，教他们如何在保护自己的同时和别人建立良好的沟通、如何理解周围人的行为和想法、如何建立和周围人的边界感，这些都是很重要的。

家长要不要给老师送礼

我的答案是：不要。

送礼的目的是什么？送礼是想让老师多关照一下孩子，但是，这样就把师生关系发展成了人情关系，在教育中夹杂了很多复杂的东西。我认为，与老师搞好关系的"关系"一定不是交易关系，不是家长给老师的一些小恩小惠，以此要求老师在班里多给孩子一些照顾。这样的交易关系是非常脆弱的，而且，正直的老师是不会收家长的礼物的。另外，孩子没有得到老师的特殊照顾未必是一件坏事。我说的"和老师搞好关系"，是指真正发自内心与老师建立真诚的、真实的关系，动机一定是纯净的，一定是为了赋能学校、赋能孩子才这样做的，而不是为了让老师对自己孩子好一点，甚至为了给孩子争面子。这样，不至于反过来影响家庭教育的初心，要给孩子树立良好的榜样。

但是，我不反对送两种礼物：第一种是孩子亲自动手做的礼物，这是孩子感恩老师的一种体现，应该鼓励。第二种是孩子毕业后，家长为了感谢老师对孩子多年的教导，给老师买点礼物，这个我觉得也很好，是感恩教育的一种方式。当然，一味地把送礼看成不好的也不对，家长的动机很重要，这考验你是一个怎样的人。

家长担心，如果别人都送礼了，自己不送礼，老师会不会不公平、会不会对自己家孩子不好？我觉得是这样的，随着社会的进步，老师收礼的情况已经大大减少，如果有，仅仅是个别现象。而且，如果我们能做到之前说的为学校付出、帮老师排忧解难那些事情，老师一定不会亏待孩子的。如果真的受到老师不公平对待，我们可以秉持小事不用理会，大事据理力争的原则进行处理。不要让孩子太在乎老师的评价，因为那些都是外部评价，而**人这辈子最重要的是建立起内在自尊体系，不靠外界的标准来评判自己**，这个很重要，所以对于这类小事情不用理会。但是，如果真的是因为没送礼导致老师不公平地对待孩子，且老师在对于孩子来说比较重要的事情上为难孩子，那么，我支持家长去学校找老师据理力争。

∴ 如何处理孩子之间的关系

　　我的女儿现在快 7 岁了，在她长大的过程中，遇到过很多与其他孩子的冲突，比如在外面玩滑梯时，有孩子看她小，一把将她推开，站到她前面，她哇地哭了，我该怎么办？又比如，上武术课的时候，有一个小男生骑到她身上，我知道了挺生气的，我该怎么处理？很多其他孩子的父母也面临着同样的问题，那么，当孩子受到欺负后，我们到底该怎么办？

　　我自己总结了一个应对策略图（见图 8-2）。先评估一下孩子被欺负的严重程度，如果属于校园欺凌，那么家长一定要坚定地站出来，支持孩子，让孩子感觉到家长对他们的爱，让孩子知道家长永远是他们坚强的后盾。如果不属于校园欺凌，那么家长需要继续评估一下，是孩子之间的小矛盾呢，还是有肢体的冲突。如果是小矛盾，家长让孩子自己解决就好；如果对方不讲理、打人，那么最好采取避免接触、不和对方交朋友的应对策略（惹不起躲得起）。

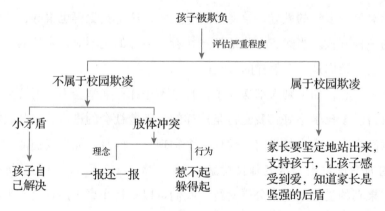

图 8-2　孩子在学校被欺负时的应对策略图

让孩子自己解决

　　孩子之间的冲突最好让他们自己解决，因为孩子之间的关系其实是比较单纯的，没有成人之间那么多的利益纠纷，可能只是单纯的打闹，今天起冲突明天就好了，不用太在意。家长过多地介入孩子的摩擦，会让问题复杂化，很容易激化冲突，变成双方家长之间的冲突，这样事情只会越闹越大。

有一次学校足球赛，我们班一个男生认为裁判（也是个学生）不公平，就在球场上和裁判起了争执，结果两个男生打起了架。体育老师见状，赶紧把两个男生拉开，但有一个男生已经受伤流血了。体育老师带他去了医务室，迅速联系了我。通知双方的家长后我还挺忐忑的，担心家长来了会因为孩子吵架。没想到，受伤男生家长看到孩子只是受了点皮肉伤，就开始教育自己家的孩子，让孩子向另一个孩子道歉。另一个男生家长也是，来了之后就教育自己家孩子，让他向受伤男生道歉。最终，两个孩子"一笑泯恩仇"。显然，这是两个情商极高的家长。

孩子之间发生了冲突自己去解决其实是一种人际关系的练习，比如孩子在别人拿走自己玩具的时候会表现出生气的情绪，并且去抢回自己的玩具，或者在抢玩具的过程中发生一点争执，这都是正常的。这种人际关系的练习其实就是"试探－妥协－再试探－再妥协"的过程，通过这样的练习，他们会慢慢懂得和其他人相处的边界在哪里，这对于孩子性格的发展也是很重要的，大人不要干预太多。

说说我女儿在武术课上被一个小男生骑在身上的那件事情吧。我是怎么知道的呢？那一天放学回来，女儿满身脏脏的。我就开玩笑地说了一句，小泥猴回来了！谁知道，她感到有点委屈。我过去抱抱她，问她怎么了，她就和我说起课外活动武术课上发生的事情：老师教他们做一个动作，但是有个男生趁做动作的时候，骑在了她身上。我一听，吓了一跳，但故作镇静，问她有没有伤着。她说没有，那个男生骑上去了以后，她就在地上打滚一把将男生甩了下来。我心想还算是机灵，又问她那老师怎么没管。她说老师在另一侧教别的小朋友动作，没有看到。我继续问她，有没有告诉老师，她说没有。我问她原因，她没说，嘟嚷着跑去找弟弟玩了。晚上洗完澡临睡前，我们又聊起这个事情，她小声地和我说："妈妈，我觉得是那个男生喜欢我，但是他不知道怎么表达吧。"

我万万没想到，一个 7 岁的小女孩，有这么敏锐的感受力，她能猜到另外一个小孩子行为背后的动机，也许，连那个男生也不一定能准确说出为什么欺负我女儿。我本来还想去找女儿的班主任，但现在看起来只是小朋友之间的事情，我就不干预了，让他们自己解决去吧。不过，我也提醒女儿："下节课一定要告诉那个男生，他一定不能再骑在你的身上。"

"一报还一报"的策略

孩子被人打了要不要打回去呢？"一报还一报"是在生物进化中解决矛盾冲突的一个最优策略。

在《合作的进化》一书中，著名的行为分析与博弈论专家、美国科学院院士罗伯特·阿克塞尔罗德根据博弈论原理设计了一系列计算机仿真游戏，以此探究人们是如何产生合作的以及产生之后又是如何维系的。他将现实中的合作与背叛问题，用重复囚徒困境的形式进行模拟，并在举办了两次合作模式比拼的电脑程序大赛之后发现，一报还一报的合作模式是最好的合作模式，就是说，第一次我选择相信你，如果你背叛我，我就不再把你请入我的牌局。具体的实验过程我就不描述了，感兴趣的朋友可以读一下书。

这给我们什么启示呢？就是我们经常探讨的，孩子被人打了要不要打回去的问题。理论上来说应该是这样，我一开始选择和你玩，但是你打了我，我也要还手打回去。就像孔子曾经说过：以德报怨，何以报德？

不过，这个用在成人世界的交往中比较合适，对于孩子来说操作起来有点难。理论是不错，但是孩子下手经常没轻没重的。说一件我自己觉得很丢脸的事情，小时候和邻居家孩子一起玩，那个男孩欺负我，我就很生气，拿着我家铲煤的小铲子一下拍在了那个男孩的脑袋上。那个男孩的脑袋瞬间流血了，把我爸妈吓坏了，赶紧带他去医院。幸好当时我下手不重，只是皮肉伤，但现在想起来着实后怕。如果你家孩子把别人家孩子打了，这不仅对对方身体造成了伤害，还要向对方赔付不菲的医药费；如果你家孩子打不过别人家孩子，对方把你家孩子打了，你就不得不自认倒霉。所以，虽然我们理念上可以和孩子这么说，但千万别让孩子这么做，因为孩子下手不知轻重，所以最好不要让孩子和别人产生肢体上的冲突。

"惹不起躲得起" 的策略

如果"一报还一报"的策略行不通，我的另外一个策略就是"惹不起躲得起"。弱者报复，强者原谅，智者忽略。

如果那个孩子就是个"熊孩子"，让自己家的孩子远离他就好了。没有必要硬让谁和谁一起玩，能玩到一起就玩，玩不到一起就找别的小伙伴。父母要做的是培养孩子对其他孩子个性的评估能力，让孩子明白对于同龄小伙伴，不必照单全收，远离熊孩子，有选择地结交优秀的同龄小伙伴。

此时家长会担心，这会不会让孩子养成面对冲突，不敢面对的性格，长此以往会不会变成受气包，一点也不勇敢？尽管放心，不会的。难道勇敢是用能打架来衡量的吗？当然不是。勇敢是遇到困难不退缩，而不是一味蛮干、有勇无谋。同时，忍让也不等于忍气吞声，而是有智慧地回避。我们在教育孩子拥有豁达的心境的同时，告诉孩子当自己的权益受到侵害时要学会保护自己。比如，遇到自己解决不了的问题，小时候可以告诉家长和老师，长大后可以诉诸法律，对于无须忍让的事情要学会坚决保护自己，同时远离危险。

家长还会问，孩子会不会觉得委屈，从而给孩子留下心理阴影。我的答案是，应该不会。大多数孩子的心理阴影其实来自父母，同学之间的小打小闹，多年以后其实根本不会记得。我上幼儿园的时候，一个女孩子在我手腕上划出来一道伤口，流了很多血，每天去医院消毒包扎换药，现在手腕上还有一道疤痕。当时的我很生气，特别痛恨那个女孩子，但是现在却什么都想不起来了，包括那个女孩子的名字、长相以及当时她划我的原因，都忘了。所以，父母只要把自己的爱给足了，孩子内心就是阳光灿烂的，孩子一生都会非常幸福的。

面对校园欺凌，家长一定要站出来

如果是校园欺凌，那么请家长一定站出来，坚定地支持孩子，做他坚强的后盾。

2020 年，我国修订的《未成年人保护法》认为，校园欺凌是指发生在学生之间，一方蓄意或者恶意通过肢体、语言及网络等手段实施欺压、侮辱，造成另一方人身伤害、财产损失或者精神损害的行为。

在校园欺凌中，一般容易受欺负的是成绩中等、沉默话少、不自信的孩子。大多数这样的孩子在受到欺负后不敢告知家人，他们可能是因为被欺凌者威胁而没有告诉家人，也可能是因为羞耻、尴尬而不愿意谈论。所以，一方面，家长要注意观察孩子回家后的表现，如果孩子有比较大的情绪波动，或者谈到学校、同学等话题时比较敏感，或者突然变得不愿意和家长交流等，都需要及时地关注。另一方面，家长要给予孩子足够的安全感，告诉孩子，家庭永远都是孩子最安全的避风港，这样孩子在遭遇欺凌的时候才愿意求助家长。

此外，要提前和孩子普及相关的法律常识，让孩子学会正确运用法律手段来保护自己。如果孩子真的被欺凌了，家长绝不可以抱着"不惹别人，怎么会被别人打"的心态随意批评孩子，而应该向孩子予以鼓励，支持孩子。同时积极与班主任、警察进行及时沟通，由家长、学校、司法机关共同应对。

不过，家长千万不要一听到孩子被欺负了，就马上拉着孩子到学校里去大吵大闹，要求学校必须给一个说法，这样做是得不偿失的。家长处理这个事情，应该本着一个原则——"杜绝下一次被欺凌"，而不是把事情闹大。这里，我给大家一点建议，做到以下"三要"和"三不要"后，我认为就能比较恰当且理智地处理好校园欺凌的问题了。

"三要"

第一，要先去医院出一张诊断书，了解孩子的生理和心理情况，再进行下一步处理和判断。生理上的诊断书，比如骨折、软组织挫伤甚至头晕恶心等，都需要专业的医疗机构出具证明。心理上的诊断书，最好去专业的三甲医院精神科挂号处理，不要在一般的"心理门诊"进行诊断，这样没有权威性。

第二，要帮孩子做一份笔录书。家长一定要把孩子的口头描述，通过手写或者记录在电子文档上的形式形成一份正式的笔录书，然后让孩子签名，这样其分量和起到的作用是完全不同的。在记录的时候，要注意细节，包括时间、地点、被打的经过、欺凌者是谁、有谁参与欺凌、其他受害者还有谁、谁先动手、有没有还手、有没有其他人围观、有没有人用武器、有没有碰孩子的隐私部位（如果有，要判断是否有性骚扰等内容）。笔录格式使用一般的谈话笔录就可以了，没必要非采用公安局的模板，但是一定要准备至少两份（手写的一定要复印）。

第三，要带着诊断书和笔录书约见班主任，协商处理方案。家长见到老师后，一定要保持冷静，不要急着去找欺凌者的家长吵架；不要见到老师就拍桌子，训斥老师管理不当；更不要觉得自己认识学校的某个领导，就直接带着孩子去校长室、教务处或者德育处，这样班主任来了会非常被动，这不但把老师得罪了，而且对事情的处理没有任何好处。

"三不要"

第一，不要要求老师或者学校去惩罚欺凌者。这超越了家长的权限，还会让学校很难处理（一般来说，公立学校没有太多的权限去开除学生）。

第二，不要跨级投诉。一些家长觉得应该把事情闹到教育部去，要让老师和学校害怕，学校才会重视，但事实上是，如果投诉到教育部，各部门之间协调的链条会更长，事情处理的过程更复杂，对孩子本身没有什么好处。

第三，不要试图与欺凌者的家长和解。通常来说，一个孩子的样貌体现了家长的样貌，如果欺凌者本身难以说服，那么他们的家长往往也性格古怪，甚至也是用暴力解决问题的人，所以，与欺凌者谈话最好交给学校去做。

总结起来，面对孩子在学校被欺负的策略中，家长要学会：在小事上不斤斤计较，孩子能学会豁达；在大事上挺身而出，孩子能学会勇敢。愿我们的孩子一生勇敢，心中有光。

参 考 文 献

[1] ANGRIST J et al. Student achievement in Massachusetts' charter schools[R]. Center for education policy research , Boston: Harvard University, 2011.

[2] BAUMRIND D. Parental disciplinary patterns and social competence in children[J]. Youth & Society, 1978, 9(3):239-276.

[3] DARLING-HAMMOND L & SNYDER J. Curriculum studies and the traditions of inquiry: the scientific tradition [M]//Philip W J. Handbook of research on curriculum. London: MacMillan, 1992.

[4] GRAY P. Early Academic Training Produces Long-Term Harm[J]. Psychology today, 2015, 05.

[5] SCHWARTZ T & MCCARTHY C. Manage your energy, not your time[J]. Harvard business review, 2007, 10.

[6] TICHY N. Succession: mastering the make-or-break process of leadership transition[M]. New York: Portfolio/Penguin, 2014.

[7] WILSON R et al. The eighty five percent rule for optimal learning[J]. Nature communications, 2019, 10.

[8] 阿德勒 . 儿童的人格教育 [M]. 张庆宗，译 . 上海：华东师范大学出版社，2017.

[9] 阿克塞尔罗德 . 合作的进化 [M]. 吴坚忠，译 . 修订版 . 上海：上海人民出版社，2017.

[10] 岸见一郎 . 不管教的勇气：跟阿德勒学育儿 [M]. 渠海霞，译 . 昆明：晨光出版社，2018.

[11] 鲍迈斯特，约翰·蒂尔尼 . 会好的：悲观者常常正确，乐观者往往成功 [M]. 牛

小婧，译 . 北京：中信出版社，2021.

[12] 比达尔夫 . 养育男孩 [M]. 丰俊功，宋修华，译 .3 版 . 北京：中信出版社，2014.

[13] 比达尔夫 . 养育女孩 [M]. 钟煜，译 . 北京：中信出版社，2014.

[14] 比格兰 . 温暖的孩子：打造滋养型环境，培养孩子的亲社会行为 [M]. 杨帆，译 . 北京：机械工业出版社，2016.

[15] 伯恩斯坦 . 叛逆不是孩子的错：不打、不骂、不动气的温暖教养术 [M]. 陶志琼，译 . 北京：机械工业出版社，2014.

[16] 伯恩斯坦 . 考试心理学：心理素质与考场表现 [M]. 昝同，译 . 北京：人民邮电出版社，2022.

[17] 波兹曼 . 童年的消逝 [M]. 吴燕莛，译 . 北京：中信出版社，2015.

[18] 布朗森，梅里曼 . 输赢心理学：为什么想赢的人会输，为什么怕输的人会赢 [M]. 乔晓燕，米拉，译 . 北京：中国友谊出版公司，2014.

[19] 布雷恩 . 你就是孩子最好的玩具 [M]. 夏欣苗，译 . 海口：南方出版社，2011.

[20] 陈海贤 . 爱，需要学习：如何拥有高质量的亲密关系 [M]. 北京：新星出版社，2022.

[21] 德普克，齐利博蒂 . 爱、金钱和孩子：育儿经济学 [M]. 吴娴，鲁敏儿，译 . 上海：格致出版社，上海人民出版社，2019.

[22] 樊登 . 陪孩子终身成长 [M]. 北京：中国友谊出版公司，2020.

[23] 菲佛 . 权力：为什么只为某些人所拥有 [M]. 杨洋，译 . 经典版 . 杭州：浙江人民出版社，2015.

[24] 高普尼克 . 园丁与木匠 [M]. 刘家杰，赵昱鲲，译 . 杭州：浙江人民出版社，2019.

[25] 高书国 . 共同富裕背景下中等收入群体高等教育焦虑的典型特点与对策研究 [J]. 高校教育管理，2022，16（2）：1-11.

[26] 戈特曼，西尔弗 . 爱的博弈：建立信任、避免背叛与不忠 [M]. 穆君，伏维，译 . 杭州：浙江人民出版社，2014.

[27] 哈里斯 . 教养的迷思：父母的教养方式能否决定孩子的人格发展？ [M]. 张庆宗，译 . 上海：上海译文出版社，2015.

[28] 哈姆林 . 好爸爸不缺席 [M]. 祝荣富，译 . 北京：华夏出版社，2019.

[29] 黑柳彻子 . 窗边的小豆豆 [M]. 赵玉皎，译 .3 版 . 海口：南海出版公司，2018.

[30] 惠芙乐.倾听孩子:家庭中的心理调适 [M].陈平俊，李美格，王懋云，等编译.3
版.北京：北京大学出版社，2013.

[31] 吉布森.不被父母控制的人生：如何建立边界感，重获情感独立 [M].姜帆，
译.北京：机械工业出版社，2021.

[32] 加德纳.智能的结构 [M].沈致隆，译.经典版.杭州：浙江人民出版社，2013.

[33] 金韵蓉.你要的是幸福，还是对错 [M].北京：中国青年出版社，2020.

[34] 考夫曼.绝非天赋：智商、刻意练习与创造力的真相 [M].林文韵，杨田田，
译.杭州：浙江人民出版社，2017.

[35] 科恩.无条件养育 [M].小巫，耿丹，译.天津：天津教育出版社，2012.

[36] 库克 J L，库克 G.儿童发展心理学 [M].和静，张益菲，译.北京：中信出版社，
2020.

[37] 赖特.洞见：从科学到哲学，打开人类的认知真相 [M].宋伟，译.北京：北京
联合出版公司，2020.

[38] 雷纳.不吼不叫：如何平静地让孩子与父母合作 [M].钟煜，译.上海：上海社
会科学院出版社，2016.

[39] 罗宾森.忙碌爸爸也能做好爸爸 [M].李菲，译.北京：国际文化出版公司，
2019.

[40] 罗德曼.温尼科特传 [M].吴建芝，简意玲，刘书岑，译.北京：世界图书出版
公司，2016.

[41] 罗斯，奥加斯.成为黑马：在个性化时代获得成功的最佳方案 [M].陈友勋，
译.北京：中信出版社，2020.

[42] 罗振宇.阅读的方法 [M].北京：新星出版社，2022.

[43] 莫戈尔.好父母的说话之道：说什么，如何说，何时该聆听 [M].庞岚晶，译.上
海：上海社会科学院出版社，2020.

[44] 穆来纳森，沙菲尔.稀缺：我们是如何陷入贫穷与忙碌的 [M].魏薇，龙志勇，
译.杭州：浙江人民出版社，2018.

[45] 尼尔森.正面管教：如何不惩罚、不娇纵地有效管教孩子 [M].玉冰，译.修订
版.北京：北京联合出版公司，2016.

[46] 乔建中.教育心理学 [M].2 版.北京：人民卫生出版社，2018.

[47] 萨巴瑞.父母的觉醒 [M].王臻，译.上海：上海社会科学院出版社，2013.

[48]　桑德伯格 . 向前一步：女性、工作及领导意志 [M]. 颜筝，译 . 北京：中信出版社，
　　　2013.

[49]　斯蒂克斯鲁德，约翰逊 . 自驱型成长：如何科学有效地培养孩子的自律 [M]. 叶
　　　壮，译 . 北京：机械工业出版社，2020.

[50]　黛安娜·塔文纳 . 准备 [M]. 和渊，屠锋锋，译 . 北京：中信出版社，2020.

[51]　王汎森 . 天才为何成群地来 [M]. 北京：社会科学文献出版社，2019.

[52]　亚隆 . 直视骄阳：征服死亡恐惧 [M]. 张亚，译 . 北京：中国轻工业出版社，
　　　2015.

[53]　尹建莉 . 好妈妈胜过好老师：一个教育专家 16 年的教子手记 [M]. 北京：作家出
　　　版社，2009.

后　记

　　2021年的寒假，大宝6岁，上小学一年级，二宝还在肚子里，四五个月的样子。趁着寒假有些工夫，我整理了之前读过的50多本育儿类图书的读书笔记，在批注了自己的想法之后，发到了一个清华校友妈妈群中，分享自己读书的心得体会（在这个群里，大家经常有很多高质量的分享和互动）。

　　没想到，发出去后，陆续收到很多校友的私信。很多妈妈觉得很受益，把我的分享保存到了收藏夹里。其中有一个妈妈认为我的视角很独特，既是妈妈，又是老师，而且有意愿、有能力去研究育儿的前沿理论，提议把这些材料再整理、优化一下，形成一本书稿，让更多的人受益。

　　她的话启发了我，让我有了写一本书的想法。然而，我深知写一本书的难度，从构思选题到形成大纲，从整理材料到完成严谨论证，从逐字逐句撰写初稿到字斟句酌打磨文字……每个环节都要花大力气、费大功夫，不掉一层皮不足以写出一本好书。特别是对于当时小腹日渐隆起的我，不仅承受着怀孕不适带来的各种折磨，还要陪伴大宝学习和玩耍，再加上社会中的多种不确定性，让我不得不应对随时可能面对的挑战。

　　在这种情况下，我真的能写出一本好书吗？我不希望自己写一部平庸的作品，那样还不如不写，当时的我有点儿打退堂鼓。要不还是算了？然而，周围的朋友给了我莫大的鼓励和帮助，没有他们就不会有这本书的顺利出版：感谢梁惠施师姐、刘硕师兄、陈晖女士在前期目录、大纲方面给予的建议；感谢清华妈妈群里的各位师姐、师妹帮我发问卷、出主意和她们一场场热闹的讨论带给我的灵感；感谢机械工业出版社的编辑们，在书稿一遍遍打磨过程中的耐心和细致；感谢北京华夏长鸿文化传媒集团帮助我更好地对图书进行定位，确定推广方案；感谢王磊老师对出版本书的大力支持，"做难而正确的事情"是我们共同的理念。当然，最后还要感谢我的家人，感谢他们为我留出了宝贵的思考和写作时间，感谢他们无私的奉献和付出。

历经 20 多个月，经过了十几遍"磨稿－改稿－磨稿－改稿"的循环，这本书终于要出版了。我怀着激动的心情，就像又生了一个孩子那样开心。诚挚地向你推荐我的这本新书。作为机械工业出版社的年度重点书，我相信读完这本书的你，可能真的能收获一些不一样的体悟。

养育孩子，前路漫漫亦灿灿。我愿将玫瑰藏于身后，风起花落，以此鲜花赠自己，纵马踏花向自由。愿你我，在成为父母的道路上，且行且忘且随风，且行且看且从容，共勉。

和渊

2023 年 3 月 1 日

高效学习

《刻意练习：如何从新手到大师》

作者：[美] 安德斯·艾利克森 罗伯特·普尔 译者：王正林

销量达200万册！
杰出不是一种天赋，而是一种人人都可以学会的技巧
科学研究发现的强大学习法，成为任何领域杰出人物的黄金法则

《学习之道》

作者：[美] 芭芭拉·奥克利 译者：教育无边界字幕组

科学学习入门的经典作品，是一本真正面向大众、指导实践并且科学可信的学习方法手册。作者芭芭拉本科专业（居然）是俄语。从小学到高中数理成绩一路垫底，为了应付职场生活，不得不自主学习大量新鲜知识，甚至是让人头疼的数学知识。放下工作，回到学校，竟然成为工程学博士，后留校任教授

《如何高效学习》

作者：[加] 斯科特·扬 译者：程冕

如何花费更少时间学到更多知识？因高效学习而成名的"学神"斯科特·扬，曾10天搞定线性代数，1年学完MIT4年33门课程。掌握书中的"整体性学习法"，你也将成为超级学霸

《科学学习：斯坦福黄金学习法则》

作者：[美] 丹尼尔·L.施瓦茨 等 译者：郭曼文

学习新境界，人生新高度。源自斯坦福大学广受欢迎的经典学习课。斯坦福教育学院院长、学习科学专家力作；精选26种黄金学习法则，有效解决任何学习问题

《学会如何学习》

作者：[美] 芭芭拉·奥克利 等 译者：汪幼枫

畅销书《学习之道》青少年版；芭芭拉·奥克利博士揭示如何科学使用大脑，高效学习，让"学渣"秒变"学霸"体质，随书赠思维导图；北京考试报特约专家郭俊彬博士、少年商学院联合创始人Evan、秋叶、孙思远、彭小六、陈章鱼诚意推荐

更多>>>

《如何高效记忆》 作者：[美] 肯尼思·希格比 译者：余彬晶
《练习的心态：如何培养耐心、专注和自律》 作者：[美] 托马斯·M.斯特纳 译者：王正林
《超级学霸:受用终身的速效学习法》 作者：[挪威] 奥拉夫·舍韦 译者：李文婷

全年龄段

《叛逆不是孩子的错：不打、不骂、不动气的温暖教养术（原书第2版）》

作者：[美] 杰弗里·伯恩斯坦　译者：陶志琼

放弃对孩子的控制，才能获得更多的掌控权；不再强迫孩子听话。孩子才会开始听你的话，樊登读书倾力推荐，十天搞定叛逆孩子

《硅谷超级家长课：教出硅谷三女杰的TRICK教养法》

作者：[美] 埃丝特·沃西基　译者：姜帆

"硅谷教母"埃丝特·沃西基养育了三个卓越的女儿，分别是YouTube的CEO、基因公司创始人和名校教授。她的秘诀就在本书中

《学会自我接纳：帮孩子超越自卑，走向自信》

作者：[美] 艾琳·肯尼迪-穆尔　译者：张海龙　郭霞　张俊林

为什么我们提高孩子自信心的方法往往适得其反？
解决孩子自卑的深层次根源问题，帮助孩子形成真正的自信；
满足孩子在联结、能力和选择三个方面的心理需求；
引导孩子摆脱不健康的自我关注状态，帮助孩子提升自我接纳水平

《去情绪化管教，帮助孩子养成高情商、有教养的大脑！》

作者：[美] 丹尼尔·J.西格尔　等　译者：吴蒙琦

无须和孩子产生冲突，也无须愤怒、哭泣和沮丧！用爱与尊重的方式让孩子守规矩，使孩子朝着成功和幸福的人生方向前进

《爱的管教：将亲子冲突变为合作的7种技巧》

作者：[美] 贝基·A.贝利　译者：温旻

美国亚马逊畅销书。只有家长先学会自律，才能成功指导孩子的行为。自我控制的七种力量和由此而生的七种管教技巧，让父母和孩子共同改变。在过去15年中，成千上万的家庭因这7种力量变得更加亲密和幸福

更多>>>

《儿童教育心理学》 作者：[奥地利] 阿尔弗雷德·阿德勒 译者：杜秀敏
《我不是坏孩子，我只是压力大：帮助孩子学会调节压力、管理情绪》 作者：[加]斯图尔特·尚卡尔 等 译者：黄镇华
《如何让孩子爱上阅读》 作者：[澳] 梅根·戴利 译者：卫妮